公路桥梁结构荷载试验与检测评定

樊　锋　张问坪　程景扬◎著

吉林科学技术出版社

图书在版编目（CIP）数据

公路桥梁结构荷载试验与检测评定 / 樊锋，张问坪，
程景扬著. -- 长春 ：吉林科学技术出版社，2021.6
ISBN 978-7-5578-8126-9

Ⅰ．①公… Ⅱ．①樊… ②张… ③程… Ⅲ．①公路桥
－桥梁结构－结构载荷－载荷试验②公路桥－桥梁结构－
结构载荷－检测－评定 Ⅳ．①U448.14

中国版本图书馆 CIP 数据核字(2021)第 102968 号

公路桥梁结构荷载试验与检测评定

著	樊　锋　张问坪　程景扬	
出 版 人	宛　霞	
责任编辑	李永百	
封面设计	金熙腾达	
制　版	金熙腾达	
幅面尺寸	185mm×260mm　1/16	
字　数	336 千字	
印　张	14.625	
印　数	1—1500 册	
版　次	2021 年 6 月第 1 版	
印　次	2022 年 5 月第 2 次印刷	

出　版　吉林科学技术出版社
发　行　吉林科学技术出版社
地　址　长春市净月区福祉大路 5788 号
邮　编　130118
发行部电话/传真　0431-81629529　81629530　81629531
　　　　　　　　　81629532　81629533　81629534
储运部电话　0431-86059116
编辑部电话　0431-81629518
印　刷　保定市铭泰达印刷有限公司

书　号　ISBN 978-7-5578-8126-9
定　价　58.00 元

前　言

　　工程质量管理是指为保证和提高工程质量，运用一整套质量管理体系、手段和方法所进行的系统管理活动。工程项目建设投资大，建成及使用时间长，只有合乎质量标准，才能投入生产和交付使用，才能发挥投资效益，并结合专业技术、经营管理和数理统计，满足社会需求。许多国家对工程质量都有一套严密的监督检查办法。随着我国工程项目设施的增多，无论在项目管理还是质量控制方面，国家都做出了非常严格的要求。

　　当然，除了工程质量以外，施工过程中的安全也是重中之重。公路桥涵工程施工有着流动性强、临时设施多、施工工序复杂等特点，这些决定了公路桥涵工程施工有着很高的安全风险，加之公路建设队伍规模急剧扩张，施工人员技术水平参差不齐，其施工安全技术与风险控制就显得尤为重要。"安全无小事，细节决定成败"，在公路桥涵工程施工安全管理工作的事前预防、超前控制上，抓好每一件小事，重视每一个细节，把小事做细，把细节做严、做实、做到位，向精细化管理要安全。

　　在编写过程中承蒙有关高等院校、建设主管部门、建设单位、工程咨询单位、设计单位、施工单位等方面的领导和工程技术、管理人员，以及对本书提供宝贵意见和建议的学者、专家的大力支持，在此向他们表示由衷的感谢！书中参考了许多相关教材、规范、文献资料等，在此谨向这些文献的作者致以诚挚的敬意。

前言

目 录

第一章 公路桥梁结构荷载试验与检测评定

第一节 公路桥梁荷载试验的目的和意义

一、桥梁荷载试验作用

桥梁是公路的纽带与咽喉，直接左右着公路的生命。因此，必须确保其工程质量，始终使其处于良好的工作状态。一般来说，桥梁是一项大型工程，决定其质量的因素是多方面的，例如：设计分析理论、施工技术、建筑材料，以及地质、水文等自然条件。为此，在桥梁建设过程中，人们采取和依靠材料试验（包括试块试验）、模型试验、结构试验、施工监控、成桥后的动、静载试验等手段，了解和控制工程质量。在这些工程质量控制手段中，荷载试验和相关试验技术起着至关重要的作用。

随着科学技术的进步，桥梁结构的设计方法和设计理论都有了根本性的变化，然而影响桥梁工程质量的许多不确定因素仍然存在，对于建成后的桥梁工程质量，人们更希望了解和掌握其使用性能和效果。此时，人们通过对公路桥梁实施静、动荷载试验，来检验设计和施工质量是否满足设计和标准规范要求，评定桥梁运营荷载等级和实际使用状况等。美国一位专家曾说过："无论多么高新的结构分析技术都不能取代用于评估公路大桥性能的现场测试。当建筑物承受工作荷载时，记录下应变测试结果，根据测试结果工程师就能更好地了解桥梁的真实结构响应。"

桥梁荷载试验的作用和目的，就是通过对桥梁结构物直接加载后进行有关测试、记录与分析工作，包括试验准备、理论计算、现场试验、对试验结果分析整理等一系列内容，以达到了解桥梁结构在试验荷载作用下的实际工作状态，进而评定桥梁结构施工质量和使用状况，为竣工验收和深入探索提供科学依据。

对于采用新结构、新材料、新技术、新工艺等修建的桥梁，尚有许多诸如结构的材料性能、动力反应、不能建立与研究问题相对应的完善的数学模型，或计算模型与实际结构之间的差距等问题，通过桥梁荷载试验，可以直接测得理论分析与计算的相关参数，掌握桥梁结构在荷载作用下的实际受力和工作状况，探索桥梁结构受力行为的一般规律，检验是否符合国家标准和设计要求，为充实和发展桥梁设计计算理论为施工工艺积累科学的实践资料。

桥梁荷载试验是对新建桥梁，特别是大跨度、复杂结构的桥梁竣工验收和质量评定的重要手段。通过荷载试验，可以测试桥梁的施工质量和结构受力性能，判定桥梁结构的实际承载能力，确定桥梁的实际运营状况和使用条件，为竣工验收、投入运营使用提供科学的依据。

对于既有桥梁，特别是修建时间较长、已无法查找到原设计、施工和竣工资料的桥梁，通过桥梁荷载试验，可以评估其使用性能和承载能力，为既有桥梁的继续安全使用、养护、加固、改建或限载提供可靠的技术资料。

桥梁荷载试验涵盖的内容较为丰富，其核心内容是：通过测试在荷载直接作用下的桥梁各结构部位以及整体的响应参数，从而反映和揭示桥梁的实际承载能力和使用状况。与桥梁结构的理论计算和分析体系一样，桥梁荷载试验都属于对桥梁结构进行微观分析与评价的内容，但又自成体系，桥梁荷载试验与分析评定，是对于桥梁结构理论计算与分析的有机延伸和完善与补充。

桥梁荷载试验是一门直接服务于工程实践的技术学科，涉及桥梁的设计计算理论、试验测试技术、仪器仪表性能、数理统计分析、现场试验组织等方面，具有较强的综合性、应用性和复杂性。同时，桥梁荷载试验对于推动桥梁建设事业的发展，确保桥梁安全运营、进行科学养护也发挥着重要的作用。

二、桥梁荷载试验分类

在实际工作中，桥梁荷载试验在桥梁的科研、设计及施工、验收等各方面都起着重要的作用。按照荷载试验的侧重点、目的与要求不同，桥梁荷载试验分为以下几种：一是科学研究性试验和生产鉴定性试验；二是静荷载试验和动荷载试验；三是原型试验和模型试验；四是破坏性试验和非破坏性试验；五是长期试验和短期试验。

（一）科学研究性试验与生产鉴定性试验

1. 科学研究性试验

科学研究性试验是一种探索性试验，主要解决科研和生产中有探索性、开创性的问题。其试验特点针对性很强，对试件设计、选择测量仪器、确定测试方法都有特殊要求。

科学性研究试验，是为了建立或验证结构设计计算理论和经验公式，或验证某一结构理论体系中的科学假设判断的可信程度。一般多采用模型结构，当然有必要时，也可选用实际结构。在进行这种试验时，一般把影响结构的主要因素作为试验参数，按照试验目的进行结构设计和选定试验数量，并在专门的试验室进行，利用特定的加载装置，以消除或减少外界因素的干扰影响，以突出所要研究的主要因素。通过系统的模型试验，对测试资料数据加以分析，从而揭示出具有普遍意义的规律。

科学研究性试验一般要达到下列目的之一：

（1）验证新的结构分析理论、设计计算方法

在进行桥梁结构分析时，对复杂的结构问题进行模拟时，常需要进行必要的简化和假设，然后建立计算模型。为了验证这些简化和假设是否合理，需要配合理论分析进行一系列的模型试验。

（2）为发展新的结构形式、新的施工工艺开创道路、积累经验

当一种新的结构形式或新的施工工艺刚提出来时，往往缺少设计和施工方面的经验。为了探索相关内在规律和积累这方面的实际经验，常配合做一些科学研究性试验。

（3）为制定和修改设计规范提供依据

随着设计理论研究的提升和设计方法与技术的改变（例如，从容许应力法设计到按极限状态法设计，从确定性设计到概率设计等），设计规范也应做相应的修改，新规范的依据常常来自相应的试验。

2. 生产鉴定性试验

生产鉴定性试验具有直接服务于生产实践的意义，一般以原型结构作为试验对象，在现场进行试验。根据规范、标准的要求，按照有关设计文件，通过试验来确定结构的实际承载能力、使用性能和使用条件，检验设计施工质量，提出桥梁养护、加固、改建、限载对策，有效地保证桥梁结构的安全使用。

生产鉴定性试验也称为桥梁检测，包括静载试验、动载试验、无损检测与长期监控测试四个方面。

在桥梁试验中，原型试验存在费用高、期限长、测试环境多变等不利的影响因素，如对一些大型桥梁进行多因素的研究性研究，单靠原型试验有时难以实现和达到目的。因此，结合原型桥梁进行模型试验，往往成为科技工作者的一种有效手段，可以更为方便全面地研究主要影响因素之间的关系，探索结构行为的普遍规律，推动新结构、新材料、新工艺的发展与应用。

生产性试验主要有以下几种情况：

（1）对新建桥梁进行鉴定

为了对新建桥梁的质量进行鉴定，通过一定的试验手段，对桥梁的主要质量指标（例如混凝土质量、钢材的焊接质量、检验荷载作用下桥梁的最大挠度或挠曲线、控制截面上的应力等）进行测试，根据测得的这些基本数据，对新建桥梁的质量进行评定。这种试验可以用来检验设计理论以及施工质量，为即将投入使用的桥梁的运行、养护提供依据。

（2）对既有桥梁进行鉴定

随着时间的推移，既有桥梁在运行过程中，因受到地震、台风、雨雪、冰冻等自然因素的影响，以及冲击荷载等人为因素的作用，桥梁结构都会受到不同程度的损害。为了了解桥梁的实际损害程度以便决定采取何种养护或维修措施，就有必要对这些受损桥梁进行鉴定测试。对于一些重要桥梁，如南京长江大桥，为了确保其运行安全，除了日常的养护、检查外，每隔十年还要进行一次大规模的测试鉴定工作。

另外，随着交通运输事业的发展，许多公路都要提高运输等级，线路上的桥梁也要进行改建或重建。为了采取切合实际的旧桥改造方案以便获得最佳的经济和社会效益，常常有必要对既有桥梁的实际承载能力和耐久性等进行检测与评定，从而决定采用何种措施来满足线路对桥梁的诸如承载能力、桥宽、纵坡等各项指标的要求。

（二）静荷载试验和动荷载试验

静载试验与动载试验虽然在试验目的、测试内容等方面不同，是两种性质的试验，但对于全面分析掌握桥梁结构的工作性能是同等重要的。

1. 静荷载试验

所谓桥梁静载试验，是将静止的荷载作用在桥梁上的指定位置，然后对桥梁结构的静力位移、静力应变、裂缝等参量进行测试，从而对桥梁结构在荷载作用下的工作性能及使用能力做出评价。

静载试验是桥梁结构试验中最大量、最常见的基本试验。因为桥梁结构工作时所受的荷载主要是静力荷载，其自重当然属于静力荷载，就是荷载位置随时间而变的移动车辆荷载，在设计计算时一般也是作为静载来考虑的。这样做的原因是，一方面，区分静力问题与动力问题的主要标志，并不是与结构受力状态有关的各物理量是否随时间变化，而是由结构的运动加速度引起的惯性力是否已经大到不可忽略的程度，通常由移动车辆荷载引起的结构反应的动态增量部分只占全部反应的极小部分；另一方面，将移动车辆荷载作为动力问题来考虑，分析起来过于复杂，因此，常用将静力荷载乘以冲击系数的办法来近似考虑移动车辆荷载的动力影响。

桥梁结构静载试验，一般可以通过重力或其他类型的加载设备来实现，并能满足试验要求。静载试验的加载过程，是从零开始逐步递增，一直到预定的荷载为止。静载试验是了解结构特性的重要手段，不仅用它来直接解决结构的静力问题，就是在进行结构动力试验时，一般也要先进行静载试验，以测定结构有关的特性参数。

2. 动荷载试验

桥梁动载试验是利用某种激振方法激起桥梁结构的振动，然后测定其固有频率、阻尼比、振型、动力冲击系数、行车响应等参量，从而判断桥梁结构的整体刚度、行车性能。

桥梁结构的动载试验，目前主要包括两方面的内容：一是测量移动车辆荷载作用下桥梁指定断面上的动应变或指定点的动挠度；二是测量桥梁结构的自振特性和动力响应。

移动车辆荷载作用下的动应变或动挠度测定，一般用于实桥试验，试验时将单辆或多辆载重车辆按不同的车速通过桥梁，有时为了模拟路面的不良情况，还在桥面上设置人工障碍（比如有一定宽度和高度的木板），使行驶车辆产生跳动，以形成对桥梁的冲击作用，此时测出指定断面上的动应变或动挠度，将动态情况下的峰值与相应的静态数值相比，可以求出车辆振动引起的动态增量。用测试的方法确定桥梁的动态增量，是研究车辆对桥梁动力作用的一种手段，由试验求得的数据可以作为确定桥梁冲击系数的依据。

桥梁自振特性的测量对象，可以是实际桥梁，也可以是桥梁模型。测量模型的自振特性时，一般要对模型进行专门的激励（输入），然后测量模型的响应（输出），在已知激励和响应（或只有响应）的情况下可以求出模型（系统）的自振特性。测量实桥的自振特性时，也可以同模型试验一样，对实桥公路桥梁荷载试验——进行激振，测得输入和结构的响应后可以求出自振特性。有时，也可以不用对实际结构进行专门的激振，而是利用自然因素（如风、水流、地脉动等）作为实际桥梁的振源（只要能满足一定的条件），测出实际桥梁在这些自然因素作用下的响应，求出实际桥梁的自振特性。

正确确定桥梁结构的自振特性是进行桥梁动力响应的基础。结构自振特性中除阻尼比外，频率与振型可以用计算的力法求得，但计算时所采用的计算图式与实际结构往往有区别，所以用试验的方法确定桥梁结构的自振特性就很有必要。

在诸如地震荷载和风荷载作用下，测量桥梁结构的动力响应的目的是：研究桥梁结构抗震和抗风性能，确保桥梁结构抵抗突发性自然灾害的能力。这类动力响应的测试分析一般都通过模拟震动台试验和风洞试验进行。在有条件的地方，也可以在实桥上进行实时测试。

（三）原型试验和模型试验

1. 原型试验

原型试验的对象是实际结构或构件。桥梁结构原型试验的对象一般就是实际桥梁，所以原型试验也称实桥试验。

原型试验一般直接为生产服务，但也有以结合科研为试验目的。例如，近年来交通运输系统对诸多既有桥梁的质量鉴定试验、新建桥梁的鉴定试验以及一些大型、新型桥梁结构的施工控制测试等，基本都属生产性试验。而对有的大跨度斜拉桥进行施工全过程动力特性测试，则基本上是以科研为目的，是为斜拉桥的抗震、抗风研究积累实测资料。

原型试验是以实际结构为测试对象，试验结果真实地反映了实际结构的工作状态。对于评价实际结构的质量、检验设计理论都比较直接可靠，特别是质量鉴定性试验，只能在实际结构上进行。当然，原型试验存在所需费用多、周期长、现场测试条件差等问题。

2. 模型试验

当进行桥梁结构的原型试验由于投资大、周期长、测量精度受环境影响，在物质上或技术上存在某些困难时，往往采用模型试验的办法，来解决设计分析中的疑难问题。特别是科学研究性试验，则更需要借助模型进行试验。模型是仿照真实结构，按照一定比例关系复制成的真实结构的试验代表物，它具有实际结构的全部或部分特征，但模型的尺寸比原型小得多。

根据不同的试验目的，可以将模型分成两类：一类是以解决生产实践中的问题为主要目的的模型试验，这类模型试验的模型的设计制作与试验要严格按照相似理论，使模型与原型之间满足几何相似、力学相似和材料相似的关系，这样，模型就能反映原型的特性，模型试验的结果可以直接返回到原型上去。这种模型试验常常用于解决一些目前尚难以用分析的办法解决的工程实际问题。

还有一类模型试验，主要是用来验证计算理论或计算方法的。这类试验的模型与原型之间不必满足严格的相似条件，一般只要求满足几何相似同时满足边界条件。将这种模型的试验结果与理论计算的结果对比校核，可用以研究结构的性能，验证设计假定与计算方法的正确性，并确认这些结果所证实的一般规律与计算理论可以推广到实际结构中去。

（四）破坏性试验和非破坏性试验

一般情况下，鉴定性试验多为非破坏性试验。但在某些情况下为了达到预定的试验目的，往往需要进行破坏性试验，以掌握试验结构由弹性阶段进入塑性阶段甚至破坏阶段时的结构行为、破坏形态等试验资料。实际上，原型结构的破坏试验，不论在费用上还是在方法上都存在一些具体的问题，特别是在结构进入破坏阶段后试验是比较困难的。因此，破坏试验一般均以模型结构为对象，在实验室内进行，以便能够较为方便可行地进行加载、控制、量测、分析，从而总结出具有普遍意义的规律，推广应用于原型结构。

（五）长期试验和短期试验

鉴定性试验与一般性的研究试验多采用短期试验方法，只有那些必须进行长期观测的现象，如混凝土结构的收缩和徐变性能、桥梁基础的沉降结构材料的疲劳等，才采用长期试验方法。此外，对于大型桥梁结构或新型桥梁结构常常采用长期观测或组织定期的检测，以积累这些结构长期使用性能的资料。

第二节　公路桥梁荷载试验的内容和依据

对桥梁的运营状况、承载能力和耐久性能进行的技术评定。公路桥梁检验包括桥梁结构的检查和验算，以及桥梁荷载试验和量测等。结构检查的设备在 19 世纪以前是相当简陋的，还没有直接量测结构应变的仪器。直至 20 世纪 20—40 年代才出现各种类型的应变计。桥梁荷载试验已有 100 多年历史，例如 1850 年英国建造的最大跨径为 140 米的箱形连续梁铁路桥（不列颠桥），原设计是一座有加劲梁的吊桥，在建造过程中，曾进行荷载试验，并改变了原设计方案。

检验程序：首先检查桥梁各部构造的技术状况，然后根据桥梁的现状进行结构检算。初建的新型桥梁和缺乏技术资料的旧桥，必要时须进行荷载试验。通过桥梁结构的变位（线位移和角位移）、应变（或转换为应力）、动力特性参量（频率、振幅、阻尼比和动力系数等）、裂缝和损害等项目的检测，来证实桥梁在强度、刚度、稳定性、耐久性和动力性能等方面能否满足安全运营的要求。检验内容包括桥梁结构检查和荷载试验。

结构检查，主要内容有：一是桥梁上部结构和下部结构总体尺寸和变位的状况的检查；二是桥梁承重构件截面尺寸及其细部组合的偏差检查；三是桥面的平整度检查；四是材料的物理力学性能和可能存在的裂缝、缺陷、渗漏、锈蚀和侵蚀等损害的检查；五是必要时还进行地基和河床冲刷等状况的复查。

结构检查的技术和设备大致可分为无破损检查和局部破损检查。无破损检查主要用于结构材料强度、质量和缺陷等检查。无破损检查应用的技术有：回弹仪检查的技术；超声波探测技术（脉冲传递、脉冲衰减和全息摄影等方法）；射线照相或衰减测定技术（电磁放射线有 x 射线、y 射线、红外线和紫外线；核子放射线有中子、质子和正电子束等）；磁力或磁通量探测技术；染色渗入法，探测锈蚀状况的半电池电位测量；激光全息摄影技术；光学孔径仪与光纤维和小型闭路电视录像机组合的观测技术；振动法检验技术等。无破损检查技术往往需要几种方法综合运用才能得到可靠的结果，并且需要有经验的检验人员。因此，用一般的量具和放大镜等辅助工具进行外观的检查诊断，仍是最广泛的检查手段，必要时才应用无破损检查技术，辅助判断。为了检查与试验作业的方便，尚有专用的桥梁检查车和轻型拼装式悬吊检查架。

局部破损检查是在构件上采取试样进行物理化学分析和力学性能试验的检查方法。如测定材料的强度、弹性模量、混凝土的水泥含量、氯化物含量、碳化深度和渗水等测定，都须在构件上取样。又如混凝土或防水层电阻率的测量等，往往需要在构件上钻孔插入探测仪器进行测量。

荷载实验：桥梁静力荷载试验的加载设备常用大型货车、拖挂车、翻斗车、水车和施工机械等各种普通装载车；也有专用的单轴或多轴加载挂车和测定结构影响线的自行式单点荷载设备；有的场合也用压重物等。桥梁自振特性的试验测定方法大致有三类：第一类是常用的突然加载或卸载的方法激振桥梁，如跳车、释放、撞击和小火箭等冲击荷载；第二类用运转频率可调的起振机或专用的单轴电-液惯性加振挂车进行谐振试验；第三类用脉动信号测试与分析的方法，用磁带机记录桥梁无载时的脉动随机信息，并用信号处理机进行谱分析，可取得多阶振型的特征值。

桥梁受迫振动响应的试验测定常用接近运营条件的车辆，以不同车速通过桥梁进行行车试验，测定桥梁的动力系数与车速的关系；或在桥梁动力响应最大的部位进行起动或刹车试验；也可利用平时交通荷载或风荷载等随机荷载，测定桥梁随机振动的响应。

检测桥梁受载及响应的仪器大体可分为静态测量仪器和动态测量仪器两种，也有相互组合和兼用的类型。

荷载和力的测量，静态测量时常用杠杆式地磅、液压型轮重秤和各种机械式或液压式测力计等；电子秤和各种电学的测力传感器及指示计可用于静态或动态测量。直接测定由于车辆荷载本身的振动同桥面不平整状况组合作用于桥梁动力轴重规律的激光测量装置，以及测定风载规律的三向风速测量装置等，正在逐渐被采用。

变位测量，静态测量时常用游标卡尺、百分表、钢丝挠度计、精密水准仪、经纬仪、水准式倾角仪、摄影测量与分析设备等。激光位移测量装置，以及各种电学的位移、倾角的传感器和指示器可用于静态测量和动态测量。还有在长期观测中采用连通管水平面法测量竖向位移的自动记录装置。

应变应力测量采用千分表、手持式应变计、杠杆引伸计、刻痕应变计（也可用于动态测量）、电阻应变计与静态应变仪、振弦式应变计与频率（或周期）测定仪、差动电阻式应变计和比例电桥等各种电学的应变传感器与指示器。此外，还有光弹和激光的应变测量装置，但应用不多。用电学应变计组装的各种应力计可直接测量应力。

裂缝观测，静力试验过程中裂缝常用读数显微镜观测，也可用应变计（如手持式应变计、一般电阻应变计或裂缝电阻应变计等）监测混凝土裂缝的扩展，还可应用声发射技术探测裂缝的发生；或用纤维断裂法监测裂缝的扩展。此外，还用测缝计测量构造缝的伸缩。

结构环境温度测量，常用日记（或周记）的双金属气象温度计。结构表面温度测量可用普通温度计和半导体测温计。混凝土结构内部温度测量一般采用热电偶、热敏电阻和其他类型的温度传感器和指示器。

测量动位移、速度和加速度的仪器有机械式的万能测振仪和各种电学的拾震器及其放大器和记录器。测量动应变常用动态电阻应变仪和振弦式应变仪器等。

检测、验算和分析：试验数据的记录、储存、处理与显示的方法，依照量测技术设备的先进性可分为三类：第一类是手工记录与处理的方法，使用非自动检测的静态测量仪器获得的数据多用这种方法。第二类是自动记录和手工处理的方法，对于自动检测的仪器，记录模拟数据采用笔式或光线式记录器，记录数字化数据采用电传打印机时，数据的处理往往仍用手工方法进行。第三类是利用微型计算机处理数据，动态数据处理有专用的信号处理机。脱机处理时，试验数据（模拟的或数字的）必须记录存储在磁带、磁盘或穿孔纸带上，以便输入计算机处理。计算机输出处理结果的显示设备有 X-Y 函数标绘器、热写示波器和电传打印机等。

为了现场试验与量测方便，将各种测试仪器与数据处理设备组装成测试车，能改善野外测试条件和提高试验效率。对于须长期监测的桥梁可建立遥测中心试验站。

检验的成果包括结构检查报告、结构检算书和荷载试验报告。检验成果的分析应遵循有关桥梁检定规范和设计标准。静力试验的一般要求是：桥梁在试验荷载作用下，结构显示良好的弹性工作状态，结构的弹性变形、残余变形和总变形量应满足规定的指标；结构的刚度要满足运行的要求；结构的应力和变形不超过设计标准的容许值；出现的裂缝宽度应小于相应使用环境下的许可值，应满足耐久性的要求等。动力试验的一般要求是：桥梁实测动力系数应不大于设计取用值；在平时交通下，桥梁的振动（频率与振幅的组合）不使行人有不愉快和不安全的感觉；结构的最低阶自振频率应大于有关标准的限值，以避免发生可能的共振现象；结构的动应力应小于相应的疲劳极限值，等等。但是，桥梁的最终评定必须是根据桥梁检验成果的分析，同时结合桥梁的运营环境和使用要求等条件进行综合判断的结论。

如果桥梁检验评定结果不能满足运营安全性和耐久性的要求，那么，就须根据检验评定结果采取必要的措施，如降低通行载重量，限制车速和进行必要的修理或加固等。

第三节　公路桥梁荷载试验的流程和方法

本书论述的公路桥梁荷载试验系指生产鉴定性、非破坏性、短期原型的静、动荷载试验。一般情况下，进行公路桥梁荷载试验的一般程序可分为三个阶段，即试验准备阶段、加载与观测阶段和分析总结阶段。

一、荷载试验准备阶段

试验准备阶段是桥梁荷载试验顺利进行的前提和保障，其工作包括：第一，收集、桥梁设计文件、施工记录、监理记录、原试验资料、桥梁养护与维修记录等桥梁技术资料；第二，检查桥梁现状，如桥面系、承重结构构件、支座、基础等部位的表观状况；第三，检算设计荷载和试验拟加荷载作用下理论内力；第四，制订加载和量测方案，选用仪器仪表；第五，搭设工作脚手架、设置测量仪表支架、测点放样及表面处理、布置测试元件、安装调试测量仪器仪表等。可以说，试验检测工作的顺利与否，很大程度上取决于检测前的准备工作。

（一）试验总体领导管理组织

为了使试验能顺利进行，并能达到预期的目的，应成立试验总体领导管理组织，统一部署、组织和领导整个试验工作。试验总体组织者必须熟悉桥梁荷载试验工作，并具有与试验相关的知识，特别是大型复杂的公路桥梁试验，试验工作环节繁多，情况多变，因此必须精心安排，一丝不苟，做好应对措施。在进行试验组织时，必须做好以下几方面的工作：

1. 明确试验目的

在进行其他各项工作以前，必须首先了解清楚本次桥梁荷载试验要达到的目的以及各项具体要求。如果提出试验要求的不是试验组织者本人，则试验组织者有必要与提出试验要求的人进行讨论，询问提出各项试验要求的前提与背景，通过荷载试验要解决的问题，然后再将试验目标确定下来，最好要能分清各项目的主次，试验时万一不能兼顾各项目标，可以放弃次要目标而保证完成主要任务。

2. 阅读有关文献

在明确试验目的以后，应该阅读与试验有关的文献资料。如果有人做过类似的试验则通过阅读他人试验报告或情况介绍，弄清试验目的有何不同，哪些地方可以改进，等等。

3. 收集设计、计算资料

如果公路桥梁荷载试验对象具有实际工程背景，在组织试验时要向有关部门收集与试验有关的设计资料，以便对试验对象有透彻的了解。

4. 拟定试验方法

在以上几步工作的基础上，可以拟定试验方法。拟定试验方法主要是根据试验目的和客观条件，确定静载试验的加载方法和动力试验的激振方法，选择合适的测试仪器和观察方法，确定试验程序。

5. 桥梁荷载试验的理论分析和检算

在试验前应模拟试验状态对结构进行必要的分析计算，以便对试验结果有初步的估计。

6. 测试仪器设备的准备和试验人员的组织

在确定了试验方法以后，就可着手测试仪器设备的准备和试验人员的组织。为了保证试验的顺利进行，调试仪器的规格、数量、测试精度等都要能满足试验的要求，对于使用数量大、容易损坏的仪器还应有一定数量的备件。

对于规模较大的试验，通常需要较多的测试人员，单靠某一个单位的专业测试人员往往是不够的，还需要几个单位的测试人员通力合作；此外，还可能需要非专业测试人员的协助，试验前应该做好所有参加试验人员的组织与协调工作。

（二）试验方案的制订

在完成试验组织的基础上，还应制订出详细的试验方案以便照此执行。桥梁荷载试验是一项复杂而细致的工作，应在桥梁检查和检算的基础上确定试验项目。仔细考虑试验的全过程，预计可能出现的问题及其处理方法，才能保证所定试验方案切实可行和试验工作的顺利进行。试验方案一般应包括如下内容：第一，试验目的以及测量要求；第二，加载方法；第三，测试内容；第四，测量方法；第五，试验程序；第六，试验进度；第七，试验人员的组织和分工；第八，安全措施。

（三）静载试验的准备工作

桥梁结构的静荷载试验是：将静止的荷载作用在桥梁上的指定位置，以测试结构的静应变和位移或其他项目，从而推断桥梁结构在荷载作用下的工作状态和使用能力。对于一些缺乏设计资料、结构受力不详、不便检算，或对根据检查及检算结果综合判断的桥梁承载能力有怀疑的旧桥，采用静荷载来评定它们的承载能力和安全度是十分必要的。

1. 试验孔（墩、台）的选择

桥梁试验孔（墩、台）确定，应选定结构受力最不利、结构技术状况较差，或病害多而严重、便于搭设脚手架和设置测点以及加荷方便的桥孔。一般可结合桥梁检查和检算工作进行。对于多孔结构，还须考虑病害或问题的种类和结构上的不同。

2. 检查架与仪表架的搭设

检查架必须方便观测仪表和裂缝，应以经济、方便、安全为原则，检查架与仪表架应完全脱离，不影响仪表和测点的正常工作，不干扰测点附属设施。当桥下净空高不便设置固定检查架时，可采用轻便活动吊架。仪表架要稳固并能承受试验时可能产生的碰动干扰。用于观测墩台沉降和位移的仪表架，应离开墩台基础边缘至少1.5m，以不受墩台变位的影响。搭设仪表架时，还须留心观测点不要受阳光直接照射和实施防雨措施等。

3. 加载方案与实施

（1）加载试验项目的确定

静荷载试验项目按其目的来分，大体上有两类：一类为测定荷载横向分布特性的单点加载试验；另一类为鉴定桥梁承载能力的加载试验。因此加载试验项目安排应抓住重点，不宜过多。几种常见主要桥型的加载试验项目如表1-1所列。

表1-1　几种主要桥型试验项目表

桥梁型式	加载试验项目	
	主要	附加
简支梁	跨中最大正弯矩及挠度 L/4截面正弯矩及挠度	支点最大剪力和墩台垂直位移
连续梁	支点最大负弯矩 跨中最大正弯矩	支点最大剪力 墩台最大垂直力及位移
悬臂梁	支点最大负弯矩 悬臂端最大挠度 锚跨跨中最大正弯矩	支点最大剪力 墩台最大垂直力及位移 挂梁跨中最大正弯矩

桥梁型式	加载试验项目	
	主要	附加
无铰拱	拱顶最大正弯矩 拱脚最大负弯矩	拱脚最大水平推力及变位 L/4 截面最大正弯矩和最大负弯矩
刚架桥	跨中截面最大正弯矩和挠度结点 截面的最大负弯矩	柱脚截面最大负弯矩、 最大水平推力
斜拉桥与悬索桥	主梁最大挠度 主梁控制截面最大内力 索塔塔顶水平变位 主缆最大拉力，斜拉索最大拉力	主梁最大纵向漂移 主塔控制截面最大内力 吊索最大索力

（2）静载试验荷载的确定与布置

承载能力评定荷载一般有以下几种：即标准汽车、挂车或履带车、人群荷载和须通行的特种重载。产生控制截面最不利内力的评定荷载常作为静力试验荷载。但由于客观条件的限制，实际采用的试验荷载往往会与评定荷载有所不同。为保证试验效果常采用等效荷载试验的方法，在选择等效试验荷载时，要使等效试验荷载作用下的控制截面内力计算值与评定荷载作用下同截面的内力之比（即试验荷载效率）在 0.95~1.05 之间。等效试验荷载通常有可行式车辆和重物直接加载两种。当采用重物直接加载时，须注意避免加载设备与桥梁共同承载而形成"卸载"观象。试验荷载布置应使结构处于某种实际可能的最不利工作状态。

（3）试验荷载分级与加载方式

为了了解结构应变或变位随加载内力增加的变化关系和防止结构意外损坏，试验荷载须逐级增加。用车辆加载一般分成 2~3 级，用重物加载为 3~4 级即基本荷载的 60%、80%、90% 和 100%。车辆荷载的分级可采用逐渐增加加载车数量和加载车位于控制截面内力纵横向影响线不同位置的方法。静力试验荷载的加载方式，根据加载设备情况可分成两种，一是单逐级递加到最大荷载，然后逐渐卸载至零载，这种方法适合于重物直接加载；二是逐级递增的循环加载方法，此法宜用于车辆加载。

（4）加载时间选择与静力荷载的持续时间

加载试验应安排在气温变化不大，外界气候条件较好的时间（如晚上 10 时至次日凌晨 5 时）内进行。静力荷载的持续时间取决于结构最大变位达到相对稳定所需的时间。对钢筋混凝土和木结构一般取 15~30min，钢结构通常不少于 10min。

（5）加载程序的确定

正式加载试验前，一般须对试验结构进行必要次数的预加载。通过预加载，一方面可以使结构进入正常工作状态，另一方面也可检查试验装置的可靠性以及检查全部观测仪表工作是否正常，并能起到演习作用。预加载的荷载一般取1~2级分级荷载。

（6）加载试验的控制

加载应严格按设计的加载程序进行，荷载的大小和截面内力都应从小到大逐渐增加，并随时做好停止加载或卸载的准备。加载试验过程中，要及时分析控制测点的变位或应变，随时观察结构薄弱部位开裂等状况，一旦发现下列情况，应立即终止加载试验：第一，控制测点应力或挠度（变位）超过检算控制值和规范规定值；第二，加载过程中超过规范允许缝宽的裂缝大量增多，对结构使用寿命造成明显影响时；第三，墩台变位超过允许值且不能稳定时；第四，发生其他损坏，影响桥梁承载能力和正常使用时。

4. 制订观测方案

观测方案应按照试验目的和要求，确定观测项目、测量区段、测点位置，并选择合适的仪表和确定试验观测方法。

（1）观测项目的确定

在荷载作用下的桥梁变形可以分成两类：一类变形能反映结构的整体工作状况，如挠度、转角和支座位移等，为整体变形；另一类反映结构的局部工作状况，如纤维变形、裂缝和局部挤压变形等，称局部变形。在确定观测项目时，首先要考虑结构的整体变形，因为它能概括结构工作的全貌，也能反映结构任何部分的异常变形或局部损坏。同时，局部变形的观测也很重要，它能反映结构的抗裂性能，又是推断结构实际状况和极限强度的主要指标，所以观测项目和测点位置应满足分析和推断结构工作状态的需要。

常见桥梁主要观测项目有：结构的最大挠度、支座沉降、结构最大拉应力和最大压应力、中性轴位置、支座附近截面的主拉应力、活动支座的变化以及裂缝的出现和扩展状况。几种主要桥梁的检测部位和观测项目如表1-2所示。

表1-2 几种主要桥型检测部位及项目

检验项目 部位 桥型	截面应力 （应变）	挠度	转角	下沉	水平位移
简支梁	跨中、四分点、支点	跨中、四分点	支点		
连续梁	跨中、四分点、支点	跨中、四分点	支点	支座	
悬臂梁	支点、牛腿	牛腿、跨中	梁端、支点		

检验项目 部位 桥型	截面应力 （应变）	挠度	转角	下沉	水平位移
拱桥	跨中、四分点、拱脚	跨中、四分点、八分点	墩台	墩台	墩台
刚架桥	跨中、结点、柱脚	跨中、结点	柱脚		
斜拉桥和悬索桥	跨中、主缆、斜拉索	跨中、四分点	塔顶	索塔	塔顶

（2）测量部位选择与测点布设

测量部位的选择与测点布置的原则有：一是在满足试验目的的前提下，测点数量与布置必须充分、足够，测点宜少不宜多，以便试验工作重点突出；二是测点位置必须有代表性，以利计算分析；三是应布设一定数量的校核测点，以保证测量数据可靠。此外，测点的布置对试验工作应是安全和方便的。

（3）仪器仪表的选择与测读原则

根据观测项目需要选择仪器仪表时，应从实际需要出发选择满足测试精度要求的仪器仪表，但要注意环境条件，避免盲目追求精度。仪器仪表要有足够的量程、型号规格要一致，种类尽可能少一些。在测点较多时，宜用电测仪表。

所有测点读数时间必须基本相等，在加载前均须进行零载读数，以后每次加卸载后立即读数一次，并在结构变位稳定后，进入下一级荷载前再读数一次。对于结构变位最大的测点，须每隔5min读数一次，以观测结构变位相对稳定与否。每次测读时，应同时记录周围的气象资料如温度、湿度等。

（4）观测方法的确定

选择观测方法时，要根据试验方案所提供的客观条件，密切结合加载程序来确定。

①位移测量

位移测量的方法大致有两类：一类是接触式测量，常见的方法是机械测量法和电测法，这类测量的仪器、仪表有各种类型的挠度计、百分表和位移传感器等；另一类是非接触式测量，多为光学测量，如精密水准测量、经纬仪测量和近景摄像测量等，常用的设备有：精密水准仪，高精度经纬仪、摄影经纬仪、立体坐标仪和计算机等。

②应变测量

应变测量可分两种情况，即桥梁结构主应力方向已知或未知情况两种。后者是经常遇到的，例如在弯剪共同作用区，截面形状不规则或有突变的位置。当测定这些部位的平面应力状态时，一般按一定直角坐标系均匀布点，每点按三个方向布设成一个应变花形式。应变测试中常用的仪器、仪表有千分表、应变片、应变花、杠杆引伸仪、手持应变仪、钢筋应力计和电阻应变仪等。

③裂缝观测

裂缝观测通常是依靠目力辅以刻度放大镜，有时也用沿受力主钢筋方向连续布置电阻应变片或应变计来测定裂缝的出现或开裂荷载。此时，应变计（片）连续布置的长度不小于 2~3 个计算裂缝间距或 30 倍主筋直径。

5. 荷载试验准备工作

一是加载位置放样及加载设备的准备；二是试验人员组织与分工；三是仪表的选择、安装、检查与调试等。

（四）动载试验的准备工作

1. 动力试验的项目确定

桥梁结构动载试验的主要项目：测桥梁的动力性能，如自振频率固有振型和阻尼特性等；测定动荷载本身动力特性，如动力荷载的大小、方向、频率及作用规律等；测定桥梁结构在动力荷载下的强迫振动响应，如振幅、动应力（挠度）、冲击系数等。

2. 试验前现场准备工作

出发前应对所携带的仪器仪表、传感器等进行全面的检查与标定，确保仪器仪表状态良好。此外，要在距离测试部位适当的地方搭设帐篷，以供操作仪器使用；还要接通电源，安装照明设备，检查通信设备的状态。

按照试验方案所定的传感器布置位置，进行放样定位，布置测试导线，采用合适的方法将传感器固定在被测对象上。此外，根据被测结构的动力特性，确定"跳车试验"进行的位置，并做出标记。对于运营中的桥梁，试验准备工作要注意传感器、测试导线的防护，试验开始前应封闭交通，禁止闲杂人员和非试验用车辆进入。

建立试验领导组织，进行人员分工安排。一般地，根据试验实际情况，设指挥一人，试验车辆导引员一人，测试人员数人。配备相应的通信联络工具或明确联络方式，以便统一指挥，统一行动。正式试验前，要进行预测试，以检查仪器、仪表、测量线路的工作状态，确定测量放大器的放大系数。

二、荷载试验现场实施阶段

加载与观测阶段是整个检测工作的中心环节。这一阶段的工作是在各项准备工作就绪的基础上，按照预定的试验方案与试验程序，利用适宜的加载设备进行加载，运用各种测试仪器，观测试验结构受力后的各项性能指标如挠度、应变、裂缝宽度、加速度等，并采用人工记录或仪器自动记录手段记录各种观测数据和资料。有时，为了使某一加载、观测方案更为完善，可先进行试探性试验，以便更完满地达到原定的试验目的。需要强调的是，对于静载试验，应适时根据当前所测得的各种技术数据与理论计算结果进行现场分析比较，以判断受力后结构行为是否正常，是否可以进行下一级加载，以确保试验结构、仪器设备及试验人员的安全，这一点对于已存在病害的既有桥梁结构进行试验时尤为重要。

三、试验结果分析和评定阶段

分析总结阶段是对原始测试资料进行综合分析的过程。原始测试资料包括大量的观测数据、文字记载和图片等材料，受各种因素的影响，一般显得缺乏条理性与规律性，未必能深刻揭示试验结构的内在行为规律。因此，应对它们进行科学的分析处理，去伪存真，去粗取精，综合分析比较，从中提取有价值的资料。对于一些数据或信号，有时还须按照数理统计的方法进行分析，或依靠专门的分析仪器和分析软件进行分析处理，或按照有关规程的方法进行计算。这一阶段的工作，直接反映整个检测工作的质量。测试数据经分析处理后，按照相关规范、规程以及检测的目的要求，对检测对象做出科学的判断与评价。全部检测工作体现在最后提交的试验研究报告中。

测试过程完毕并不意味试验的结束，试验过程中的原始记录，是试验结果的真实记录。但是原始记录的数据必须经过分析、整理或画成图表以后才能清晰明了地反映试验结果的情况。

试验报告则是整个试验的总结。试验报告要概括试验的各主要环节，内容至少应包括：一是介绍试验目的、要求及依据等；二是试验实施情况（包括：试验荷载、加载方式、测试内容、测点布置和测试仪器等）；三是试验量测数据结果，各种关系曲线及相关分析；四是对试验结果的综合分析；五是结论；六是试验和报告的日期，主持和参加单位，试验单位资质及人员名称，主持人签名。

一项试验，从进行试验设计开始，直到写出试验报告为止，是一个前后紧密联系的过程，必须从一开始就非常慎重非常细致地对待试验的每一个环节。试验前应考虑到试验的方方面面，分析各个环节，制订出周密的试验工作计划，以保证试验井然有序；在试验过程中，本着对工作认真负责、一丝不苟的精神，正确测读每一个试验数据。在整理分析数据、撰写试验报告阶段，如果草率从事，就会使整个试验前功尽弃，使花了大量精力测得的试验数据说明不了什么问题或者引出错误的结论。因此，在进行数据整理时必须十分仔细，使经过整理后的数据能真实反映试验实际。对试验结果中反映出来的反常现象要仔细推敲并反复核对，不宜轻易判断为测试中的失误，往往这些反常现象揭示了在理论分析时被忽视而客观存在的事实，这正是试验优于理论的地方。参照理论分析的结果，对试验结果进行分析说明，是试验报告的重要组织部分，也是试验人员深化对试验认识的过程。在试验报告的结论部分，应该明确回答试验目的所希望解决的问题，同时应特别指出通过试验发现的新规律、新事实。

（一）静载试验结果的分析与评价

静载试验数据整理分析，实际上是对试验数据进一步深化过程，从理论上探求其内在规律，目的是为了便于对桥梁结构做出相应的技术评价。静载试验数据整理分析，包括对现场实测数据进行修正、整理，也包括实测数据的评价方法与评价指标的取用。

1. 实测资料整理

试验的原始资料与原始记录是研究试验结果、评价桥梁使用性能与承载能力最基本的依据。原始记录是说明试验情况的第一手资料，从整体上看是最可靠的，但也难免烦琐和庞杂，缺乏必要的条理性，不能够集中而明确地说明试验所得到的主要技术结论。因此，在实测资料的整理过程中，要进行去粗存精、去伪存真的加工，这样所得到的综合材料要比原始记录更为清楚地表达了试验主要成果。同时，在测试数据整理过程中，要重视和尊重原始资料与原始记录，珍惜有用的点滴资料，保持原始记录的完整性与严肃性。此外，对于一些量测方法和量测内容，要按照科学合理的方法进行计算和修正，以获取有价值的数据或进行量测误差分配。

（1）试验原始资料的内容

一是试验桥梁的调查结果和验算结果；二是试验方案及编制说明；三是各测试项目的读数记录及结构裂缝分布图；四是桥梁结构材料的力学性能试验结果；五是荷载试验过程中出现的各种异常情况的记录、照片等。

（2）试验资料整理

一般地，对于处在弹性工作阶段的结构而言，测值等于加载读数减去初读数。在试验完成后，根据试验观测项目及相应的记录表格，就可直接计算出在各级荷载作用下相应的测值，找出各观测项目具有代表性的数据来。在测值计算时，要注意以下几个问题。

①测值修正

测值修正是根据各类仪表的标定结果而进行测试数据修正的工作，如机械式仪表的校正系数，电测仪器的率定系数、灵敏系数，电阻应变仪观测导线电阻的影响等。一般说来，仪器仪表的偏差具有系统性，应在试验前设法予以排除，当这类因素对测试值的影响小于1%可不予修正。

②测点应力计算

各测点的实测应力可按胡克定律，由实测应变求得，即：

$$\sigma = E \times \varepsilon$$

③挠度计算及误差处理方法

当采用精密光学仪器进行变形测量时，应根据测量误差理论、平差处理方法及试验所采用的测量路线进行测量误差的调整计算。首先，假定起始点的假设高程，计算各测点在各级试验荷载作用下的假定高程；然后，根据测量线路计算高差闭合差及高差闭合差的容许值，若测量成果的精度符合要求，即可进行高差闭合差的调整，调整方法是将高差闭合差反号，按与各测段的路线长度成正比例地分配到各段高差中，计算出各测点在各级试验荷载作用下的改正高程；最后，将改正高程减去零载时的初始假定高程，即可得出各测点在各级试验荷载作用下的挠度。

④支点沉降影响的修正

对于梁式桥，支点沉降会产生刚体位移和转角，测试结果不仅包括弹性挠度，也包括刚体位移，因此，当支点产生沉降时，应修正其对挠度的影响。

⑤荷载横向分布系数的计算

对于由多片主梁组成的桥梁结构，荷载横向分布的量测与计算往往是桥梁检测的内容之一。通过对桥梁结构跨中截面各主梁挠度的测定，可以绘制出跨中截面的横向挠度曲线，然后按照荷载横向分布的概念，运用变位互等原理，即可计算出任一主梁的荷载横向分布系数。

2. 试验曲线整理

（1）荷载-变形曲线的整理

按照试验要求，可以针对各种变形如挠度、转角、应变等绘制荷载-变形曲线，以表达荷载与变形之间的关系。荷载与变形关系能够宏观地说明结构的基本状态和工作性质，说明结构是处于弹性，还是处于弹塑性工作阶段，同时也能反映某些局部现象如结构开裂与否以及节点的工作状态等。对于荷载-变形曲线，一般主要有四种类型，如图1-1所示。

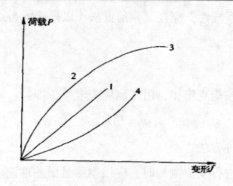

图 1-1　常见荷载-变形曲线的类型

在图 1-1 中，曲线 1 是直线，它说明结构处于弹性工作状态，钢结构试验得到这样的结果是正常的，而钢筋混凝土、木结构等具有显著非弹性性质的结构，只有在承受多次正常荷载作用后再测试，才可能达到这样的结果。

曲线 2 表示在初期加载时非弹性工作状态各种材料的荷载-变形规律，曲线的斜率反映了结构的非弹性程度。

曲线 3 是曲线 2 的延伸与极限情况，说明结构出现了屈服现象，如钢筋混凝土结构中钢筋的屈服、试桩的桩周土达到极限强度，在这种情况下，即使荷载不再增加，变形也可能进一步增大。

曲线 4 主要表示卸载情况，表示一种非弹性变形的恢复过程。如果这种现象在加载过程中出现，则说明测试系统或试验结构本身有问题。

荷载——变形曲线的陡缓，表明了试验结构刚度的大小，曲线愈陡，结构刚度也愈大。根据荷载-变形曲线的形状与特征点，可以研究试验结构的工作状态，在试验曲线形状发生特别变化的地力，一定与结构中某些特殊的现象相联系，再利用其他实测资料进行综合分析，即可全面把握试验结构的受力行为。

（2）结构位置-实测变形曲线

结构位置-实测变形曲线主要有两种，其一是实测变形与试验结构位置曲线，如挠度沿桥轴线的分布曲线、挠度沿桥横向的分布曲线；其二是应变沿截面高度的分布曲线。利用沿桥梁跨径方向将各测点在各级试验荷载作用下实测挠度值连接起来的挠度曲线，可以宏观判断挠度测试结果是否正确、结构反应是否正常、卸载后残余变形如何分布等问题，有些时候还可利用结构的对称性原理进行检查。利用沿桥梁横截面方向将各测点在各级试验荷载作用下实测挠度值连接起来的挠度曲线，可以进行横向分布系数的计算，进而验证所采用的横向分布计算理论的合理性。

一般说来，各种计算理论都做了一些简化和假设，和实际情况有一定出入，同时也存在其适用范围、适用程度的问题，通过实测值与理论值的比较，不仅可以判断试验结构的使用性能与工作状态，而且可以验证计算理论，为规范的修订与完善积累设计资料，这对于新结构、新材料的推广应用有非常重要的意义。

（3）其他曲线

对于钢筋混凝土结构和预应力混凝土结构，在试验过程中，当裂缝出现之后，应按照裂缝的开展情况绘制裂缝分布图，以及特征裂缝形态随试验荷载增加发展变化图，注明裂缝宽度、长度在每级荷载作用下的发展变化情况，并采用照相方式或采用米格纸将裂缝详细情况记录下来。进行破坏试验时，对于结构的破坏部位、破坏形态采用照相方式进行记录。

除了上述常用的试验曲线和图形外，根据试验类别、荷载性质、变形特点的不同，还可以绘制一些其他的结构试验特征曲线，如试验荷载-支点反力曲线，试桩的荷载-变形-时间曲线，某些结构局部变形（相对滑移、挤压）曲线，节点主应力轨迹曲线等。

3. 允许限值及评价方法

桥梁结构静载试验结束以后，要从试验结果的分析中对结构性能做出评价。如果试验的目的是为了探索结构内在的某种规律，或者是某一计算理论的准确度或适用程度，就需要对试验结果进行综合分析，找出互有联系的诸变量之间的相互关系，总结出相应的数学表达式或关系表。如果试验属于生产鉴定试验，则应从试验资料的整理分析中，提取充分而必要的数据，对结构的承载能力、使用性能做出判断，进而说明结构安全可靠和满足使用要求的程度。

桥梁结构静载试验的评价指标有两个方面：其一是根据控制测点的实测值与相应的理论计算值进行比较，来说明结构的工作性能和安全储备；其二是将控制测点的实测值与规范规定的允许值进行比较，从而说明结构所处的工作状况。下面对此做一详细说明。

（1）校验系数

所谓校验系数，是指某一测点的实测值与相应的理论计算值的比值，实测值可以是挠度、位移、应变或力的大小，校验系数表达式为：

$$\lambda = \frac{测点的实测值}{测点的理论计算值}$$

当 $\lambda = 1$ 时，说明理论值与实测值完全相符；$\lambda < 1$ 时，说明结构工作性能较好，承载能力有一定富余，有安全储备；$\lambda > 1$ 时，说明结构的工作性能较差、设计强度不足，不够安全。通常，桥梁结构的校验系数如表 1-3 所示，可供参考。

表 1-3　桥梁结构的校验系数 λ

类别	项目	校验系数
钢桥	应力	0.75~0.95
	挠度	0.75~0.95
预应力混凝土桥	混凝土应力	0.70~0.90
	钢筋应力	0.70~0.85
	挠度	0.60~0.85
钢筋混凝土桥	混凝土应力	0.60~0.85
	钢筋应力	0.70~0.85
	挠度	0.60~0.85

在大多数情况下，往往忽略一些次要因素，设计计算理论总是偏于安全的，故桥梁结构的校验系数往往小于 1。然而，安全和经济是相对重置的，过度的安全储备是不必要的，设计时两者应尽可能兼顾。因此，《大跨径混凝土桥梁的试验方法》规定，在最大试验荷载作用下，实测挠度、实测应变应满足下式要求：

$$\beta < \frac{w_t}{w_d} \leqslant \alpha$$

公式中：$\alpha = 1.05$，$\beta = 0.70$；

w_t——实测值；

w_d——相应的理论计算值。

同时，对于残余变形，《大跨径混凝土桥梁的试验方法》规定，卸载后最大残余变形与该点的最大实测值的比值应满足下式的要求：

$$\frac{w_p}{w_{\max}} \leqslant \gamma$$

公式中：$\gamma = 0.2$；

w_p——卸载后最大残余变形的实测值；

$w_{\max}$——该点在试验过程中的最大实测值。

（2）规范允许限值

在设计规范中，从保证正常使用条件出发，对不同结构形式的桥梁分别规定了允许挠度、允许裂缝宽度的限值。在桥梁静载试验中，可以测出桥梁结构在设计荷载作用下控制截面的最大挠度及最大裂缝宽度，二者比较，即可做出试验桥梁工作性能与承载能力的评价。挠度评价指标为：

$$\frac{f'}{l} \leqslant \left[\frac{f}{l}\right]$$

公式中：$\left[\dfrac{f}{l}\right]$——规范规定的允许挠度限值；对于梁式桥主梁跨中，允许限值为 1/600，对于拱桥、桁架桥，允许限值为 1/800；对于梁式桥主梁悬臂端，允许限值为 1/300；

f'——消除支座沉陷等影响后的跨中截面最大实测挠度；

l——桥梁计算跨度或悬臂长度。

对于钢筋混凝土桥，裂缝宽度应满足一定限值，即：第一，正常大气条件下 $\delta_{f max}<$ 0.2mm；第二，有侵蚀气体或海洋大气条件下 $\delta_{f max}<0.1$mm；对于部分预应力 B 类构件，裂缝宽度采用名义拉应力进行限制，即：

$$\sigma_{hl} \leqslant \left[\sigma\right]l$$

公式中：σ_{hl}——假设截面不开裂的弹性应力计算值，可按照材料力学方法计算；

$\left[\sigma\right]$——混凝土名义拉应力限值。

（二）动载试验结果的分析与评价

桥梁结构的动力特性，如固有频率、阻尼系数和振型等，它们只与结构本身的固有性质有关，如结构的组成形式、刚度、质量分布、支承情况和材料性质等，而与荷载等其他条件无关，结构的动力特性是结构振动系统的基本特征，是进行结构动力分析所必需的参数。另外，桥梁结构在实际的动荷载作用下，结构各部位的动力响应，如振幅、应力、位移、加速度以及反映结构整体动力作用的冲击系数等，不仅反映了桥梁结构在动荷载作用下的受力状态，也反映了动力作用对驾驶员、乘客舒适性的影响。桥梁结构的动载试验，就是要从大量的实测数据信号中，揭示桥梁结构振动的内在规律，综合评价桥梁结构的动力性能。

在动载试验中，可获取大量桥梁结构振动系统的各种振动量如位移、应力、加速度等的时间历程曲线。由于实际桥梁结构的振动往往很复杂，一般都是随机的，直接根据这样的信号或数据来分析判断结构振动的性质和规律是困难的，一般须对实测振动波形进行分析与处理，以便对结构的动态性能做进一步分析。常用的分析处理方法可以分为时域分析和频域分析两种。时域分析是直接对时程曲线进行分析，可以得出诸如振幅、阻尼比、振型、冲击系数等参数；频域分析是把时域信号通过傅里叶变换的数学处理变换为频域信号，揭示信号的频率成分和振动系统的传递特性，以得到振动能量按频率的分布情况，从而确定结构的频率和频率分布特性。得出这些振动参量后，就可以根据有关指标综合评价桥梁结构的动力性能。

1. 时域分析

在时域分析中，桥梁结构的一些动力参数可以直接在相应的时程曲线上得出。例如，可以在加速度时程曲线上得到各测点加速度振幅，在位移时程曲线上将最大动挠度减去最大静挠度即可得出位移振幅（图1-2），通过比较各测点的振幅、相位就可得出振形。

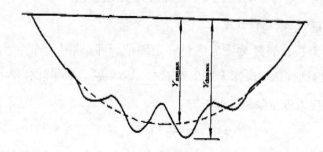

图 1-2　移动荷载作用下简支梁的挠度曲线

（1）桥梁结构阻尼特性的测定

桥梁结构的阻尼特性，一般用对数衰减率 δ 或阻尼比 D 来表示。实测的自由振动衰减曲线如图1-3所示，由振动理论可知，对数衰减率为：

$$\delta = \ln \frac{A_i}{A_{i+1}}$$

公式中：A_i 和 A_{i+1}——分别为相邻两个波的振幅值，可以直接从衰减曲线上量取。

实践中，常在衰减曲线上量取 n 个波形，求得平均衰减率：

$$\delta_a = \frac{l}{n} \ln \frac{A_i}{A_{i+1}}$$

根据振动理论可知，对数衰减率与阻尼比 D 的关系为：

$$\delta = \frac{2\pi D}{\sqrt{1 - D^2}}$$

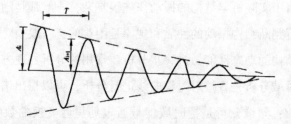

图 1-3　由自由振动衰减曲线求阻尼特性

由于一般材料的阻尼比都很小，因此，上述公式可近似为：

$$D = \frac{\delta}{2\pi}$$

通常，桥梁结构的阻尼比在 0.01~0.08 之间，阻尼比越大，说明桥梁结构耗散外部能量输入的能力越强，振动衰减得越快，反之亦然。

（2）冲击系数的确定

动力荷载作用与桥梁结构上产生的动挠度，一般较同样的静荷载所产生的相应的静挠度要大。动挠度与相应的静挠度的比值称为活荷载的冲击系数。由于挠度反映了桥梁结构的整体变形，是衡量结构刚度的主要指标，因此活载冲击系数综合地反映了动力荷载对桥梁结构的动力作用。活载冲击系数与桥梁结构的结构形式、车辆行驶速度、桥面的平整度等因素有关。为了测定桥梁结构的冲击系数，应使车辆以不同的速度驶过桥梁，逐次记录跨中截面的挠度时程曲线，如图 1-2 所示，按照冲击系数的定义有

$$1 + \mu = \frac{Y_{dmax}}{Y_{smax}}$$

公式中：Y_{dmax} ——最大动挠度值；Y_{smax} ——最大静挠度值。

2. 频域分析方法

桥梁结构在风荷载、地震荷载、车辆荷载作用下所产生的振动，都是包含有多个频率成分的随机振动，它的规律不能用一个确定的函数来描述，因而就无法预知将要发生的振动规律。这种不确定性、不规则性是一切随机数据所共有的特点。随机变量的单个试验称为样本，每次单个试验的时间历程曲线称为样本记录，同一试验的多个试验的集合称为样本集合或总体，它代表一个随机过程。随机数据的不确定性、不规则性是对单个观测样本而言的，而大量的同一随机振动试验的集合都存在一定的统计规律。对于桥梁结构的振动，一般都属于平稳的、各态历经的随机过程，即随机过程的统计特征与时间无关，且可以用单个样本来替代整个过程的研究。

3. 桥梁结构动力性能的分析评价

桥梁结构动力性能的一些参量，如固有频率、阻尼比、振型、动力冲击系数，以及动力响应的大小，是宏观评价桥梁结构的整体刚度、运营性能的重要指标；也是一些规范评价桥梁安全运营性能的主要尺度。目前，虽然国内外规范对桥梁结构的动力响应、动力特性尚无统一的评价尺度，但一般认为：桥梁结构的动力特性反映了结构的整体刚度、桥面的平整程度及耗散外部振动能量输入的能力。同时，过大的动力响应会影响车辆的安全行驶，会引起驾驶员、乘客的不舒适，应予以设法避免。在实际测试中，通常通过以下几个

方面来评价桥梁结构的动力性能。第一，比较桥梁结构频率的理论计算值与实测值，如果实测值大于理论计算值，说明桥梁结构的实际刚度较大，反之则说明桥梁结构的刚度偏小，可能存在开裂或其他不正常现象。一般地，在进行理论计算时，常常会做出一些假设，忽略了一些次要因素，故理论计算值要大于实测值。第二，根据动力冲击系数的实测值来评价桥梁结构的行车性能，实测冲击系数较大则说明桥梁结构的行车性能差，桥面的平整程度不良，反之亦然。第三，根据实测加速度量值的大小，评价桥梁结构行车的舒适性。根据国内外研究资料，一般地，车辆在桥梁结构行驶时最大竖向加速度不宜超过0.065g（g 为重力加速度），否则就会引起司乘人员的不适。第四，实测阻尼比的大小反映了桥梁结构耗散外部能量输入的能力，阻尼比大，说明桥梁结构耗散外部能量输入的能力强，振动衰减得快；阻尼比小，说明桥梁结构耗散外部能量输入的能力差，振动衰减得慢。但是，过大的阻尼比则说明桥梁结构可能存在开裂或支座工作状况不正常等现象。

四、桥梁荷载试验基本原则

在桥梁荷载试验的实践工作中，根据我们所注视到的问题，将其归纳起来，主要有如下几条基本原则。

（一）测试部位应突出受力关键

桥梁荷载试验的主要测试内容是应力（应变）和挠度等反映承载力的指标。而承载力指标体现了结构最不利受力状况下，各主要因素影响的综合反映值。而结构的最不利受力状况必须是结构承载力的关键部位。因此，测试控制部位必须突出结构体系受力的关键。

众所周知，对于不同体系的桥梁，受力的控制部位早已有惯用的规定。例如拱桥以跨中、$\frac{L}{4}$、$\frac{3L}{4}$ 和两拱脚五个断面为设计、检测的控制断面。其变形曲线、反弯点与弯矩正、负变化规律如图1-4所示。对于跨度更大的拱桥，控制断面还将相应增加。这些控制断面也即内力（应力）将会产生极值或突变的部位。因此，测试控制部位相应也须遵循这一原则。

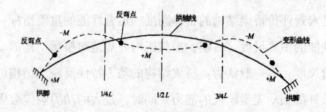

图1-4　测控断面及内力变化示意图

此外，对于其他承力的构部件，根据评定及分析工作的需要，同样，也应选择受力最大的关键位置。为了考察受力与变形的同步或协调性，常常在构件相互连接处同时布置测点，观察应变与位移值。例如，双曲拱桥拱肋上缘与拱波脚同时布置测点，如图 1-5 所示。

对同一拱肋，为控制沿断面高度的应力变化，须在肋的上、中、下缘布置测点。为控制肋与波挠度变化是否同步，在拱肋下缘及拱波波顶的同时布置位移传感器，等等。

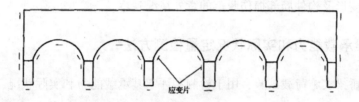

应变片

图 1-5 断面测点布置示意图

（二）测试内容应反映承载力指标

承载力指标是在各种因素影响下，结构承受荷载能力的物理力学指标。主要包括强度、刚度、稳定性、动力响应、动力特性以及构件损伤折减等指标，测试内容与方法也应与之相对应。

随着结构体系的不同，承载力测试的指标侧重也有所不同，以吊桥为例，承载力主要由索、塔、梁、锚锭等部件决定，这些部位的材料、受力性能和传力规律各不相同。

因此，吊桥的测试内容须包括加劲梁弯曲、剪切应力及挠度测试，悬索的拉力及变形测试，塔柱（墩台）抗压强度及弯曲变形测试，锚锭的内力及位移测试等项内容。

当测试桥梁横向分布系数及横向整体刚度时，对各拱（梁）肋在同一断面分别布置挠度测点，从中载及偏载试验挠度值的大小，则可做出定量的结论。

（三）施测载位应以无损结构为限度

桥梁检测鉴定的目的是掌握桥梁实际承载力，能否满足当前交通运输载重量的要求，如不能满足要求，从而采取相应对策，以保证安全通行。因此，我们所进行的一切检测性的荷载试验，决不能达到使桥梁破坏损伤的程度，加载吨位应不超过桥梁破损为限度。

特别是对破坏较严重，甚至阻断交通的旧危桥，加载试验尤其应严格控制。加载吨位过低，不足以反映承载力实况；加载过重，有导致桥梁破坏，甚至垮塌的可能性，因此，适度控制加载吨位至关重要。

怎样控制加载吨位呢？根据内外因一致的原则，无破损测控的主要内容应表现在：从外表观测，原裂缝不继续扩展，不能增加新的裂缝；不能使混凝土有脱落损伤；最大挠度应控制在预计的允许范围内；控制截面应变不能超过预计的允许值等。

因此，加载工况应由低吨位分级向高吨位逐渐增加。载位的增加程度应以下列三个指标来控制：一是挠度增量指标；二是裂缝扩展指标；三是应变增量指标。每加载一个吨位级差，测出读数后，应及时报告，当场汇总，立即决策下一轮加载吨位。与此同时，还须加强桥梁整体变形及构件局部损伤脱落的意外情况观察。

五、桥梁承载能力和实际状况定量检测方法

对于公路桥梁实施荷载试验，用于检测和评定其承载能力和实际状况，应遵循内外相统一的因果规律，通过由现象到本质、由表及里的深化认识和跟踪，从检测和现场荷载试验入手，寻求桥梁现状和承载力的定性关系，从而确定桥梁具体测试方案、测试孔跨及其测试部位，按逐级加载的多工况实施静态测试；按不同车速进行动态测试；利用应力释放原理，施测结构自重恒载应力（有条件和具有相应测试仪器可考虑做此项测试工作）及混凝土弹性模量；对结构几何尺寸做空间变形观测；对混凝土材料标号用综合法做探测试验；等等。在一系列实测数据的基础上，将实测值与理论值做相似条件下的对比分析，以校验系数作为指标参数合理性的衡量标准。由此，对得出的承载力指标，再经过可靠度分析和实际状况评定，从而确定桥梁实际承载能力和实际状况。

一般常用的桥梁承载能力和实际状况的定量检测方法，归结起来主要有如下十种：一是承力部件损坏程度的无损探伤——超声探伤仪；二是裂缝在荷载增量下的开展程度观测——位移传感器；三是静、动力荷载增量下的挠度测试——位移传感器；四是静力加载的应变测试——智能应变仪；五是动力载荷的动特性测试——自动测控系统装置；六是自重恒载应力及弹模测量——盲孔松弛——加压法装置；七是钢筋位置及数量探测——钢筋探测仪；八是混凝土强度等级质量监测鉴定——综合探测法；九是混凝土表层变异程度探测——碳化深度酚酞测定；十是材料物理力学指标性能试验——实验室系列仪器设备。

六、桥梁动载试验非线性问题

在进行桥梁结构动力分析时，建立桥梁有限元动力特性数学模型，通过计算机分析，可得到桥梁的动力参数。由于有限元理论模型在单元类型的确定，单元的划分，节点联结及边界条件的近似性，其计算结果和实际结构往往有一定误差。因而必须进行桥梁结构的试验模态分析，用实测的方法确定结构的动力参数。该参数比较接近实际结构的情况。但

由于受到试验设备的限制，测点数目不可能太多，难以细致地反映动力参数的情况。因而可以用试验结果修正有限元分析的数据，即进行结构的力学模型修改，以得到有较高置信度的动力参数。

钢筋混凝土桥梁在荷载作用下，其力学参数的非线性主要表现在抗弯刚度 EI 的非线性。E 是弹性模量，它与受力之间的非线性称为材料非线性；I 是截面模量，它取决于结构的工作状态。当对梁施加的荷载较小时，其下缘的钢筋和混凝土都参与受拉作用，此时荷载与变形关系接近于线性，I 接近常量。当继续加荷，梁下缘开裂，混凝土逐渐退出抗拉状态，梁的中性轴上移，I 下降，此时的荷载与变形呈现的非线性称为几何非线性。以上的非线性规律国内外已有大量的研究。除此之外，结构的动力参数，如固有频率和阻尼等也表现出非线性特征。

实际上动力参数的非线性是由于施加静荷载很大引起的，即使动荷载产生的响应有放大作用。不同的静荷载使结构处于不同的工作状态，从而对应有不同的动力参数。

对于梁结构，静荷载试验的传统加载方法为反力梁加载及重物加载。但在进行动力试验时，前者对结构有附加约束，改变了结构的力学体系和刚度，后者增加了结构的参振质量。

对于钢筋混凝土桥，在一般情况下，由于车辆的自重比桥梁的自重小，可以把桥梁系统作为受动态力作用的弹性梁来考虑。该力的幅度随时间改变，其作用点也在改变。由于桥面不平整，因而汽车对桥施加的动荷载是一种非平稳的随机过程。

通常汽车是沿纵轴线对称，如忽略轮胎阻尼，可将汽车荷载简化成单个的轴荷载来分析。其阻尼和刚度可以通过测定轮胎和悬架的弹性，钢板弹簧加载、卸载曲线包围的面积和减振器的示功图来求得。

车辆在通过桥梁时，对桥的动态激励除上述的确定性激励之外，还由于桥面的凹凸不平引起的车辆的随机振动，从而使车辆对桥梁的动荷载包含有随机激励的部分。

第二章 桥梁结构荷载试验测试设备

第一节 基本技术指标

对仪器基本技术指标的了解是正确选用仪器的基础，本节简要介绍桥梁检测常用仪器的基本技术指标。

一、精度和分辨力

仪器的精度是反映仪器误差大小的术语，它一般指观测结果、计算值或估计值与真值之间的接近程度。作为仪器设备固有属性的分辨力是测量装置最小可检出的单位，即仪器所具有的可读数能力。分辨力通常以测量或分类的单位表示，如千分表的精度为 0.001mm，某静态电阻应变仪的最小可读数为 $1\mu\varepsilon$（10^{-6} 应变）等。精度和分辨力不是一个概念，相互之间没有关系。

二、量程

量程指仪器的最大测量范围，在动态测试中称作动态范围。如一种千分表的量程是 1 mm，某静态电阻应变仪的最大测量值是 30 000$\mu\varepsilon$ 等。

三、灵敏度

被测物理量的单位变化引起的仪器读数值的变化叫作灵敏度，灵敏度的量纲是输出、输入量的量纲之比。例如，电测位移计的灵敏度 S_d = 输出电压/输入位移，当位移变化 1mm 时，输出电压变化为 200mV，则其灵敏度应表示为 200mV/mm，当仪器的输出、输入量的量纲相同时，灵敏度可理解为放大倍数。提高仪器灵敏度，可得到较高的测量精度。但灵敏度愈高，测量范围愈窄，稳定性也往往愈差。

四、信噪比（S/N）

仪器测得的信号中信号（Signal）与同时测得的噪声（Noise）的比值，称为信噪比。一般来说信噪比越大，说明混在信号里的噪声越小，测量效果越好。

五、稳定性

仪器稳定性指仪器较长时间使用或受环境条件干扰影响时，其指示值的稳定程度。如应变测量中应变的零漂问题：稳定性好的设备不会偏离零位，反之为零漂。

六、误差

试验离不开对物理量的测量，测量有直接的，也有间接的。由于仪器、试验条件、环境等因素的限制，测量不可能无限精确，物理量的测量值与客观存在的真实值之间总会存在着一定的差异，这种测量值与真值之间的差异就是测量误差，简称误差。

（一）绝对误差

测量值偏离真值大小的误差称为绝对误差，它反映一个测量结果的可靠程度。如设被测量的真值为 α，测得值为 X，误差为 ε，则 $\varepsilon = X - \alpha$，误差 ε 和测量值 X 具有相同的单位。

（二）相对误差

相对误差是一种误差的表示方法，它是绝对误差与测量值或多次测量的平均值的比值。如设多次测量的平均值为 $\bar{X}$，绝对误差为 $|\varepsilon|$，则相对误差 $\varepsilon_d = |\varepsilon| / \bar{X}$。

（三）误差分析

如果说绝对误差可以反映一个测量结果的可靠程度，那么相对误差则可以比较不同测量结果的可靠性。误差与错误不同，错误是应该而且可以避免的，而误差是不可能绝对避免的。试验时，往往采用精度高一级的计量设备所复现的被测值来代表约定真值，并以此来衡量实际误差。

七、试验仪器标定和校准

试验仪器设备的出厂必须经过国家认可的计量论证或检测标定，并出具仪器性能指标说明。具体在使用过程中还需要定期（每年一次或半年一次）对仪器主要技术指标进行检验性标定或校准。对一些特别重要的测试，试验前要求做专门标定或校准。

八、桥梁试验检测对仪器的特殊要求

一是性能指标能够满足桥梁试验检测的具体要求；二是仪器使用时不影响原结构的受力性能和工作状态；三是使用方便、结构可靠、经济耐用。

每种仪器不一定能同时满足试验检测的特殊要求，有些甚至会相互矛盾，所以选用时应该根据具体情况决定。

第二节　桥梁静载试验仪器设备

桥梁静载试验时，需要量测结构的反力、应变、位移、倾角和裂缝等物理量，应选择适当的仪器进行量测。常用的量测仪器有百分表、千分表、位移计、应变计（应变片）、应变仪、精密水准仪、经纬仪、全站仪、倾角仪和刻度放大镜等。这些测试仪器按其工作原理可分为机械测试仪器、电测仪器、光测仪器等。机械式仪器具有安装与使用方便、迅速和读数可靠的优点，但需要搭设观测脚手架，而且须用试验人员较多，观测读数费时，不便于自动记录。电测仪表安装调试比较麻烦，影响测试精度的因素也较多，但测试和记录均较方便，便于数据自动采集记录。荷载试验应根据测试内容和量测值的大小选择仪器，试验前应对测试值进行理论分析估计，以便选择仪器的精度和量测范围。静载试验常用测试仪器的使用精度和量测范围见表 2-1。

表 2-1　静载试验常用仪表及适用范围

量测内容	仪表名称	最小分画值	适用量测范围	备注
应变	千分表	2×10^{-6}	$50\times10^{-6}\sim2\,000\times10^{-6}$	需配附件
	杠杆引伸仪	2×10^{-6}	$50\times10^{-6}\sim2\,000\times10^{-6}$	需配附件
	手持应变仪	5×10^{-6}	$100\times10^{-6}\sim20\,000\times10^{-6}$	需配表脚
	电阻应变仪	1×10^{-6}	$50\times10^{-6}\sim5\,000\times10^{-6}$	需贴电阻片

续表

量测内容	仪表名称	最小分画值	适用量测范围	备注
位移或挠度	千分表	0.001mm	0.1~0.8mm	需配表座及吊架
	百分表	0.01mm	0.3~8mm	需配表座及吊架
	百分表（长标距）	0.01mm	0.3~25mm	需配表座及吊架
	挠度计	0.1mm	>1mm	需配表座及钢丝
	精密水准仪	0.1mm	>2mm	需配特制水准尺
	电阻应变位移计	0.01mm	0.3~25mm	需配表座
	经纬仪	0.5min	>2mm	需配短尺
倾角	水准式倾角仪	2.5″	20″~1°	需固定支架
裂缝	刻度放大镜	0.05 mm	0.05~5mm	需搭脚手架

一、机械式仪表量测装置

机械式仪表的量测装置一般由机械式仪表即百分表（位移计）、千分表、挠度仪和引伸仪等与适当的夹具和连接装置组合，直接量测结构物在荷载作用下的位移和应变。其中百分表（位移计）的基本构造如图 2-1 所示，千分表结构与百分表（位移计）基本相同，它们与其他附属装置配套后可用于量测位移、应变、力及倾角等。

（一）接触式位移量测装置

接触式位移量测装置是由百分表（位移计）等与夹具（各种形式的磁力表架）组合而成，其中百分表（位移计）的量测性能见表 2-1。

应用接触式位移计量测装置测读挠度时应注意下列几个问题：第一，作为固定位移计的不动点支架必须具有足够的刚性。采用磁性或万能百分表架时，表架连杆不可挑出太长。第二，位移计测杆与所量测的位移方向完全一致。测点表面须经一定处理，如在混凝土、石料等表面粘贴小块玻璃片或金属薄片等，以避免结构变形后由于测点垂直于百分表测杆方向的位移而使位移计产生误差。如果上述方式还不足以消除误差，则不宜采用此量测方法。第三，位移计使用前后要仔细检查测杆上下活动是否灵活，并及时清洁。第四，位移计使用日久或经过拆洗修理后必须经过标定。标定可以使用更高精度的百分表或千分表进行。

（二）张线式位移量测装置

张线式位移量测装置是由百分表（位移计）与张线钢丝等组成。张线钢丝直径一般选用 0.3～0.5mm，其一端接在桥梁结构的测点上，另一端悬吊适当的重物，百分表（位移计）通过夹具和钢丝相连接。结构受荷载后产生位移，引起钢丝上下移动，钢丝则带动位移计测杆移动，随指针转动即可测读位移变化量。

（三）机械式应变量测装置

机械式应变量测装置一般由千分表和特制的夹具组成。固定千分表和顶杆的夹具可用钢、铜或铝合金等制成，按照选定的标距以粘贴或预埋的方式固定在结构须量测应变部位的表面处。

粘贴是最常用的固定方式。在混凝土结构表面上粘贴夹具时，应先将混凝土表面用砂轮机打磨，除去泥灰后再用细砂布略为磨光，用丙酮等擦净，随后用胶黏剂将夹具按选定的标距粘上，待胶固化后即可安装千分表进行量测。

机械式应变量测装置主要用于量测结构构件的轴向应变。常用的量测标距对混凝土为 10～20cm，对砖石砌体则更大。当应变值变化范围很大或须用大标距测定应变时，采用这种装置是非常合适的。

应该指出，对受荷后会发生曲率变化的构件，不宜采用机械式应变量测装置来测定其表面的应变。仅当构件截面变形满足平截面假定且曲率变化很小时，才能从机械式应变量测装置所测读的虚应变（又称视应变）值推算出实际应变。

（四）手持式应变仪

手持式应变仪也是一种用千分表量测应变的仪器。其特点是不用固定安装在结构测点上，使用时可临时安装在各测点上进行测读，用后收起，并能保持数据的连续性，适用于现场较长期连续地观测结构应变的场合。

1. 标距两端的测孔必须钻得和仪器的插轴钢夹相吻合

钻孔与插轴钢夹相吻合，可以保证钢夹与测孔的接触相对稳定，以便减少读数误差，保证测读的准确性。

2. 采用横向温度补偿法消除温度变化的影响

在长期量测过程中，初读数和加载读数不可能在同一温度条件下读取，因此，在量测读数中不仅包含了受载应变 ε_p，而且还包含了温度应变 ε_1。为了从读数中扣除温度部分的影响，就要在量测过程中进行"温度补偿"。在布置应变测点的同时，在与之垂直的方向布置温度补偿测点。

3. 专人使用手持式应变仪

手持式应变仪操作较为简单，但量测的精度会随操作人员和每次操作方式的改变而改变。因此，量测时不宜更换使用者，并要保持仪器与试件表面垂直，每次对仪器施加的压力要尽量相等，且使仪器插足时应在同一孔穴等，以减少量测误差。

（五）机械式转角量测装置

转角的量测系统有两种：一种是用倾角仪及夹具组成的量测系统；另一种是利用两个位移计及相应夹具组成的量测系统，均可以进行结构截面、桁架节点、支座等处的转角测试。

水准管式倾角仪的构造，其原理是利用高灵敏度的水准管来测定结构节点、截面或支座处的转角。将仪器用夹具安装在测点后，用微调螺丝使水准管的气泡调平居中，结构变形后气泡漂移，再转动微调螺丝使气泡重新居中，度盘上前后两次读数差即代表该测点的转角。

二、电测式量测装置

静载试验所用的电测式量测装置主要是指由传感器（电阻应变片、应变计）等测试元件将结构位移或应变等机械量转换成电信号，通过放大和接收将电信号又以机械量值给出量测值的一种量测系统。这种量测装置基本上由三部分组成，即：

传感器→放大量测→指示记录

电测方法能高效率、准确地量测结构表面、内部各部位的变形和其他参数的变化，可以远距离操纵并自动记录。因此，电测技术在桥梁荷载试验中获得了广泛的应用。

（一）电阻应变片

电阻应变片又称电阻应变计，简称应变片或电阻片，它是非电量电测中最重要的变换器，与其他测试方法比较，有如下的一些优点：

1. 灵敏度高

由于利用电阻片将非电量转换为电量，再经电子仪器进行放大、显示和记录，所以能获得很高的放大倍数，从而达到很高的灵敏度。

2. 电阻片尺寸小且粘贴牢固

对于结构十分紧凑以致其他量测仪表（如杠杆引伸仪）根本无法安装的情况，电测法就能发挥更大的作用。电阻片尺寸小的另一个重要意义在于可以用来量测局部应力。现在电阻片的标距甚至可以小于1mm，这对于应力集中区的量测比较合适。

3. 电阻片质量小

这是一个突出的优点，它使得电测不仅可以做静态应力的量测，而且可以在动态应力分析方面发挥独特的作用。应变片的基长可以制作得很短，并且有很高的频率响应能力，因此在应变梯度较大的构件上量测时仍能获得一定的准确度，在高频动应变量测中具有很好的动态响应。

4. 使用环境较宽松

可以在高温（80~100℃）、低温（-100~-70℃）等特殊条件下成功使用。

此外，由于应变片输出的是电信号，就易于实现量测数字化和自动化。应变片已在桥梁荷载试验中得到了最广泛的应用。

应变片电测法的主要缺点是粘贴工作量大，重复使用困难等。为克服这些缺点，人们利用电阻应变片的工作原理，通过某种转换器间接地测定出被量测的数值，这种转换器称为电阻式应变传感器。

（二）电阻应变仪

电阻应变仪按使用内容不同，分为静态应变仪、动态应变仪和静动态应变仪。下面介绍常用的几种静态电阻应变仪。

1. 国产YJS-14型静态数字应变仪

YJS-14型静态数字应变仪是一种静态应变自动量测装置，能自动平衡（或无须平衡）、自动换点、自动量测、数字显示和自动打印，并可与计算机联机进行数据记录与处理。YJS-14型应变仪主要由五个部分组成，分别为转换器、电阻应变仪、运算器、控制器和输出装置。

YJS-14型静态数字应变仪的工作过程就是把应变测点组成惠斯登电桥电路。电桥的初始不平衡采用初始值存贮的办法，即把每一个测点的初始不平衡值通过放大和A/D转换器转换成数字信号，记入对应序号内存中。在量测时，量测信号也转换成数字信息送入运算器，运算器从内存中取出对应测点的数字信息。测点转换或量测区段的选择均由控制器控制。

YJS-14型静态数字应变仪最多可连4台转换箱，每台100点，共400点。仪器测点电阻值按120Ω设计，但对60~1 000Ω的应变片也适用，其非线性影响由运算器逐点在量测中修正。可任意控制转换测点位置，可任意选定转换或启动方式（自动或手动转换，定时自动启动或手动启动）。测点转换速度为每点0.15s、0.25s、0.45s、0.85s、1.65s、3.25s、

6.45s，共 7 挡。分辨率 A 级为 2μ/字，B 级为 1μ/字。灵敏系数 K 值可在 1.5~3 之间调整，最大量程为 $0~\pm19\,998\mu$。

2. 日本产 7V08 数据采集仪

7V08 型数据采集仪是应变仪的换代产品，也是 20 世纪 80 年代先进的产品之一。该仪器是由单板机组成的一个计算机控制系统，可由键盘或面板触摸功能键直接输入数据或程序，主要是通过接口来输出模拟信号（电压、电流、应变、温度等），并通过 A/D 转换器来完成存储、记录、转换、运算和输出。其测试过程如下：

接线扫描箱→7V08 数据采集仪→磁盘存储或打印机

该系统接线扫描箱采用直流电桥，因此，分布电容等不影响电桥平衡。在荷载试验测试现场，在 100m 内用连接电缆可将接线扫描箱与 7V08 数据采集仪连接，测试数据记录和一次计算可进行程序控制或按键控制。

7V08 型数据采集仪的最大测点为 1 000 点，扫描速度可由程序选择（不小于 100 点/11.2s）。整个测试文件编制、测试曲线绘制等均有程序可调用。计算机除直接配备热敏打印机输出或磁盘记录外，还配备了国际通用的标准 RS-232 接口、GP-1B 接口等。因此，该机引入国内后较受欢迎，测试计算都可使用。尽管该机型较旧，目前仍然广泛应用在桥梁荷载试验中。

3. DH3815 静态应变量测系统

DH3815 静态应变量测系统是国内开发生产的一种高灵敏度、低漂移、多点巡回采样的数据系统，可用于全桥、半桥和 1/4 桥路（公共补偿片）的多点应变量测以及多点压力、力、温度等静态物理量的量测。该系统实现了从开始量测到产生试验报告的一系列过程。

4. 日本产 TDS-303 数据采集仪

TOS-303 数据采集仪采用 ADC 专利技术，交互式触摸屏操作，最多 8 个通道监视，内置高速打印机、3.5″软驱和存储卡驱动器，具有手动、定时、比较等自动量测功能，交直流供电，适合实验室和现场使用，是同类产品中的佼佼者，也是 20 世纪 90 年代较为先进的产品之一。

TDS-303 数据采集仪最多可达 1 000 个测点，主机本身最多为 30 个点，其余则需要使用外部转换箱。可用于全桥、半桥、1/4 桥和长桥路的多点应变量测，测点转换速度分别为 0.06s/点（ISW 转换箱）和 0.08s/点（SSW 和 ASW 转换箱），分辨率在一般方式下为 1μ，在高分辨率方式下为 0.1μ。量测范围 $\pm640\,000\mu$，量测精度 $\pm0.05\%$，适应环境温度 0~+50℃ 和湿度 85%。目前，国内不少桥梁检测单位在积极引进并开发使用这类仪器。

（三）电阻应变传感器

电阻应变仪不仅可以量测应变，在桥梁荷载试验中尚可利用它的工作原理对其他物理参数进行测定。这时须通过相应的转换器，先把要求观测的物理量转换成该转换器中某一弹性元件的应变，由贴在该元件上的应变片所测得的应变量间接求得被量测的物理参数值。这种转换器称为电阻应变式传感器，最常用的有以下几种：

1. 应变式测力传感器

图 2-1 所示为压力传感器的典型构造图，圆柱（或筒）形弹性元件承受轴向压力，而粘贴在元件上面的应变片感受其应变。知道元件的截面积，即可求得压力。为了提高量测的灵敏度和达到温度补偿，在元件上粘贴 8 片应变片，并组成全桥式接线。

图 2-1 应变式测力传感器构造

采用上述应变片的桥路连接，电桥的灵敏度提高到 2（1+V）倍。同时，这种连接形式还能消除由于弹性元件因荷载偏心而产生的附加弯曲影响。

应变式测力传感器除可用电阻应变仪进行量测外，还可以用专门的电位差计（通称电子秤）进行量测。目前，国内生产的 BLR 型电阻式拉压传感器和 BHR 型电阻式荷重传感器就是按上述原理制造的。量程从 1.0~1 000kN，可配以 DCZ 型电子秤进行量测和显示。国外发展了一种利用剪切应变的测力传感器，其高度小，稳定性好，精度高，非线性误差和滞后误差均在 0.02% 以内，温度零点漂移小于 0.003%（额定荷载）/℃。

2. 电子式位移传感器

电子式位移传感器是一种位移量测计，属于一次仪表，它只能检测试件的位移，而本身不能显示其数值，因此，使用时必须依赖二次仪表进行显示或指示。

（1）电阻式位移计

YHD 型电子位移计是电阻式位移计的一种，它主要由机械传动机构、应变电桥和滑线电阻等组成。YHD 型位移计的工作原理也是利用应变电桥进行量测的。在仪器内部设置 4 个无感电阻 R_1、R_2、R_3 和 R_4，在 R_1 和 R_2 之间用一根电阻丝串联起来组成应变电桥。当试件产生位移时，位移计的测杆便沿着导向槽做轴向移动，带动触点在电阻丝上滑动，从而产生电压变化并转化为位移量输出。电阻式位移传感器的特点是结构简单，输出信号大，但因存在着活动触点，寿命受磨损影响。

（2）应变式位移传感器

应变式位移传感器主要由测杆、悬臂梁、应变片和弹簧等组成。将两个弹性元件、弹簧和悬臂梁串联，在矩形截面悬臂梁根部正、反面分别贴上 2 片应变片，组成应变电桥。结构位移时推动顶杆，使悬臂梁产生弹性变形，再用应变片来感受弹性元件的变形来实现位移的量测。这种传感器的特点是分辨率高，反应速度快，但量测精度和稳定性受应变片粘贴质量的影响。在实践中发现，这种传感器固定座易损伤变形，因此使用时应格外留意。

（3）弓形弹性板 PI 系列位移传感器

弓形弹性板 PI 系列位移传感器结构，它主要由方形弹性薄板、应变片组和固定基座等组成。结构变形时，由弓形弹性薄板两基脚的相对变位而引起弓形段的应变片组产生应变来实现位移的量测。常用于量测混凝土表面裂缝张开变位，也可用于带裂缝混凝土区域的平均应变量测。

三、光测式量测装置

光测式量测装置主要包括精密水准仪、经纬仪、全站仪、光电式挠度仪和刻度放大镜等仪器。静载试验过程中，桥梁结构的空间变位是结构评估所必须地重要量测数据。对于搭设支架困难的情况（或为了与机械式、电测式位移计对比），采用精密水准仪、经纬仪或全站仪和光电式挠度仪，可更方便地观测桥梁结构控制截面处的变位（竖直、水平两方向）、桥轴线的偏离、桥梁主跨径的相对变化等重要量测值。有关各种测量仪器的使用详见各自的操作说明书。刻度放大镜一般用于桥梁结构表面最大裂缝宽度的观测，方法较为简便，不再赘述。

四、试验仪器的连接

（一）量测电路

量测电路是应变仪的重要组成部分，其作用是将应变片的电阻变化转换为电压（或电流）的变化。在特殊情况下，应根据量测的目的和具体要求自行设计量测电路。应变片电测一般采用两种量测电路，一种是电位计式电路，一种是桥式电路，通常采用惠斯登电桥。电位计式电路常在冲击量测等场合使用，而且其阻值变化与输出电压的关系不是线性关系，在特定情况下可以满足试验要求，不常用。

在电阻应变仪中，主要是通过惠斯登电桥原理来量测应变所引起的电阻变化的微小信号。该电桥以电阻 R_1、R_2、R_3、R_4 作为 4 个桥臂，如图 2-2 所示。桥路中 R_1 与 R_2、R_3 与 R_4 分别串联，两组并联于 AC 两端，在 AC 端接有电源，另一对角 BD 上接有电流计 G。一般应变电桥有两种方案，一种是等臂电桥，即 $R_1 = R_2 = R_3 = R_4$，另一种为半等臂电桥，即 $R_1 = R_2 = R'$，$R_3 = R_4 = R''$，且 $R' = R''$。

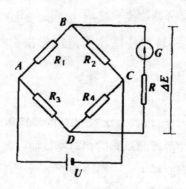

图 2-2　惠斯登电桥电路

由惠斯登电桥原理可知，当电桥平衡时满足如下条件：

$$E_{BD} = U \frac{R_2 R_3 - R_1 R_4}{(R_1 + R_2)(R_3 + R_4)}$$

即 $R_1 R_4 = R_2 R_3$

此时电流计 G 没有电流通过，$I_g = 0$，即 B、D 桥压无信号输出。在符合该关系条件下，输出电压的增量与电阻片阻值变化可近似由下式计算：

$$\Delta E_{BD} = U \left[\frac{R_1 R_2}{(R_1 + R_2)^2} \left(\frac{\Delta R_1}{R_1} - \frac{\Delta R_2}{R_2} \right) + \frac{R_3 R_4}{(R_3 + R_4)^2} \left(\frac{\Delta R_4}{R_4} - \frac{\Delta R_3}{R_3} \right) \right]$$

根据应变电桥平衡的条件，上式可写为：

$$\Delta E_{BD} = \frac{U}{4} \left(\frac{\Delta R_1}{R_1} - \frac{\Delta R_2}{R_2} + \frac{\Delta R_4}{R_4} - \frac{\Delta R_3}{R_3} \right)$$

$$= \frac{1}{4} U K (\varepsilon_1 - \varepsilon_2 + \varepsilon_4 - \varepsilon_3)$$

公式中：K——灵敏系数，为无量纲量，$K = \dfrac{\Delta R_i}{R_i} / \varepsilon_i$。

ε_1、ε_2、ε_3 和 ε_4——分别为与电阻 R_1、R_2、R_3 和 R_4 阻值变化相对应的应变。

根据电桥的量测电路，应变电桥的量测方法有下列几种：

1. 单点量测

单点量测时，组成量测电桥的 4 个电阻中，R_1 为电阻片电阻，其余 3 个为精密电阻元件（无电阻变化），则：

$$\Delta E_{BD} = \frac{1}{4}UK\varepsilon_1$$

2. 半桥量测

其方法是将半桥接电阻片，另半桥为精密电阻元件（$\triangle R_3 = \triangle R_4 = 0$），则：

$$\Delta E_{BD} = \frac{1}{4}UK(\varepsilon_1 - \varepsilon_2)$$

3. 全桥量测

其方法是组成量测电桥的四个电阻全由电阻片组成，即：

$$\Delta E_{BD} = \frac{1}{4}UK(\varepsilon_1 - \varepsilon_2 + \varepsilon_4 - \varepsilon_3)$$

根据应变电桥量测电路的分析，所建立的这些基本关系式表明了电桥的电压输出与桥臂电阻（电阻片）的相对增量 $\triangle R/R$ 或应变 ε 成正比的关系。由此也可看出电桥的增减特性，即相邻两臂的输出符号相反，相对两臂的输出符号相同。根据电桥的这些特性，我们就可以选择不同的电阻片接线方法进行应变量测。

（二）温度补偿

用应变片量测应变时，它除了能感受试件受力后的变形外，同样也能感受环境温度的变化而引起电阻应变仪指示部分的示值变动，这称为温度效应。

温度变化从两方面使应变片的电阻值发生变化。第一是电阻丝温度改变 $\triangle T$（℃），其电阻将会随之改变 ΔR_β，即：

$$\Delta R_\beta = \beta_1 R\Delta T$$

公式中：β_1——电阻丝的电阻温度系数（1/℃）；

R——应变片的原始电阻值（Ω）。

第二是因为材料与应变片电阻丝的线膨胀系数不相等，但二者又黏合在一起，这样温度改变 $\triangle T$（℃）时，应变片中产生了温度应变，引起一附加的电阻变化 ΔR_α，即：

$$\Delta R_\alpha = K_0(a_j - \alpha)R\Delta T$$

公式中：K_0——贴好的应变丝对温度应力的灵敏系数；

a_j——试件材料的线膨胀系数（1/℃）；

α——电阻丝的线膨胀系数（1/℃）。

因此，总的温度效应是二者之和，即：

$$\Delta R_T = \Delta R_a + \Delta R_\beta = [K_0(\alpha_j - \alpha) + \beta_1] R\Delta T$$

令：$\beta = K_0(\alpha_j - \alpha) + \beta_1$

则：$\Delta R_T = \beta R\Delta T$

公式中：β——贴好的应变片总的电阻温度系数。

温度效应的应变值也即视应变为：

$$\varepsilon_T = \frac{\Delta R_T}{K_0 R}$$

$$= \frac{1}{K_0}[\beta_1 + K_0(\alpha_j - \alpha)]\Delta T$$

一般情况下，上式中因子 $\beta_1 + K_0(\alpha_j - a)$ 不会为零，其值是不能忽视的，必须加以消除。消除温度效应的应变值主要是利用惠斯登电桥电路的特性进行，称为温度补偿。

如图 2-2 所示，在电桥的 BC 臂上接一个与量测应变片 R_1 同样阻值的温度补偿应变片 R_2（简称补偿片），量测应变片 R_1（简称工作片）贴在受力构件上，它既受应力作用又受温度作用，故 R_1 是由两部分组成，即 $\Delta R_1 = \Delta R_\sigma + \Delta R_T$。

补偿片 R_2 贴在一个与试件材料相同并置于试件附近，具有同样温度变化条件，但不承受外力作用的小试块上，它只有 $\Delta R_2 = \Delta R_T$ 的变化。此时，电桥对角线上的电流计的反应为 $\Delta R_1 - \Delta R_2 = \Delta R_a$。量测结果仅是试件受力后产生的应变值，而温度效应所产生的视应变就消除了。

在实际工作中，为保证补偿效果，对补偿片的设置应考虑如下因素：一是补偿片与工作片应该是同批产品，具有相同的电阻值、灵敏系数和几何尺寸。二是贴补偿片的试块材料应与试件的材料一致，并应做到热容量基本相等。如是混凝土材料，则须同样配合比和在同样条件下养护。三是补偿片的贴片、干燥、防潮等处理工艺必须与工作片完全一致。四是连接补偿片的导线应与连接工作片的导线同一规格、同一长度，并且相互平列、靠近布置或捆扎成束。五是补偿片与工作片的位置应尽量接近，使二者处于同样温度场条件下，以防不均匀热源的影响。六是补偿片的数量多少，根据试验材料特性、测点位置和试验条件等因素决定。一般情况下，钢结构可用一个补偿片同时补偿 10 个工作片。对混凝土材料可用一个补偿片补偿 5~10 个工作片。如果要求严格或者是某些测点所处条件特殊时，应单独补偿，以尽量减少因补偿片连续工作而工作片间断工作所造成的温差影响。

上述桥路补偿的主要优点是方法简单、经济实用，在常温下补偿效果较好，因此获得广泛应用。但在温度变化梯度较大时，将会有一定误差。

目前除采用桥路补偿外，还有采用应变片温度自补偿的办法，即使用一种特殊的应变片，当温度变化时，其电阻增量等于零或相互抵消而不产生视应变。这种特殊应变片称温度自补偿应变片，它主要用于机械类试验中，在桥梁荷载试验中国内目前尚少采用。

（三）电阻应变量测的桥路连接

在桥路中，连接在同一桥臂上的应变片的电阻变化是电阻应变片阻值之和，而连接在相邻桥臂上的应变片的电阻变化则是应变片阻值之差，利用这一特点，结合温度补偿片设置方法，电阻应变片在量测电桥中可以有不同的接法，以便达到实现温度补偿，从复杂的变形中量测出所需的应变成分，扩大读数以减少读数误差这三个目的。在荷载试验量测中，应变片与电桥的连接有半桥与全桥两种接线方法。

1. 半桥式接线方法

这是电测中最常用的连接方法。实用中将两个相同规格的应变片分别接在桥臂 AB、BC 上，R_1 是工作片，R_2 是补偿片。为了量测需要，有时 R_1、R_2 都作为工作片，并且又互为温度补偿片。按半桥式接线方法，可以进行下列常见的构件应变的量测：

拉伸应变量测的连接方法。R_1 感受外力变形和温度变化的影响，R_2 只感受温度变化的影响，考虑两个应变片同处一个温度场中，因此温度变化的影响消除了，所测得的值即为与试件轴线相一致的应变值。电阻增量为：

$$\Delta R = K R_1 \varepsilon$$

与前者不同的是 R_2 与 R_1 垂直，R_2 反映试件受力后的横向变形。经分析，电阻增量为：

$$\Delta R = \Delta R_1 - \Delta R_2 = KR(1 + \nu)\varepsilon$$

公式中：ν ——试件材料的泊松比。此时仪器的灵敏度增大到原来的（$1+\nu$）倍。

2. 全桥式接线方法

将电阻应变仪四个桥臂上全部接上工作片，如图 2-3 所示。这种桥路连接方式既能提高量测的灵敏度，同时又能解决互为补偿的问题。由于四个应变片的电阻改变的绝对值相同，所以仪器上得到的读数为单贴一片工作时的 4 倍，实测应变 ε 实 为仪器读数的 1/4，即：

$$\varepsilon_{实} = \frac{\varepsilon_{读数}}{4}$$

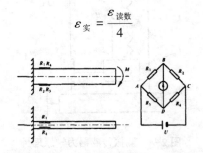

图 2-3　弯曲应变量测的全桥连接方法

全桥式接线法常用于电阻式传感器的桥路连接。电阻应变仪应用在多点量测时，可使用与其配套的预调平衡箱。使用时首先将预调平衡箱的连接线插在应变仪的联用插座上，将测点导线分别接到预调平衡箱的接线柱上。联机操作时，各点先预调平衡，加载之后逐点测取读数即为实测应变，这使多点应变量测工作大为方便。平衡箱与应变仪联合使用可以做多点的半桥或全桥量测。

第三节　桥梁动载试验仪器设备

结构振动的测试仪器包括测振传感器（拾振器）、信号放大器、动态电阻应变仪、光线示波器、笔录仪、磁带记录仪和数字信号处理机等。近年来振动信号分析处理技术发展很快，已开发出多种以 A/D 转换和微机结合的数据采集和分析一体化的智能仪器和大型动态分析应用软件，可以进行实时数据采集分析，并能实现数据储存，有取代磁带记录仪和专用信号处理机的趋势，但还有待普及。

一、测振传感器

振动参数有位移、速度和加速度，量测这些振动参数的传感器有许多种类。但由于振动量测的特殊性，如量测时难以在振动体附近找到一个静止点作为量测的基准点，所以就需要使用惯性式测振传感器。通常所指的测振传感器即为惯性式测振传感器（以下简称测振传感器），由惯性质量、阻尼和弹簧组成一个动力系统，并固定在振动体上（即传感器的外壳固定在振动体上），与振动体一起振动，通过量测惯性质量相对于传感器外壳的运动，就可以得到振动体的振动（图 2-4）。由于这是一种非直接的测量方法，所以传感器动力系统的动力特性对量测结构具有很重要的影响。

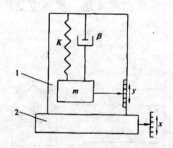

图 2-4　测振传感器力学原理

1-传感器；2-振动体

惯性质量、弹簧和阻尼系统是测振传感器的感受部分。感受到振动信号要通过各种转换方式转换成电信号，转换方式有磁电式、压电式、电阻应变式等。传感器所测的振动量通常是位移、速度和加速度等，按它们的转换方式和所测振动量可以分成很多种类。以下简要介绍磁电式速度传感器和压电式加速度传感器。

（一）磁电式速度传感器

磁电式速度传感器是根据电磁感应的原理制成的，其特点是灵敏度高，性能稳定，输出阻抗低，频率响应范围有一定宽度。调整质量、弹簧和阻尼系统的动力参数，可以使传感器既能量测非常微弱的振动，也能量测比较强烈的振动。

图 2-5 所示为一磁电式速度传感器，其中磁钢和壳体相固连，并通过壳体安装在振动体上，与振动体一起振动；芯轴和线圈组成传感器的系统质量，通过弹簧片（系统弹簧）与壳体连接。振动体振动时，系统质量与传感器壳体之间发生相对位移，因此线圈与磁钢之间也发生相对运动。传感器的电压输出（即感应电动势 E）与相对运动速度 v 成正比。

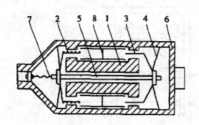

图 2-5　磁电式速度传感器

1-磁钢；2-线圈；3-阻尼环；4-弹簧片；5-芯轴；6-外壳；7-输出线；8-铝架

图 2-6 所示为一摆式测振传感器，它的质量弹簧系统设计成转动的形式，因而可以获得更低的仪器固有频率。摆式传感器可以测垂直方向和水平方向的振动。它也是磁电式传感器，输出电压与相对运动速度成正比。

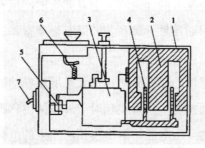

图 2-6　摆式传感器

1-外壳；2-磁钢；3-重锤；4-线圈；5-十字弹片；6-弹簧；7-输出线

磁电式测振传感器的主要技术指标如下：第一，传感器质量弹簧系统的固有频率。它直接影响传感器的频率响应。第二，灵敏度。即传感器在测振方向受到一个单位振动速度时的输出电压。第三，频率响应。当所测振动的频率变化时，传感器的灵敏度、输出的相位差等也随之变化，这个变化的规律称为传感器的频率响应。对于一个阻尼值，只有一条频率响应曲线。第四，阻尼比。传感器的阻尼比与频率响应有很大关系，磁电式测振传感器的阻尼比通常设计成 $0.5 \sim 0.7$。磁电式传感器输出的电压信号一般比较微弱，需要用电压放大器进行放大。

（二）压电式加速度传感器

压电式加速度传感器体积小，质量小，使用频率范围宽，稳定性与抗干扰性能等都较好，因此在桥梁结构动载试验中，尤其是在模型振动试验中应用广泛。压电式加速度传感器的突出缺点是灵敏度较低。

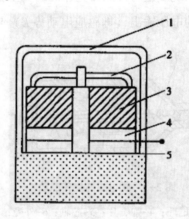

图 2-7　加速度传感器

1-外壳；2-硬弹簧；3-质量块；4-压电晶体；5-输出端

图 2-7 所示为压电式加速度传感器的结构原理，压电晶体片上是质量块，用硬弹簧将它们夹紧在基座上。质量弹簧系统的弹簧刚度由硬弹簧的刚度和晶体片的刚度组成，刚度很大，质量块的质量较小，因而质量弹簧系统的固有频率很高，可达数千赫兹，高的甚至可达 $100 \sim 200 \text{kHz}$。

由理论分析可知，当传感器的固有频率远远大于所测振动的频率时，质量块相对于外壳的位移就反映所测振动的加速度。质量块相对于外壳的位移乘上晶体的刚度就是作用在晶体上的动压力。这个动压力与压电晶体两个表面所产生的电荷量（或电压）成正比，因此，我们可以通过量测压电晶体两个表面所产生的电荷量，来得到所测振动的加速度。

压电式加速度传感器的主要技术指标如下：

1. 灵敏度

压电式加速度传感器有两种形式的灵敏度，即电荷灵敏度 S_q 和电压灵敏度 S_V。传感器灵敏度的大小取决于压电晶体材料的特性和质量块的质量大小。传感器几何尺寸愈大亦即质量块愈大，灵敏度愈大，但使用频率愈窄；传感器体积减小亦即质量块减小，灵敏度也减小，但使用频率范围加宽。选择压电式加速度传感器要根据测试要求综合考虑。

2. 安装谐振频率 $f_安$

$f_安$ 是指传感器牢固地（用钢螺栓）装在一个有限质量 m（目前国际上公认的标准是取体积为 1 立方英寸，质量为 180g）的物体上的谐振频率。压电式加速度传感器本身有一个固有谐振频率，但是传感器总是要通过一定的方式安装在振动体上，这样谐振频率就要受安装条件的影响。传感器的安装谐振频率与传感器的频率响应有密切关系，不好的安装方法会大大影响测试的质量。

3. 频率响应

根据对测试精度的要求，通常取传感器安装谐振频率的 1/10~1/5 为量测频率的上限，量测频率的下限可以很低，所以压电式加速度传感器的工作频率很宽。

4. 横向灵敏度比

即传感器受到垂直于主轴方向振动时的灵敏度与沿主轴方向振动的灵敏度之比。在理想的情况下，传感器的横向灵敏度比应等于零，即当与主轴垂直方向振动时不应有信号输出。

5. 幅值范围

即传感器灵敏度保持在一定误差大小（通常在 5%~10%）时的输入加速度幅值的范围，也就是传感器保持线性的最大可测范围。压电式加速度传感器使用电压放大器或电荷放大器对信号放大。

正确安装压电式加速度传感器尤其在高频振动时更为重要。一般常采用以下几种安装方法：

（1）用钢螺栓连接

这种安装方法与实际校准时条件相似，可以达到最佳频率响应。如安装表面不平时，可在传感器底部涂一层硅蜡以增加安装刚度。

（2）用绝缘螺栓与云母垫圈连接

由于云母片的硬度高，因此这种安装方法的频响特性较好。

（3）用永久磁铁固定

适用于加速度小于 $200×980cm/s^2$ 的振动情况。

（4）用蜡或黏结剂固定

用蜡将传感器粘在振动物表面，频响特性较好；用环氧树脂做黏结剂时，只能用于低加速度的振动测试。

（5）用手持方法

一般桥梁结构振动的基频较低，相对来说对压电式加速度传感器的安装较为简单，仅适用于 1 000Hz 以下的振动量测。

（三）电阻式传感器

电阻式传感器是桥梁结构动载测试中常用的一种传感器。将振动量转换成传感器元件的电阻变化的形式比较多，其中主要有滑线电阻式和电阻应变式两种。目前采用的半导体应变片由于灵敏度系数高，从而提高了这类传感器的灵敏度。

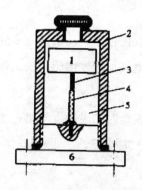

图 2-8　电阻应变式传感器

1-惯性块；2-外壳；3-簧片梁；4-电阻片；5-注满硅油；6-基座

图 2-8 所示为电阻应变式传感器构造示意图。电阻的变化是通过电桥电路原理进行量测的，可直接与动态电阻应变仪相配合进行测试。电阻应变式传感器的特点是低频响应较好。根据其固有频率的高低，也可分为位移传感器和加速度传感器。

二、测振放大器

测振放大器是动力测试系统中的重要组成部分，一般称为二次仪表。测振传感器输出的信号一般都很微弱，须经放大器放大之后才能推动记录设备。测振放大器除对信号有放大作用，一般还具有对信号进行微分、积分和滤波等功能。放大器按放大方式分为两种：一种是直接放大形式，并具有微分、积分等运算网路和滤波器，这类放大器配合电动式和压电式传感器使用；另一种是载波放大形式，将输入信号经载波调制后再放大，经过检波解调恢复原波形输出，它又可分为调幅式、调频式和调相式等，这类放大器配合电阻应变式传感器及电感、电容式传感器使用。

在桥梁结构试验中，一般常用的放大器有微积分放大器、电压放大器、电荷放大器、动态电阻应变仪等。

（一）微积分放大器

在桥梁动力测试中，经常须量测位移、速度和加速度这三个振动量，而这三个量在数学上便得到被测对象的位移、速度和加速度等振动参数。即：

$$加速度：a = \frac{dv}{dt} = \frac{d^2x}{dt^2}$$

$$速度：v = \frac{dx}{dt} = \int a dt$$

$$位移：x = \int v dt = \iint a dt dt$$

利用电量的微分和积分运算较容易实现这一特点，在测试系统中用微积分电路可以很方便地得到被测对象的位移、速度和加速度等振动参数。通过微积分放大器可将电动式传感器的输出信号加以积分、微分和线性放大。

（二）电压放大器

电压放大器是压电式传感器的一种前置放大器，其作用是将压电传感器输出的微弱信号加以放大，将传感器的高输出阻抗转换成较低值。电压放大器构造简单，可靠性强，其缺点是传输电缆长度对量测结果有影响，低频响应差。因此，在测试中要选用短导线和低噪声电缆。

（三）电荷放大器

由于压电式传感器输出阻抗很高，并且输出信号微弱，因此须采用输入阻抗极高的一种放大器与之相配合，否则传感器产生的电荷会经放大器的输入电阻释放掉。采用电压放大器同压电式传感器配合时，由于传输电容对结果有很大影响，且有传输距离较短、低频响应差等缺点，因此常采用电荷放大器与压电式传感器相配合。

电荷放大器的优点是对电缆电容不敏感，传输距离可达数百米，并且低频响应好，因而适用于低频或超低频量测。然而，电荷放大器内部噪声较大，而且成本高。此外，电荷放大器的工作下限频率可以做得很低，低频响应好，不但可测超低频信号，而且电荷放大器还可进行静态校准。

（四）动态电阻应变仪

对于电阻式、电感式和电容式传感器配用的放大器，一般多采用载波放大的形式。在动力测试中常用的载波放大器有电阻应变仪、差动变压器和鉴频放大器等。载波放大器可分为调幅式、调频式和调相式等类型，在测试中常用的电阻应变仪属于调幅式。动态电阻应变仪输入端与电阻应变片或电阻式传感器相连，并对输入信号进行放大，采用偏位法（直读式）量测，输出端与光线示波器或磁带记录器相连，将振动信号记录下来。

动态电阻应变仪种类较多，根据可测频率范围分为动态与超动态两类，前者可测频率在 10 kHz 以下，而后者可测频率在 10 kHz 以上。按供桥电压的不同可分为交流电桥动态电阻应变仪、直流电桥动态电阻仪和脉冲供桥电压动态电阻应变仪等，这些不同类型的应变仪各有特点，以适用不同的需要。其中以交流电桥动态电阻应变仪应用较为广泛。

三、测振记录装置

测振记录装置是动力测试系统中的最后一个环节，在桥梁动力测试中早期经常使用光线振子示波器、笔录仪，近期主要采用磁带记录器等记录装置。

（一）光线振子示波器

光线振子示波器是一种常用的模拟式记录器，主要利用惯性很小的磁电式振子的偏转运动，将电信号转换为光信号并记录在感光纸或胶片上，得到的是试验变量与时间的关系曲线。

对光线示波器记录的试验结果进行数据处理，需要用量尺直接在曲线上量取大小，根据标定值按比例换算得到仪表试验结果的数值。关于时间的数值，可用记录纸上的时间标记按同样方法进行换算。这种记录装置因不能实现数据自动传输和重新回放，已很少采用。

（二）笔录仪

笔录仪也称笔描式记录仪或 X-Y 记录仪，由驱动记录笔运动的检流计、记录纸、传动机械、标记机构和专用放大器组成。笔尖的运动方向基本上与纸带运动方向垂直，在纸上绘出记录曲线。记录方式以黑水式用得最多。笔录仪的自振频率低，只能量测 100Hz 以下的动态过程，工作频率也较窄，并且对跳跃信号的响应性能较差。因此，目前也较少采用。

(三) 磁带记录仪

磁带记录仪是一种常用的较理想的记录仪器，可以用于振动量测和静载试验的数据记录，它将电信号转换成磁信号并记录在磁带上，得到的是试验变量与时间的变化关系。

磁带记录仪由磁带、磁头、磁带传动机构、放大器和调制器等组成。磁带记录仪的记录方式有模拟式和数字式两种，对记录数据进行处理应采用不同的方法。用模拟式记录的数据，可通过重放把信号输送给其他分析仪器，用 A/D 转换得到相应的数值。用数字式记录仪记录的数据，可直接输送给打印机打印输出，或输送到计算机等进行分析。

磁带记录仪的特点是：第一，工作频带宽，直接记录方式工作频率为 5~20kHz，采用配频记录方式工作频带宽为 0~40kHz；第二，可以同时进行多通道记录，并能保持多通道信号之间正确的时间和相位关系；第三，可以快速记录慢速重放，或慢速记录快速重放，使数据记录和分析更加方便；第四，通过重放，可以很方便地将磁信号还原成电信号，输送给各种分析仪器；第五，记录的信号比较高，零点漂移小，线性好，不怕过载。

四、测试系统的选配

根据常用的一些测振仪器的性能，一般可构成电磁式测试系统、压电式测试系统和电阻应变式测试系统等三种测试系统。

(一) 电磁式测试系统

电磁式测试系统在桥梁的动力测试中应用较为普遍，这类系统通过仪器的组合变换可测位移、速度和加速度。电磁式测试系统的特点是输出信号强、灵敏度高、稳定性好、传感器输出阻抗低、长导线的影响较小，因此抗干扰性能好。系统的组成为：

电磁式传感器→信号放大器→记录装置

(二) 压电式测试系统

压电式测试系统一般用于量测加速度。由于压电式传感器具有高输出阻抗的特性，要求与输入阻抗很高的放大器相连。因此，放大器输入阻抗的大小将对测试系统的特性产生重大影响。由于压电式传感器自振频率较高，因此可测频响较宽，但系统抗干扰性差。长导线对阻抗影响较大，易受电磁场干扰。配套的前置放大器有两种基本形式：一种是电压放大器，它的输出电压正比于输入电压；另一种是电荷放大器，它的输出电压正比于压电传感器输出电荷。这两种前置放大器各具特点，电压放大器的输出电压受输出电缆长度的影响，低频特性也受其他输出电阻的影响，由这种放大器组配的系统适用于一般频率范围的动力测试；电荷放大器不受传输电缆分布电容的影响，低频特性也很少受输入电阻的影响，使用频率可达到零，它适用于低频或超低频长距离的动力测试。系统的组成为：

压电式传感器→电压或电荷放大器→记录装置

（三）电阻应变式测试系统

电阻应变式测试系统中传感器的种类较多，例如应变计、位移计、加速度计等，须配套使用的放大器是各类动态电阻应变仪，记录装置为常用的光线振子示波器或磁带机等。这类测试系统的低频响应好，可从零赫兹开始。动态电阻应变仪可作为各类电阻应变式传感器的放大器。但这类测试系统易受温度的影响，抗干扰性能较差，长导线对灵敏度也有影响。电阻应变式测试系统中各部分仪器具有通用性强、应用方便等特点，在桥梁动力试验中应用普遍。系统的组成为：

电阻式传感器→动态电阻应变仪→记录装置

在选配上述三类测试系统时，要注意选择测振仪器的技术指标，使传感器、放大器和记录仪的灵敏度、动态范围、频率响应和幅值范围等技术指标合理配套，以保证测试结果的准确性和可靠性。

五、测振仪的标定

在桥梁动力测试中，仪器的标定是一项十分重要的工作，为保证测试结果的精确度与可靠性，要求在试验的准备工作阶段对测试系统各部分的仪器装置进行认真的标定。

（一）基本的标定内容

测试系统中的传感器、放大器和记录仪等组成部分的标定内容虽不完全一样，但是标定的主要内容是基本相同的。基本的标定内容有灵敏度标定、频率特性标定和线性度标定。

1. 灵敏度标定

仪器灵敏度的标定一般在振动台上进行，标定频率应取在其频响曲线的平台范围内，并标定三次以上，取其平均值。通过对单台仪器或整个测试系统的标定，可获得单台仪器或测试系统的灵敏度，也就是输出量与输入量的比值。

2. 频率特性标定

频率特性标定包括幅频特性标定和相频特性标定。一般应用较多的是幅频特性标定。

幅频特性标定是确定仪器的灵敏度随频率而变化的规律。标定时，固定振动台的输入幅值而改变其频率，测出各个工作频率时仪器的输出量。在记录图上读出不同频率时的输出幅值并除以标定的输入幅值，则可得到不同频率时的灵敏度。用灵敏度作为纵坐标，标定频率作为横坐标，即可得幅频特性曲线。根据曲线可确定仪器的使用频率范围，即可测频率范围。

3. 线性度标定

仪器的线性度表示在一定的频率下仪器灵敏度随输入信号幅值大小而变化的规律。标定时使振动台的标定频率为一定值，而改变其输入幅值并测出仪器的输出幅值。以输入量为横坐标，输出量为纵坐标，根据对应的标定值即可做出线性度曲线。由此曲线即可确定仪器的线性动态范围，即可测幅值范围。

（二）常用的标定方法

标定测振仪的方法较多，常用的方法有绝对标定法和相对标定法、分部标定法和系统标定法等。

1. 绝对标定法

采用绝对标定法标定时，由标准振动台产生一正弦振动，用相应的手段测出这一振动的振幅和频率，以这两个基本量作为测振仪的输入，再根据测振仪所获得的这一标准振动的记录值，即可计算出测振仪的灵敏度等。绝对标定要求精确测定振动的振幅和频率，一般多以读数显微镜和激光测振仪来测定。标定位移传感器灵敏度时，将振动台调至某一固定频率，再调节振幅于某一定值，读出振幅值，测出被标定仪器的输出量，则可算出灵敏度。

标定速度或加速度传感器时，则调节振动台位移幅值，使振动速度或加速度为一定值，例如 $v=1\text{cm/s}$ 或 $a=980\text{cm/s}^2$ 时，测出此时传感器的输出量即可求得它们的灵敏度。

进行频率特性标定时，固定振动台各参数的幅值，改变其频率，然后测出对应的数据，即可绘成曲线。标定线性度时，振动台频率不变，改变输入幅值，测出对应的输出量并绘成曲线，即得线性度曲线。绝对值标定通常由计量单位或生产厂家进行。

2. 相对标定法

相对标定法或称比较标定法，是用一标准的测振仪去校准要标定的仪器。用相对法标定时，传感器或测试系统的灵敏度、频率特性和线性度的标定过程与绝对标定法相同，只是用两套仪器同测一个振动量，以标准仪器的读数为准去校准被标定的仪器。由于能直接从标准仪器读出振动的幅值、速度和加速度，因此比绝对法简单、直观。

3. 分部标定法

分部标定法是将测振传感器、放大器和记录器等构成测试系统，分别测定各部分仪器的灵敏度，然后将其组合起来求得整个测试系统的灵敏度。如分别标定传感器、放大器和记录仪的灵敏度为 K_S、K_F、K_R，则测试系统总的灵敏度为：

$$K = K_S K_F K_R$$

分部标定时，应注意各级仪器间的耦合与匹配关系。

4. 系统标定法

系统标定法是将传感器、放大器和记录仪配为一体，然后标定整个系统输出量与输入量的关系，以得到系统总的灵敏度和频率特性等指标。系统标定一般在振动台上进行。标定时要注意仪器的配套使用条件应和实际测试时完全一样。标定后仪器之间的对应关系不能随意改动，必须更换时须做补充标定。标定时要认真记录仪器编号、通道、衰减挡等，实测时要严格按此匹配系统布置，不得改动。系统标定法简易方便，仪器标定时的情况与使用时一样，因此工作可靠。

第三章 公路桥梁技术状况评定

第一节 评定方法及等级分类

一、桥梁技术状况评定方法

公路桥梁技术状况评定包括桥梁构件、部件、桥面系、上部结构、下部结构和全桥评定。公路桥梁技术状况评定应采用分层综合评定与 5 类桥梁单项控制指标相结合的方法，先对桥梁各构件进行评定，然后对桥梁各部件进行评定，再对桥面系、上部结构和下部结构分别进行评定，最后进行桥梁总体技术状况的评定。桥梁检查评定记录表可按附录 A 的要求执行。评定指标流程如下：

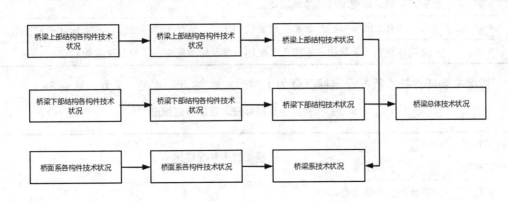

图 3-1 桥梁技术状况评定指标

当单个桥梁存在不同结构形式时，可根据结构形式的分布情况划分评定单元，分别对各评定单元进行桥梁技术状况的等级评定。

二、桥梁技术状况等级分类

桥梁部件分为主要部件和次要部件。各结构类型桥梁主要部件见表 3-1，其他部件为次要部件。

表 3-1　各结构类型桥梁主要部件

序号	结构类型	主要部件
1	梁式桥	上部承重构件、桥墩、桥台、基础、支座
2	板拱桥（垮工、混凝土）、肋拱桥、箱形拱桥、双曲拱桥	主拱圈、拱上结构、桥面板、桥墩、桥台、基础
3	刚架拱桥、桁架拱桥	刚架（桁架）拱片、横向联结系、桥面板、桥墩、桥台、基础
4	钢-混凝土组合拱桥	拱肋、横向联结系、立柱、吊杆、系杆、行车道板（梁）、支座
5	悬索桥	主缆、吊索、加劲梁、索塔、锚碇、桥墩、桥台、基础、支座
6	斜拉桥	斜拉索（包括锚具）、主梁、索塔、桥墩、桥台、基础、支座

桥梁总体技术状况评定等级分为 1 类、2 类、3 类、4 类、5 类，见表 3-2。

表 3-2　桥梁总体技术状况评定等级

技术状况评定等级	桥梁技术状况描述
1 类	全新状态，功能完好
2 类	有轻微缺损，对桥梁使用功能无影响
3 类	有中等缺损，尚能维持正常使用功能
4 类	主要构件有大的缺损，严重影响桥梁使用功能；或影响承载能力，不能保证正常使用
5 类	主要构件存在严重缺损，不能正常使用，危及桥梁安全，桥梁处于危险状态

桥梁主要部件技术状况评定标度分为 1 类、2 类、3 类、4 类、5 类，见表 3-3。

表 3-3　桥梁主要部件技术状况评定标度

技术状况评定标度	桥梁技术状况描述
1 类	全新状态，功能完好
2 类	功能良好，材料有局部轻度缺损或污染
3 类	材料有中等缺损；或出现轻度功能性病害，但发展缓慢，尚能维持正常使用功能
4 类	材料有严重缺损，或出现中等功能性病害，且发展较快；结构变形小于或等于规范值，功能明显降低
5 类	材料严重缺损，出现严重的功能性病害，且有继续扩展现象；关键部位的部分材料强度达到极限，变形大于规范值，结构的强度、刚度、稳定性不能达到安全通行的要求

桥梁次要部件技术状况评定标度分为 1 类、2 类、3 类、4 类，见表 3-4。

表 3-4 桥梁次要部件技术状况评定标度

技术状况评定标度	桥梁技术状况描述
1 类	全新状态，功能完好；或功能良好，材料有轻度缺损、污染等
2 类	有中等缺损或污染
3 类	材料有严重缺损，出现功能降低，进一步恶化将不利于主要部件，影响正常交通
4 类	材料有严重缺损，失去应有功能，严重影响正常交通；或原无设置，而调查需要补设

三、桥梁技术状况评定工作流程

桥梁技术状况评定工作流程如下所示：

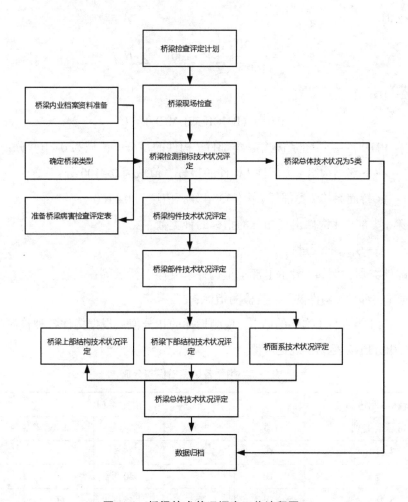

图 3-2 桥梁技术状况评定工作流程图

第二节　桥梁技术状况评定

一、桥梁技术状况评定

（一）桥梁技术状况评定计算

桥梁构件的技术状况评分，按下述式计算：

$$PMCI_l(BMCI_l \text{ 或 } DMCI_l) = 100 - \sum_{x=1}^{k} U_x$$

当 $x = 1$ 时

$$U_1 = DP_{i1}$$

当 $x \geq 2$ 时

$$U_x = \frac{DP_{ij}}{100 \times \sqrt{x}} \times \left(100 - \sum_{y=1}^{x-1} U_y\right)$$

当 $DP_{ij} = 100$ 时

$$PMCI_2(BMCI_l \text{ 或 } DMCI_l) = 0$$

公式中：$PMCI_l$——上部结构第 i 类部件 l 构件的得分，值域为 $0 \sim 100$ 分；

$BMCI_l$——下部结构第 i 类部件 l 构件的得分，值域为 $0 \sim 100$ 分；

$DMCI_l$——桥面系第 i 类部件 l 构件的得分，值域为 $0 \sim 100$ 分；

k——第 i 类部件 l 构件出现扣分的指标的种类数；

U、x、y——引入的变量；

i——部件类别，例如 i 表示上部承重构件、支座、桥墩等；

j——第 i 类部件 l 构件的第 j 类检测指标；

DP_{ij}——第 i 类部件 l 构件的第 j 类检测指标的扣分值；根据构件各种检测指标扣分值进行计算，扣分值按表 3-5 规定取值。

表 3-5　构件各检测指标扣分值

检测指标所能达到的最高等级类别	指标类别				
	1 类	2 类	3 类	4 类	5 类
3 类	0	20	35	—	—
4 类	0	25	40	50	—
5 类	0	35	45	60	100

（二）桥梁部件的技术状况评分，按下述式计算

$$PCCI_i = \overline{PMCI} - (100 - PMCI_{min})/t$$

$$或\ BCCI_i = \overline{BMCI} - (100 - BMCI_{min})/t$$

$$或\ DCCI_i = \overline{DMCI} - (100 - DMCI_{min})/t$$

式中：$PCCI$——上部结构第 i 类部件的得分，值域为 0～100 分；当上部结构中的主要部件某一构件评分值 $PMCI_l$ 在 [0, 60) 区间时，其相应的部件评分值 $PCCI_i = PMCI_l$；

$\overline{PMCI}$——上部结构第 i 类部件各构件的得分平均值，值域为 0～100 分；

$BCCI_i$——下部结构第 i 类部件的得分，值域为 0～100 分；当下部结构中的主要部件某一构件评分值 BMCIZ 在 [0, 60) 区间时，其相应的部件评分值 $BCCI_i = BMCI_l$；

$\overline{BMCI}$——下部结构第 i 类部件各构件的得分平均值，值域为 0～100 分；

$DCCI_i$——桥面系第 i 类部件的得分，值域为 0～100 分；

$\overline{DMCI}$——桥面系第 i 类部件各构件的得分平均值，值域为 0～100 分；

$PCCI_{min}$——上部结构第 i 类部件中分值最低的构件得分值；

$BCCI_{min}$——下部结构第 i 类部件中分值最低的构件得分值；

$DCCI_{min}$——桥面系第 i 类部件分值最低的构件得分值；

t——随构件的数量而变的系数，见表 3-6。

表 3-6 t 值

几(构件数)	t	几(构件数)	t
1	8	20	6.6
2	10	21	6.48
3	9.7	22	6.36
4	9.5	23	6.24
5	9.2	24	6.12
6	8.9	25	6.00
7	8.7	26	5.88
8	8.5	27	5.76
9	8.3	28	5.64
10	8.1	29	5.52
11	7.9	30	5.4

几（构件数）	t	几（构件数）	t
12	7.7	40	4.9
13	7.5	50	4.4
14	7.3	60	4.0
15	7.2	70	3.6
16	7.08	80	3.2
17	6.96	90	2.8
18	6.84	100	2.5
19	6.72	≥200	2.3

注：1. 几为第 i 类部件的构件总数。

   2. 表中未列出的 z 值采用内插法计算。

（三）桥梁上部结构、下部结构、桥面系的技术状况评分，按下述式计算：

$$\text{SPCI}(\text{SBCI 或 BDCI}) = \sum_{i=1}^{m} \text{PCCI}_i(\text{BCCI}_i \text{ 或 DCCI}_i) \times W_i$$

公式中：$SPCI$——桥梁上部结构技术状况评分，值域为 0~100 分；

$SBCI$——桥梁下部结构技术状况评分，值域为 0~100 分；

$BDCI$——桥面系技术状况评分，值域为 0~100 分；

m——上部结构（下部结构或桥面系）的部件种类数；

W_i——第 i 类部件的权重，按表 3-5~表 3-6 规定取值；对于桥梁中未设置的部件，应根据此部件的隶属关系，将其权重值分配给各既有部件，分配原则按照各既有部件权重在全部既有部件权重中所占比例进行分配。

（四）桥梁总体的技术状况评分，按下述式计算：

$$D_r = BDCI \times W_D + SPCI \times W_{SP} + SBCI \times W_{SB}$$

公式中：D_r——桥梁总体技术状况评分，值域为 0~100 分；

W_D——桥面系在全桥中的权重；

W_{SP}——上部结构在全桥中的权重；

W_{SB}——下部结构在全桥中的权重。

（五）桥梁技术状况分类界限宜按表3-7规定执行。

表3-7 桥梁技术状况分类界限表

技术状况评分	技术状况等级 D_j				
	1类	2类	3类	4类	5类
D_r （spci、sbci、bdci）	[95, 100]	[80, 95)	[60, 80)	[40, 60)	[0, 40)

当上部结构和下部结构技术状况等级为3类、桥面系技术状况等级为4类，且桥梁总体技术状况评分为 $40 \leq D_i < 60$ 时，桥梁总体技术状况等级应评定为3类。全桥总体技术状况等级评定时，当主要部件评分达到4类或5类且影响桥梁安全时，可按照桥梁主要部件最差的缺损状况评定。

二、各结构形式桥梁部件分类及权重值

梁式桥各部件权重值宜按表3-8的规定取值。

表3-8 梁式桥各部件权重值

部位	类别 i	评价部件	权重
上部结构	1	上部承重构件（主梁、挂梁）	0.70
	2	上部一般构件（湿接缝、横隔板等）	0.18
	3	支座	0.12
下部结构	4	翼墙、耳墙	0.02
	5	锥坡、护坡	0.01
	6	桥墩	0.30
	7	桥台	0.30
	8	墩台基础	0.28
	9	河床	0.07
	10	调治构造物	0.02

部位	类别 i	评价部件	权重
桥面系	11	桥面铺装	0.40
	12	伸缩缝装置	0.25
	13	人行道	0.10
	14	栏杆、护栏	0.10
	15	排水系统	0.10
	16	照明、标志	0.05

拱式桥各部件权重值宜按表3-9~表3-11的规定取值。

表3-9 板拱桥、肋拱桥、箱形拱桥、双曲拱桥各部件权重值

部位	类别 i	评价部件	权重
上部结构	1	主拱圈	0.70
	2	拱上结构	0.20
	3	桥面板	0.10
下部结构	4	翼墙、耳墙	0.02
	5	锥坡、护坡	0.01
	6	桥墩	0.30
	7	桥台	0.30
	8	墩台基础	0.28
	9	河床	0.07
	10	调治构造物	0.02
桥面系	11	桥面铺装	0.40
	12	伸缩缝装置	0.25
	13	人行道	0.10
	14	栏杆、护栏	0.10
	15	排水系统	0.10
	16	照明、标志	0.05

表 3-10　刚架拱桥、桁架拱桥各部件权重值

部位	类别 i	评价部件	权重
上部结构	1	刚架拱片(桁架拱片)	0.50
	2	横向联结系	0.25
	3	桥面板	0.25
下部结构	4	翼墙、耳墙	0.02
	5	锥坡、护坡	0.01
	6	桥墩	0.30
	7	桥台	0.30
	8	墩台基础	0.28
	9	河床	0.07
	10	调治构造物	0.02
桥面系	11	桥面铺装	0.40
	12	伸缩缝装置	0.25
	13	人行道	0.10
	14	栏杆、护栏	0.10
	15	排水系统	0.10
	16	照明、标志	0.05

表 3-11　钢—混凝土组合拱桥各部件权重值

部位	类别 i	评价部件	权重
上部结构	1	拱肋	0.28
	2	横向联结系	0.05
	3	立柱	0.13
	4	吊杆	0.13
	5	系杆(含锚具)	0.28
	6	桥面板(梁)	0.08
	7	支座	0.05

	8	翼墙、耳墙	0.02
下部结构	9	锥坡、护坡	0.01
	10	桥墩	0.30
	11	桥台	0.30
	12	墩台基础	0.28
	13	河床	0.07
	14	调治构造物	0.02
桥面系	15	桥面铺装	0.40
	16	伸缩缝装置	0.25
	17	人行道	0.10
	18	栏杆、护栏	0.10
	19	排水系统	0.10
	20	照明、标志	0.05

悬索桥各部件权重值宜按表3-12的规定取值。

表3-12　悬索桥各部件权重值

部位	类别 i	评价部件	权重
上部结构	1	加劲梁	0.15
	2	索塔	0.20
	3	支座	0.05
	4	主鞍	0.04
	5	主缆	0.25
	6	索夹	0.04
	7	吊索及钢护筒	0.17
	8	锚杆	0.10
下部结构	9	锚碇	0.40
	10	索塔基础	0.30
	11	散索鞍	0.15
	12	河床	0.10
	13	调治构造物	0.05

部位	类别 i	评价部件	权重
桥面系	14	桥面铺装	0.40
	15	伸缩缝装置	0.25
	16	人行道	0.10
	17	栏杆、护栏	0.10
	18	排水系统	0.10
	19	照明、标志	0.05

斜拉桥各部件权重值宜按表3-13的规定取值。

表3-13 斜拉桥各部件权重值

部位	类别 i	评价部件	权重
上部结构	1	斜拉索系统 （斜拉索、锚具、拉索护套、减震装置等）	0.40
	2	主梁	0.25
	3	索塔	0.25
	4	支座	0.10
下部结构	5	翼墙、耳墙	0.02
	6	锥坡、护坡	0.01
	7	桥墩	0.30
	8	桥台	0.30
	9	墩台基础	0.28
	10	河床	0.07
	11	调治构造物	0.02
桥面系	12	桥面铺装	0.40
	13	伸缩缝装置	0.25
	14	人行道	0.10
	15	栏杆、护栏	0.10
	16	排水系统	0.10
	17	照明、标志	0.05

桥梁结构组成权重值宜按表3-14的规定取值。

表3-14　桥梁结构组成权重值

桥梁部位	权重
上部结构	0.40
下部结构	0.40
桥面系	0.20

三、5 类桥梁技术状况单项控制指标

在桥梁技术状况评价中，有下列情况之一时，整座桥应评为 5 类桥：第一，上部结构有落梁；或有梁、板断裂现象。第二，梁式桥上部承重构件控制截面出现全截面开裂；或组合结构上部承重构件结合面开裂贯通，造成截面组合作用严重降低。第三，梁式桥上部承重构件有严重的异常位移，存在失稳现象。第四，结构出现明显的永久变形，变形大于规范值。第五，关键部位混凝土出现压碎或杆件失稳倾向；或桥面板出现严重塌陷。第六，拱式桥拱脚严重错台、位移，造成拱顶挠度大于限值；或拱圈严重变形。第七，圬工拱桥拱圈大范围砌体断裂，脱落现象严重。第八，腹拱、侧墙、立墙或立柱产生破坏造成桥面板严重塌落。第九，系杆或吊杆出现严重锈蚀或断裂现象。第十，悬索桥主缆或多根吊索出现严重锈蚀、断丝。第十一，斜拉桥拉索钢丝出现严重锈蚀、断丝，主梁出现严重变形。第十二，扩大基础冲刷深度大于设计值，冲空面积达 20% 以上。第十三，桥墩（桥台或基础）不稳定，出现严重滑动、下沉、位移、倾斜等现象。第十四，悬索桥、斜拉桥索塔基础出现严重沉降或位移；或悬索桥锚碇有水平位移或沉降。

第三节　桥梁结构常见病害

随着交通运输业的蓬勃发展，桥梁的数量迅速增长。在桥梁使用过程中，由于交通量的增长，运营荷载的增大，加上随着服役年限的增长，外界环境对桥梁的侵蚀影响会逐步增大，此外，还有一些桥梁存在着不同的设计或施工或先天性的缺陷，上述因素导致桥梁在使用过程中会出现各种各样的病害，这些病害严重影响着桥梁的安全和正常使用。了解桥梁的病害特征，加强日常养护、维修，可以保证桥梁的使用安全和维修正常，满足桥梁的耐久性要求。我国公路桥梁有 63 万座左右，而存在各种病害、承载能力不适应运营荷载要求的桥梁比例高达 15% 左右。为了可持续发展与节约社会资源，世界各国均视既有桥梁为一笔巨大的财富，采取各种制度、政策、技术手段，力图通过加强日常维修养护、承

载能力评定、适用性评价、加固改造等方法来延长既有桥梁的使用寿命。

桥梁维修加固的一般原则是预防为主，防治结合，使桥梁经常处于完好的技术状态，达到安全、耐久的目的。桥梁维修加固可分为一般性维修和结构性加固，一般性维修如桥面铺装层的维修、油漆涂装更新，裂缝封闭与灌浆处理，支座更换等是桥梁养护的日常内容，按维修规模又可分为小修、中修、大修，其主要目的是保证桥梁结构的使用性和耐久性不受大的影响；结构性加固有上部结构承载能力加固、地基基础承载力提高等，用来弥补桥梁结构先天缺陷、病害发展演变、灾后桥梁结构承载能力受损所带来的承载能力不足，使桥梁恢复或满足新的使用条件下的受力性能与安全要求。桥梁病害处理加固涉及的内容十分广泛，包含了桥梁实际状况的检测鉴定、加固理论与加固技术以及加固方案的比较选择与投资效益的优化等。可以说，桥梁病害分析诊断与桥梁维修加固的关系密不可分，是一个问题的两个方面。近20年来，随着桥梁服役期的增长，实际运营荷载的不断增大，病桥、危桥的数量日益增多，在生产实践需要的推动下，桥梁结构的检测诊断技术，维修加固改造技术得以迅速发展。可以相信，随着管理部门、工程界、学术界对既有桥梁检测与维修加固的重视，必将推动既有桥梁健康、可持续地发挥作用。

一般说来，桥梁的病害大致可分为承载能力不足、使用性能较差和耐久性不足三类。承载能力不足的桥梁主要表现为受力裂缝宽度过大，桥梁整体或局部刚度不足，材料强度降低和局部损伤，基础冲刷掏空、变位或不均匀沉降等；使用性能较差的桥梁主要表现为变形及震动响应过大，桥面破损，行车性能不佳，伸缩缝破损，支座脱空等；耐久性不足的桥梁主要表现为混凝土结构裂缝过大，温度裂缝、收缩裂缝、混凝土碳化深度过大，混凝土发生碱骨料反应，混凝土保护层厚度不足，混凝土表面存在蜂窝麻面，钢结构、钢筋锈蚀，结构或构件局部破损过大等。以上三种病害的发生、发展直接影响桥梁结构的承载能力、使用性能及耐久性，严重时危及桥梁运营安全，会造成重大安全事故。

一、影响桥梁使用性能的病害

（一）桥面不平整，线型不平顺，桥梁振动过大

在车辆轮胎的不断作用下，许多桥梁的桥面铺装层容易破损，特别是使用了数十年以上旧桥，桥面铺装病害表现为坑洼不平、开裂、破损。例如，一些结构体系如T形刚构、连续梁桥在使用荷载、收缩徐变及预应力损失等综合因素的作用下，跨中桥面下挠，导致桥面线型不平顺；又如在简支梁桥的梁端接头处和悬臂梁挂梁支点处的填缝材料，由于缺乏养护而产生脱落，且易遭受车轮的磨耗，从而出现较大沟槽，引起跳车及临近梁段的振

动, 加剧构件的疲劳损伤。此外, 桥面不清洁, 泄水孔堵塞, 下雨造成桥面积水、渗漏甚至于冻胀, 车辆过桥时泥浆飞溅, 不仅会影响使用性能, 也会降低耐久性。这些病害如不及时进行维护, 势必缩短桥梁的使用寿命。

(二) 桥头跳车

由于桥头引道刚度相对较低, 在车辆荷载作用下容易产生沉降, 致使桥面与引道连接处不平整、不顺适, 从而使车辆驶过桥头时产生跳车。桥头跳车不但影响车速, 降低行车质量, 而且影响司乘人员的心理状态。同时跳车产生的附加冲击效应也会影响桥梁使用寿命。

(三) 桥下过水不畅, 桥面排水性能不良

一些桥梁由于养护不当、导致桥孔淤塞严重。在日常维修养护中又没有及时清理疏浚河道, 汛前也很少做泄洪准备, 因此汛期一到, 桥孔泄洪能力不足, 可能出现桥梁被洪水冲垮等问题。另外, 一些桥梁的排水坡度不够、桥面不清洁或泄水管堵塞, 导致雨后桥面积水较多、渗漏甚至于冻胀, 桥面积水往往导致车辆过桥时泥浆飞溅, 影响车辆行人的正常通过, 严重时会加大桥梁的负荷, 如遇梁体上缘开裂破损, 还会使桥面积水渗透到箱梁内部, 导致箱梁积水严重, 影响到桥梁的安全性与耐久性。

(四) 伸缩缝破损, 支座脱空

一些桥梁尤其是中小跨度梁桥, 由于构造或维护不当, 桥梁的伸缩缝容易出现破损、堵塞、顶死现象, 如未能及时处理, 最终会丧失伸缩功能, 导致桥梁在环境温度作用下会产生附加内力。此外, 中小跨度梁桥、斜弯桥的支座经常出现脱空、移位、拍击变形过大、活动支座失去活动能力等病害。伸缩缝丧失功能、支座性能不良, 轻则会导致结构受力行为与设计图式不符, 影响到桥梁的使用性能; 重则会使梁体产生附加内力或产生内力重分布, 影响桥梁安全使用。

(五) 栏杆或防撞栏破损、缺失, 失去防护功能

栏杆或防撞栏损坏后, 如未及时修复, 不但影响桥梁的美观, 更重要的是使行车或行人产生不安全感, 引发交通事故, 在一些极端情况下也会造成重大安全事故。此外, 人行道或人行搭板存在的一些隐患, 如搭板搭接构造不当、人行道分隔设施功能不足等也会引发安全事故。桥梁栏杆或防撞栏局部损坏的原因多数是由机动车交通事故造成的, 少数是

人为损坏或盗窃所致，但均与养护维护不及时有关。

（六）桥梁与道路不匹配

许多桥梁由于建成年限较长，设计标准较低，在道路的改扩建过程中，道路拓宽后，没有进行相应的拓宽改造、荷载升级，或与既有道路衔接不够顺畅，如转弯半径过小，导致桥梁与道路等级或线形不匹配，形成瓶颈，既影响通行能力，又增加了行车的危险性，尤其是夜间行车，容易引发交通事故。

二、影响结构耐久性的病害

混凝土结构的耐久性是指混凝土结构在自然环境、使用环境及材料内部因素的作用下，在设计要求的目标使用期内，不需要花费大量资金加固处理而保持其安全、使用功能和外观要求的能力。它是钢筋混凝土结构应具有的基本功能之一，是关于可靠性三个环节（安全性、适用性与耐久性）中研究的比较薄弱的一个环节。耐久性的好坏，决定着结构的使用存命。大量研究资料和实践表明，影响混凝土结构耐久性的因素很多，可分为内部因素和外部因素两大类。内部因素主要为结构构造型式，钢筋保护层厚度和直径的大小，选用的水泥和骨料种类，混凝土的水灰比和密实度等；外部因素主要指环境因素包括冷热、干湿、冻融、化学介质侵蚀等。

早期建设的公路桥梁混凝土强度等级（标号）普遍偏低，质量相对较差。通常基础多采用 15 号混凝土，上部桥跨结构大量采用 20 号或 25 号混凝土，混凝土中水泥用量少，以至于经过十年至几十年的使用，混凝土腐蚀、碳化现象普遍，强度退化严重，加固改造、重新利用价值不大。此外，由于施工质量控制不够严格，导致结构尺寸偏差过大、混凝土密实性较差，加之保护层厚度不足，导致钢筋锈蚀严重，混凝土构件普遍存在蜂窝、麻面、孔洞的现象，这些病害不仅严重影响着桥梁的承载能力，而且对桥梁耐久性也构成严重威胁。

（一）混凝土结构非受力裂缝

混凝土结构非受力裂缝是钢筋混凝土桥梁普遍存在的一种病害。非受力裂缝一般与结构构造不当、混凝土材料质量不佳、施工养护条件不当、施工工艺质量存在缺陷、环境温度变化等因素有关。裂缝是桥梁的重大病害之一，若裂缝的宽度超出规范允许的范围，会显著地影响到桥梁的使用寿命和耐久性，混凝土结构非受力裂缝应引起高度重视，并应根据裂缝宽度的大小，及时进行化学灌浆或表面封闭的措施予以修补。一般来说，结构非受力裂缝的影响主要有材料因素、施工因素、环境因素三大类。

1. 材料因素

材料质量差或养护不当会产生裂缝，当水泥质量有问题时，在混凝土浇筑后会产生不规则裂缝（龟裂）。此外，骨料不适宜也会引起裂缝，当骨料含泥量过大时，随着混凝土的结硬、收缩，出现不规则花纹状裂缝；当骨料是碱骨料或风化骨料时，在混凝土硬化后将出现裂缝，裂缝往往以骨料为中心，在骨料周围出现，有时也会带圆锥形剥离的。

2. 施工因素

施工质量、施工工序、施工材料及模板支架不当引起的混凝土裂缝比较普遍，归纳起来，主要有以下几种：一是混凝土搅拌时间过长，运输时间过长，致使混凝土凝固速度加快，在整个结构上产生不规则的细裂缝。二是模板固定不牢固，致使混凝土在浇筑后不久产生与模板移动方向平行的裂缝。三是支架不均匀下沉、脱模过早，也会在支点或刚度变化部位等处产生裂缝。四是接头或接缝部位处理得不好，造成混凝土预制构件装配时，施工接缝处现浇混凝土的新旧混凝土浇筑缝变成通缝；或由于支座安装不当，使支点处形成斜裂缝。五是混凝土养护不当或失水产生收缩裂缝，这类裂缝常出现在混凝土刚刚浇筑之后。分布方向比较杂乱，深度较浅，约为钢筋保护厚度，特别是在风大的天气，空气干燥时浇筑的混凝土更容易产生裂缝。六是当振捣不充分或析水多时，在断面高度急剧变化的部位，以及钢筋、导管等保护层小的部位，常因混凝土的沉降，导致在混凝土刚浇筑之后产生较浅的裂缝，通常裂缝沿钢筋或导管方向产生。由于钢筋沉降小，周围混凝土沉降大，所以在钢筋下部形成空隙。七是大体积混凝土或使用了早强水泥的混凝土，在冬季养护保温不够时，常因水化热作用，松件内部产生量值较大的自平衡应力，在浇筑后 2~3 天导致混凝土结构中产生裂缝。裂缝经常以直线等间距方式出现。八是水灰比大的混凝土，由于干燥收缩，在龄期 2~3 个月内容易产生裂缝。这类裂缝易在开口、角隅等部位产生，特别是当浇筑断面很薄，硬化后经过较长一段时间，更容易产生由于约束引起的混凝土收缩裂缝。对钢架桥等刚度差异较大的结构等，后浇筑桥面板受其他构件的约束、混凝土收缩徐变性能差异较大，也容易产生水平方向的裂缝。

3. 环境因素

温度裂缝与结构体系、结构构造、所处环境等因素相关，产生的原因不同，表现形式也有不同，可能出现在混凝土构件的表层、深层或贯穿整个构件。桥梁构件的表层裂缝的走向一般没有规律性，钢筋混凝土的深层或贯穿裂缝的走向，一般与主筋方向平行或接近于平行，裂缝的宽度受温度的变化影响大，裂缝宽度随温度变化而扩张或闭合，防止或减小温度裂缝比较有效的措施是合理布置钢筋网，选择比较合理的结构形式。此外，钢筋锈蚀后体积膨胀，会使混凝土构件产生顺着钢筋的裂缝，一些桥梁因构造不当也会产生非受力裂缝。

（二）混凝土腐蚀

混凝土腐蚀是混凝土桥梁的"癌症"，一些使用年限较长的桥梁或结构往往因受压区混凝土腐蚀而破坏。一般来说，混凝土材料是耐水材料，在潮湿环境或水中能保持强度的稳定性，潮湿也是混凝土材料早期强度形成和发展不可缺少的条件。但是长期处于潮湿条件下，尤其在干湿交替循环状态下，混凝土的耐久性问题会受到影响。很多桥梁墩台，往往在水位浮动的部位首先破坏，尤其是在具有腐蚀介质的水中。空气中的水和雨水成分很复杂，混入桥面的污物常含有溶解的气体、矿物质和有机质等，常见的有酸性物质、有氧离子、氯离子、氮、碳酸、硫化氢及其他酸性离子，以及碱金属和碱土金属离子，这些酸、碱物质超过一定限度时，会侵蚀、损害桥梁的混凝土和金属材料。

混凝土的腐蚀一般都与水有关，主要体现在碱骨料反应、盐腐蚀和冻融三个主要的、不可逆的破坏现象，无论碱骨料反应、盐腐蚀，还是冻融作用，只要没有水就可以减缓或避免，所以必须设置完善的桥梁防排水系统，将混凝土与水隔离开来，使其不具备发生反应的条件，就能达到延长桥梁使用寿命的要求。

1. 碱骨料反应

混凝土碱骨反应是指来自水泥、外加剂和环境中的碱金属离子与砂石等骨料中的活性组分发生膨胀性化学反应，在水泥砂浆与粗集料的界面处生成白色凝胶物质，这种物质在潮湿环境中吸水膨胀，从而造成混凝土结构从内部开始胀裂，在表面上出现龟裂或地图状裂纹，直至整体性开裂或破坏，这种病害称为混凝土的"癌症"。碱骨料反应少则几年，多则十几年就可以使混凝土结构承载力明显下降。这种破坏具有不可修复性，具体表现为混凝土表面龟裂、突出、酥松，然后剥离。碱骨料反应发生和对混凝土的破坏需要三个条件：混凝土中的高碱性、碎石中的富含碱活性成分以及水、水泥和外加剂中的高碱性，很多地区的砂石资源含有不同程度的碱活性成分，再加上桥梁防水系统的不完善，就构成了碱骨料反应的必要条件。

2. 盐腐蚀

沿海地区，空气中和雨水中都含有一定的氯盐成分，尤其在近海地区浓度更大。在寒冷地区的冬季，为消除桥面的冰冻和积雪，经常采用喷洒盐水的方法，盐水通过伸缩缝流向墩台，通过桥面系渗透到混凝土的缝隙里，不仅会引起碱骨料反应，还会引起盐腐蚀。盐水进入混凝土体中达到饱和，当外界环境非常干燥时，混凝土中的水分发生逆向流转，通过小孔隙向外蒸发，盐分浓度增加，又使其向混凝土内部扩散，因为在干燥条件下，高浓度化冰盐水产生足够高的盐结晶压，造成混凝土的膨胀破坏，比一般的碱骨料反应更为严重。

3. 混凝土冻融

寒冷地区，有较长的冰冻期，渗入到混凝土中的水结冰又融化，如此反复，使混凝土的裂缝不断扩大，导致结构慢性破坏作用。冻融的结果，加剧了碱骨料反应和盐腐蚀的破坏作用。混凝土结构是多孔的，在塑性期或硬化初期会因为水分蒸发造成早期开裂。在以后的使用过程中，早期产生的裂缝会随着车辆反复荷载的冲击逐渐扩展。如果没有完善的防水排水系统，带有腐蚀性物质的水就会从孔隙渗入到混凝土中，或从裂缝中流入到混凝土中。若是碱性骨料混凝土将产生碱骨料反应，酸性物质则会对混凝土进行腐蚀。

对于碱骨料反应、盐的腐蚀、冻融作用应以防止和抑制为主。减少混凝土中的碱含量是解决办法之一，使用低碱水泥、低碱外加剂，可以减缓问题的发生。此外，无论碱骨料反应、盐腐蚀，还是冻融作用，只要没有水，就可以减缓或避免，所以必须设置完善的桥梁防水排水系统，将混凝土与水隔离开来，使其不具备发生混凝土腐蚀反应的条件，则可达到延长桥梁使用寿命的要求。

（三）混凝土碳化

混凝土碳化，指水泥石中的水化产物与周围环境中的二氧化碳作用生成碳酸盐或其他物质的现象。碳化将直接影响结构的性质及耐久性。混凝土的碳化是随着二氧化碳气体向混凝土内部侵入，溶解于混凝土内部孔隙中的水，形成碳酸再与各水化产物发生碳化反应的一个物理化学过程，混凝土碳化是一个缓慢过程，取决于混凝土的密实性、水泥品种、水化物中氢氧化钙的含量等内部因素，以及大气的二氧化碳浓度、压力、混凝土的湿度等外部因素。一般说来，一座桥梁建成以后，影响碳化的因素就已经确定，为了降低碳化速度，只能从如何保护混凝土不受或少受侵害来考虑。概括起来，混凝土碳化影响因素主要有水泥品种、混凝土密实度、环境条件三个方面。

1. 水泥品种

不同品种的水泥对混凝土的碳化速度影响不同，一般说来矿渣水泥比普通硅酸盐水泥快，普通硅酸盐水泥比早强硅酸盐水泥碳化速度稍快。碳化速度与混凝土结构中水泥的氧化钙含量有关，氧化钙含量越大，硬化的水泥石生成的氢氧化钙就越多，吸收二氧化碳的能力越强，碳化的速度就越慢。

2. 混凝土密实度

混凝土的碳化速度与密实度有关，密实度大的碳化速度慢，因为密实度大孔隙就小，进入的二氧化碳就少。加大水泥用量、降低水灰比可以增强密实性，掺用优质减水剂或引气剂，可以改善混凝土的和易性，减小水灰比，增强密实性，使碳化速度减慢。施工时如果振捣不密实、养护不合理，会造成混凝土内部毛细孔粗大，并相互连通，进入的二氧化碳就多，碳化速度就快。

3. 环境条件

环境条件恶劣会加速碳化速度。环境湿度对混凝土的碳化速度影响很大，在相对湿度低于25%的空气环境下，混凝土很难碳化；在空气湿度为50%~75%的大气中，混凝土最容易碳化；但在相对湿度大于95%或在水中碳化反而难进行。这是因为混凝土的碳化与透气性有关，透气性越大，越容易碳化。另外相同湿度条件下，温度越高、风速越大，混凝土的碳化速度就越快。

（四）混凝土保护层厚度不足，钢筋锈蚀

钢筋在混凝土的保护下才能正常发挥受力作用。混凝土具有碱性，钢筋在碱性环境中形成钝化膜，阻止金属阳极与电解质的接触，使钢筋难于锈蚀，钝化膜一旦被破坏，在有水和氧的条件下就会发生钢筋的氧化锈蚀。一旦混凝土保护层厚度不足或产生裂缝，就破坏了钢筋所处的碱环境，产生了钢筋锈蚀的条件，钢筋锈蚀时体积膨胀，又会进一步促使混凝土保护层脱落，最终导致桥梁结构耐久性能严重削弱，使用寿命大大缩短。

（五）护坡及锥坡破损，冲刷淘空

墩台是桥梁的重要组成部分，它的耐久性直接决定了桥梁结构的耐久性。墩台基础常见的耐久性病害如混凝土剥落、露筋和裂缝，水流冲刷导致护坡、锥坡破损或淘空，墩台柱基础冲刷严重，埋深不足，桥墩被车辆、船只、漂流物或流冰撞损等，这些病害虽然不一定产生即时的危险，但却对桥梁结构的耐久性与安全性构成严重威胁，应根据墩台基础缺陷的严重程度及施工条件采取不同的方法进行维修，使其处于良好状态。

（六）钢结构、钢-混凝土组合结构表面锈蚀

钢结构、钢-混凝土组合结构在外界环境影响下，其油漆涂装的保护性能会随时间的推移而逐步退化，结构表面会产生锈蚀现象，锈蚀一旦产生，轻者影响观瞻，重者削弱承重构件面积、产生应力腐蚀现象，对结构的耐久性造成较大影响，行之有效的对策是加强

巡查、及时维护。

钢筋混凝土桥梁常见的耐久性病害大体可汇总如表 3-15 所示，其他桥型结构常见的耐久性病害汇总如表 3-16 所示。

表 3-15　钢筋混凝土桥梁常见的耐久性病害

表观病害特征	病变形态	病变产生原因	病变出现时间	对钢筋锈蚀的影响程度	备注
施工接缝	与构建厚度，高度垂直，表面呈羽状多孔	混凝土浇筑间歇时间超过初凝时间	早期	钢筋可能锈蚀	
露筋	钢筋局部露在混凝土表面	钢筋错位或局部保护层过薄	早期	钢筋锈蚀	病变多产生在箍筋处
疏松剥落	混凝土表层大面积疏松、剥落或露筋	硫酸盐侵蚀	中、后期	钢筋锈蚀或严重锈蚀	
空鼓层裂	敲击混凝土表面有空鼓声	混凝土浇筑质量不良，表面存在蜂窝及空洞	早、中、后期	钢筋可能锈蚀	
锈斑	棕色点状或块状锈斑	混凝土密实性差，钢筋保护层厚度不足	中、后期	钢筋锈蚀	
顺筋裂缝	沿主筋、分部筋、箍筋位置出现与钢筋平行的裂缝	混凝土密实性差，钢筋保护层厚度不足，盐污染或碱骨料反应开裂	后期	钢筋锈蚀或严重锈蚀	先产生裂缝后引起钢筋锈蚀
胀裂脱落	混凝土保护层成碎片状胀裂、脱落或露筋	混凝土密实性差，或钢筋保护层厚度不足	后期	钢筋严重侵蚀	

表 3-16　其他结构桥梁常见的耐久性病害

桥型	表观病害特征	病变形态	病变产生原因	病变出现时间	对结构的影响程度	备注
钢结构桥	钢结构锈蚀	图层脱落、表面锈蚀	腐蚀环境，涂层厚度不足，渗漏水，涂装施工质量	早、中、后期	随时间的增长会发展，逐步恶化	钢箱梁桥、钢板梁桥、钢桁梁桥、钢管混凝土拱桥
	钢结构焊接不良	焊缝开裂、焊接不实	施工质量，漏焊，应力集中，易残留应力	早、中期	随时间的增长会发展，严重时导致断裂	
	钢梁桥面铺装	车辙、推拥、开裂、滑移	黏结层材料性能，温度，车载，铺装层厚度	中、后期	对铺装材料及钢桥面板经济耐久性造成影响	
索结构桥	拉锁、系杆锈蚀、断裂	钢丝生锈、流淌锈水，锈皮起鼓脱落	套筒灌浆不饱和，灌浆材料离析不凝固，套筒存在裂纹	早、中期	削弱截面，严重时导致拉索断裂	斜拉桥、悬索桥、系杆拱桥、中下城市桥
	所结构锚头锈蚀	锚头螺纹、锚圈、螺栓及孔洞锈蚀、流淌锈水	锚头安装后未及时除锈，涂抹黄油，螺栓松动，腐蚀介质侵入，防护层脱落	早、中期	对索结构的锚固可靠性造成较大影响	
圬工桥	砌体表面缺陷	砌缝开裂、灰缝砂浆脱落、松散、边角碎裂	施工质量，材料老化，荷载过大，介质腐蚀	中、后期	随时间的增长发展、恶化，耐久性逐步降低	拱桥、组合结构桥

三、影响桥梁承载力的病害

(一) 桥梁结构存在倒塌、成为机构的隐患

桥梁结构的一些体系因赘余度少、构造不当或养护不到位，在使用过程中，病害产生后逐步发展演化，如未能得到及时处理，病害会逐步演变为严重的隐患，一旦外界因素或使用条件发生变化，就可能丧失整体性，桥梁结构易发展成为机构，严重时发生整体倒塌。例如，砌体桥台在土压力、水压力及车辆荷载作用下丧失整体性，发生桥台倒塌、梁体坠落的事故；又如悬臂梁或 T 构牛腿因剪切裂缝不断扩展，导致挂梁坠落、牛腿破坏的事故；上部结构梁体因支撑方式不当、赘余度不足而在偏心荷载作用下侧倾倒塌等。桥梁结构存在倒塌或成为机构的隐患是桥梁最为严重的病害，往往会导致重大桥梁安全事故。

(二) 预制装配式桥梁结构受力的整体性、协同性丧失

预制装配式结构在中小跨度梁桥比较常用，如预制装配式空心板、预制装配式 T 梁、双曲拱桥等，装配式结构具有施工快捷、量大面广的特点。借助于各种各样的横向连接构造，装配式桥梁结构具有一定的整体受力性能，但由于施工质量不佳、构造方式不当、使用荷载过大等原因，在其使用过程中，装配式结构的横向联系逐步削弱，如铰接板梁桥在铰缝处开裂，T 梁横隔板连接处开裂，导致装配式桥梁受力的整体性、协同性逐步丧失，距离设计的理想受力状态越来越远，整体性差，刚度偏小，承重结构局部开裂，内力重分布比较明显，出现单梁（板/肋）受力现象，导致装配式桥梁的传力途径或传力机理发生变化，承载能力严重下降，病害特征急剧发展。此外，多跨简支梁因行车冲击造成伸缩缝处桥面破坏，装配式拱片连接处混凝土断裂或钢筋接头脱开也比较常见。预制装配式桥梁结构受力的整体性、协同性丧失是一种比较常见、危害较大的桥梁病害，普遍存在于预制装配式空心板、预制装配式 T 梁、双曲拱桥、刚架拱桥等结构中，一般可以通过增大截面、加厚桥面铺装层、加强横向联系等措施加固改造。

(三) 混凝土结构受力裂缝宽度过大

结构应力超限、受力裂缝宽度过大是混凝土桥梁比较常见的一种病害，受力裂缝出现的原因是混凝土拉应力超过了其抗拉强度，裂缝主要表现为弯曲受力裂缝、弯剪受力裂缝、扭曲裂缝、锚下劈裂裂缝等形态。如钢筋混凝土 T 梁常常因抗弯承重能力不足、正应力超限而产生弯曲受力裂缝，又如混凝土箱梁顶板因桥面板弯曲应力过大，而产生的顺桥

向裂缝，腹板因主拉应力超限而产生的剪切斜裂缝，底板因整体弯曲应力而产生的横桥向裂缝。一般说来，这些裂缝在使用荷载反复作用下会逐步扩展，甚至会超过规范限值，不仅导致桥梁承载能力、整体刚度的严重削弱，而且影响到桥梁结构的耐久性能。混凝土结构受力裂缝宽度过大的病害，可采取增大构件截面、施加预应力、粘贴钢板等结构加固补强措施予以消除或控制。

（四）结构或构件的损伤疲劳程度严重

钢结构、钢-混凝土组合结构在使用荷载反复作用及外界环境影响下，一些构件如钢箱梁的正交异性（顶）板等可能会因结构荷载应力幅度过大导致构件疲劳损伤程度比较突出，甚至出现焊缝裂纹等病害，对钢结构的使用寿命、耐久性与承载能力构成严重威胁。此外，一些桥梁如斜拉桥中的斜拉索、系杆拱的系杆、吊杆在使用荷载及外界环境因素的共同作用下，也容易出现系杆、短吊杆的疲劳及应力腐蚀问题，对斜拉桥、系杆拱的安全正常使用构成严重威胁，甚至会酿成重大安全事故。

（五）桥墩基础变位或不均匀沉降，下部结构开裂

墩台是桥梁的重要组成部分，关系到桥跨结构在平面和高程上的位置，并将荷载传递给地基。墩台的承载力和稳定性在很大程度上决定了桥梁的耐久性。桥梁结构在服役过程中，由于基础工程施工质量不佳、设计存在缺陷、地质情况不良或周边其他工程施工的影响，会导致桥梁墩台产生不均匀沉降或水平位移。桥梁基础不均匀沉降或水平位移说明其地基基础或下部结构的承载能力不足，不仅会导致桥梁线型不顺畅、影响行车性能，而且对于超静定桥梁还会产生比较大的附加内力，改变桥梁结构设计的受力状态，对桥梁的安全运营与正常使用构成明显的威胁。桥梁墩台、桩基础等下部结构，由于水流冲刷、船舶（漂浮物）撞击、维护不足而产生的掏空、露筋腐蚀等病害，常常威胁到桥梁的安全运营。此外，下部结构墩台基础在受上部结构及桥面系传递的荷载、下部地基基础不均匀沉降滑移、水压力结构设计、施工质量、温度等诸多因素的影响下，出现了各种各样的裂缝病害，影响桥梁承载能力，部分宽度过大的裂缝甚至严重影响到桥梁的安全运营。墩台、基础的缺陷及病害主要有以下几种：第一，浆砌片石桥台、护坡等部位，由于缺乏维护，加上水流冲刷等原因出现开裂、破损掏空等情况。第二，桥台由于侧墙内填土不密实，或采用含水量较大或渗水不良的土壤，造成填土、不均匀沉降和排水不良而引起裂缝，常常引起侧墙与台体的分离；或由于气候条件、流水和流冰的侵蚀造成墩台表面风化剥落，发生桥台侧墙、胸墙倾斜、轻微鼓肚、两侧锥坡和八字翼墙发生鼓肚、沉陷。第三，扩大基础

由于回填不当、排水不畅引起土压力和支承力的变化，导致墩台产生位移、开裂等病害。第四，桩基础由于桩头残渣清理不净，桩头处理不好，以及桩身各种质量缺陷，如桩顶露筋、夹泥断桩、缩颈离析、桩位偏差等，造成桥梁墩台出现各种缺陷和病害，表现方式为下沉、开裂、倾斜、滑移等。第五，下部结构桥墩、桥台由于受到基础不均匀沉降、局部应力集中、设计构造失误、施工质量不佳、混凝土温度收缩、支座损坏后产生的次生内力、水压力及冲刷掏空等因素导致各种结构性裂缝，部分裂缝宽度很宽，成为影响桥梁承载能力的安全隐患。第六，沉井基础常因开挖方法、地下水处理、减少摩阻方法不好及刃脚部位的封底不严密，造成墩台的缺陷和病害。第七，其他病害，如混凝土剥离、露筋、桥面露水、混凝土空洞、蜂窝麻面，以及天然地基上的浅基础被冲刷悬空，灌注和打桩基础受水冲刷、侵蚀等缺陷和病害。

（六）设计荷载等级偏低，结构强度不适应交通需求

由于受经济、技术等因素的制约，相当一部分既有桥梁建造时设计荷载等级偏低，存在先天不足，但在使用过程中并未对运营荷载进行有效的限制，加上交通量日益增大，超重车辆、超载车辆越来越多，导致这些桥梁的病害在使用过程中进一步恶化，发展到一定程度，不仅其使用性能不能满足有关规范规程的要求，而且其承受能力、极限强度往往也不能够适用实际荷载的要求，存在比较严重的安全隐患。

此外，尚有相当一部分跨河桥、跨线桥存在桥下通航或通车净空不能满足实际需求的现状，由于一些桥梁修建时的技术标准偏低，而城市发展、航运发展较快，对于超限船只、超高车辆管理不到位，由此造成目前船舶、车辆撞击桥梁的事故时有发生，给既有桥梁的安全运营带来了潜在的安全隐患。

在桥梁检测评估、病害分析诊断的基础上，对于那些承载能力不足、使用性能较差或耐久性能不满足要求的结构或构件，需要采取有针对性的维修加固。桥梁维修加固可分为一般性养护维修和结构性加固。一般性维修主要针对影响桥梁使用性能、耐久性能的病害，目的是保证桥梁结构的使用性能或耐久性能达到设计、规范及实际使用要求，如桥面铺装层的维修、油漆涂装更新、裂缝封闭与灌浆处理、支座更换等。当桥梁结构无法满足承载能力、通行能力等方面的要求时，需要对桥梁进行加固或技术改造。桥梁加固改造包括为提高承载力要求的结构补强，为满足通行能力要求的桥面拓宽，为改善使用性能要求的结构维修，通过病害处治、加固改造以弥补桥梁结构先天缺陷、使用过程中出现的各种病害缺陷以及结构严重受损所造成的承载能力不足，使桥梁恢复在满足新的使用条件下的受力、安全、使用及耐久性要求。

第四章 公路桥梁结构静载试验

桥梁是一项大型工程，决定其质量的因素有多方面，在桥梁建设过程中人们采取相应和依靠试验材料、模型试验、结构试验、施工监控、成桥后的动、静载试验等手段，了解和控制工程质量，在这些工程质量控制手段中，其中静载试验和相关试验技术起着至关重要的作用。

美国一位专家曾经说过："无论多么高新的结构分析技术都不能取代公路大桥性能的现场测试。当建筑物承受工作荷载时，记录下应变测试结果，根据测试结果工程师就能更好地了解桥梁的真实结构响应。"

第一节 静载试验概述

一、静载试验的目的

桥梁静载试验是按照预定的试验目的与试验方案，将静止的荷载作用在桥梁指定位置上，检测桥梁结构的静力位移、静力应变、裂缝、沉降等参量的试验项目，然后根据有关规范和规程的评价指标，判断桥梁结构的承载能力及使用性能。

（一）静载试验要解决的问题

桥梁静载试验可以是生产鉴定性试验或科学研究性试验；可以是组成桥梁的主要结构试验或全桥整体试验；可以是实桥现场检测或是桥梁结构模型的室内试验。桥梁一般分为梁桥、拱桥、刚构桥、斜拉桥、悬索桥等结构形式。根据各种结构形式的受力特点，结合病害特征或静载试验的主要目的，按照技术上可行、经济上合理、测试上可靠的原则，来设计桥梁静载试验的加载方案与测试方式。为了能够较为客观地反映桥梁结构的工作性能，桥梁检测多采用原位现场检测。一般桥梁静载试验主要解决以下问题。

1. 检验桥梁结构的设计与施工质量，验证结构的安全性与可靠性

对于大、中跨度桥梁，相关规范规程都要求在竣工之后，通过试验来具体地、综合地鉴定其工程质量的可靠性，并将试验报告作为评定工程质量优劣的主要依据之一。此外，既有桥梁在运营若干年后或遭受各种突发灾害后，必须通过静载试验来确定其承载能力与使用性能，并以此作为继续运营或加固改造的主要依据。

2. 验证桥梁结构的设计理论与计算方法

充实与完善桥梁结构的计算理论与结构构造，积累工程技术资料。随着交通技术的不断发展，采用新结构、新材料、新工艺的桥梁结构日益增多，这些桥梁在设计、施工中必然会遇到一些新问题，其设计计算理论或设计参数需要通过桥梁试验予以验证或确定，在大量试验检测数据积累的基础上，就可以逐步建立或完善这类桥梁的设计理论与计算方法。

3. 掌握桥梁结构的工作性能，判断桥梁结构的实际承载能力

目前，我国已建成了 60 多万座各种形式的公路桥梁，在使用过程中，有些桥梁已不能满足当前通行荷载的要求，有些桥梁由于各种自然原因而产生不同程度的损伤与破坏，有些桥梁由于设计或施工差错而产生各种缺陷。对于这些桥梁，常采用静载试验的办法，来判定其承载能力和使用性能，并由此确定限载方案或加固改造方案，特别是对于那些原始设计施工资料不全的既有桥梁，通过静载试验确定其承载能力与使用性能就显得非常必要。

（二）静载试验前的准备

随着我国桥梁建设事业的飞速发展，新结构、新材料、新工艺日益增多，带来了许多桥梁结构的理论、设计、施工等问题，成为桥梁检测的新课题，而桥梁结构检测的成果又进一步验证、发展、完善了桥梁设计计算理论、施工技术及其他工程实践问题。另外，桥梁检测也为既有桥梁结构承载能力、使用性能和残余寿命的评估提供了科学依据。可以说，随着生产实践的发展，既有桥梁数量的日益增大，使桥梁检测日益重要，同时，桥梁建设的不断发展也对桥梁检测提出了更高的要求。实践证明，要搞好一次桥梁检测，为设计、施工、理论研究或加固改造提供可靠和完整的试验资料和科学依据，并不是一件容易的事情，必须明确试验目的，遵循一定的程序，采用科学先进的量测手段，进行严密的准备和组织工作才可能达到预期的目标。为此，根据静载试验对象的实际情况，必须把握住以下三个主要环节。

1. 明确试验目的，抓住主要问题

桥梁静载试验设计理论计算、测点布置、加载测试、数据分析整理等多个方面，因此在进行试验之前一定要明确试验目的，预测试验桥梁的结构行为。这样才能有的放矢，合理地选择仪器、仪表，准确地确定加载设备及加载程序，科学地布置测点及测试元件，充分地利用有限的人力、物力及其他条件，采取各种必要的手段，以达到预期的试验效果。

2. 精心准备，严密组织

桥梁静载试验观测项目多、测点多、仪器仪表多，这就要求试验工作必须有严格的组织，统一的指挥，并能够紧密配合，协同作战。在正式试验之前，要做好充分的准备工作，对一些关键性的测试项目和测点要考虑备用的测试方法，注意防止和消除意外事故。大量试验证明，如果试验工作的某些环节考虑不周，轻者会使试验工作不能顺利进行，严重的会导致整个试验工作的失败。

3. 加强测试人员培训，提高测试水平

参加试验检测的工作人员，必须在试验之前，熟练地掌握仪器的性能、操作要领以及故障排除技术和技巧，了解试验的目的、试验程序及测试要求，及时发现、反映试验过程中的问题。

二、静载试验的程序

一般情况下，桥梁静载试验可分为三个阶段，即桥梁结构的考察与试验工作准备阶段，加载试验与观测阶段，以及测试结果的分析总结阶段。

（一）桥梁结构的考察与试验方案设计阶段是桥梁检测顺利进行的必要条件

桥梁检测与桥梁设计计算、桥梁施工状况的分析十分密切。准备工作包括技术资料的收集、桥梁现状检查、理论分析计算、试验方案制订、现场实施准备等一系列工作，因此，这一阶段工作是大量而细致的。实践证明，检测工作的顺利与否很大程度上取决于检测的准备工作。一般来说，桥梁结构的考察与试验工作准备阶段的具体工作内容如下：

1. 技术资料的收集

桥梁技术资料包括桥梁设计文件、施工记录、监理记录、验收文件、既有试验资料、桥梁养护与维修加固记录、环境因素的影响及其变化、现有交通量及重载车辆的情况等方面，掌握了这些资料，能使我们对于试验对象的技术状况有一个全面的了解。

2. 桥梁现状检查

桥梁检查是指按照有关养护规范的要求，对桥梁的外观进行系统而细致的检查评价，具体包括桥面平整度、排水情况、纵横坡的检查，承重结构开裂与否及裂缝分布情况，有无露筋现象及钢筋锈蚀程度、混凝土碳化剥落程度等情况的检查，支座是否老化、河流冲刷情况、基础病害等方面的检查。通过桥梁检查，能使我们对试验桥梁的现状做出宏观的判断，对试验桥梁的结构反应做到心中有数。

3. 理论分析计算

理论分析计算包括设计内力计算和试验荷载效应计算两个方面。设计内力计算是按照试验桥梁的设计图纸与设计荷载等级，根据有关设计规范，采用专用桥梁计算软件或通用分析软件，计算出结构的设计内力；试验荷载效应计算是根据实际加载等级、加载位置及加载重量，计算出各级试验荷载作用下桥梁结构各测点的反应，如位移、应变等，以便与实测值进行比较。

4. 试验方案制订

试验方案制订包括测试内容的确定、加载方案设计、观测方案设计、仪器仪表选用等，试验方案是整个检测工作技术纲领性文件，因此，必须具备全面、翔实、可操作性强等特点。

5. 现场实施准备

现场准备工作包括搭设工作脚手架、设置测量仪表支架、测点放样及表面处理、测试元件布置、测量仪器仪表安装调试、通信照明安排等，现场准备阶段工作量大，工作条件复杂，是整个检测工作比较重要的一个环节。

（二）加载与观测阶段是整个检测工作的中心环节

这一阶段的工作是在各项准备工作就绪的基础上，按照预定的试验方案与试验程序，利用适宜的加载设备进行加载，运用各种测试仪器观测试验结构受力后的各项性能指标，如挠度、应变、裂缝宽度等，并采用人工记录或仪器自动记录各种观测数据和资料。需要强调的是，对于静载试验，应根据当前所测得的各种指标与理论计算结果进行现场分析比较，以判断受力后结构行为是否正常，是否可以进行下一级加载，以确保试验结构、仪器设备及试验人员的安全，这对于病害比较严重的既有桥梁尤为重要。

（三）分析总结阶段是对原始测试资料进行综合分析的过程

原始测试资料包括大量的观测数据、文字记载和图片记录等材料，受各种因素的影响，原始测试数据一般显得缺乏条理性与规律性，未必能直接揭示试验结构的内在行为。因此，应对它们进行科学的分析与处理，去伪存真、去粗存精、由表及里，进行综合分析比较，从中提取有价值的资料，表示结构受力特征。对于一些数据或信号，有时还须按照数理统计或其他方法进行分析，或依靠专门的分析仪器和分析软件进行分析处理，或按照有关规程的方法进行计算。这一阶段的工作，直接反映整个检测工作的质量。测试数据经分析处理后，按照检测的目的要求，依据相关规范规程，对检测对象做出科学准确的判断和评价。

目前，桥梁静载试验应按照我国现行的《公路桥梁加固设计规范》《公路桥梁承载能力检测评定规程》《大跨径悬索桥和斜拉桥养护规范》《城市桥梁养护技术标准》等规范规程进行，必要时，可参考借鉴国内外相关或相近技术规范规程进行评价。最后，综合上述三个阶段的内容，形成桥梁静载试验报告。

第二节　静载试验方案设计

试验方案设计是桥梁静载试验的重要环节，是对整个试验的全过程进行全面规划和系统安排。一般说来，试验方案的制订应根据试验目的，在充分考察和研究试验对象的基础上，分析与掌握各种有利条件与不利因素，进行理论分析计算后，对试验的方式、方法、具体操作等方面做出全面的规划。试验方案设计包括试验对象的选择、理论分析计算、加载方案设计、观测内容确定、测点布置及测试仪器选择等方面。

一、试验对象的选择

桥梁静载试验既要能够客观全面地评定结构的承载能力与使用性能，又要兼顾试验费用、试验时间的制约，因此，要进行必要的简化，科学合理地从全桥中选择具体的试验对象。

一般说来，对于结构形式与跨度相同的多孔桥跨结构，可选择具有代表性的一孔或几孔加载试验量测；对于结构形式不相同的多孔桥跨结构，应按不同的结构形式分别选取最大的一孔或几孔进行试验；对于结构形式相同但跨度不同的多孔桥跨结构，应选取跨度最大的一孔或几孔进行试验；对于预制梁，应根据不同跨度及制梁工艺，按照一定的比例进行随机抽查试验。

除了以上几点之外，试验对象的选择还应考虑以下条件：第一，试验孔或试验墩台的受力状态；第二，试验孔或试验墩台的病害或缺陷情况；第三，试验孔或试验墩台便于搭设脚手支架，布置测点及加载。

二、理论分析计算

确定了试验对象之后，要进行试验桥跨的理论分析计算，理论分析计算是加载方案、观测方案及试验桥跨性能评价的基础与依据。因此，理论分析计算应采用先进可靠的计算手段和工具，以使计算结果准确可靠。要进行试验桥跨的理论分析计算，一般的理论分析计算包括试验桥跨的设计内力计算和试验荷载效应计算两个方面。设计内力计算是指可变作用下的内力计算，即按照《公路桥梁加固设计规范》，计算由汽车、人群荷载或挂车荷载所产生的各控制截面最不利活载内力。对于常见桥型，控制截面数量的多少取决于准确地绘制出内力包络图的需要，控制截面最不利活载内力计算的一般方法是先求出该截面的各类影响线，然后进行影响线加载，再按照车道数、冲击系数及车道折减系数计算出该截面的最不利活载内力。此外，对于存在病害或缺陷的桥梁，还应计算其恒载内力，按照《公路桥梁加固设计规范》进行内力组合，验算控制截面强度，以确保试验荷载达到或接近活载内力时，桥梁结构的安全。

（一）常见桥型控制截面的设计内力及观测内容

控制截面不仅会出现设计内力峰值，也是进行观测量测的主要部位，把握住控制截面，就可以较为宏观全面地反映试验桥梁承载能力和工作性能。在进行静载试验时，常见桥型控制截面的设计内力及观测内容可大致归纳如下：

1. 简支梁桥

控制截面的设计内力包括跨中截面的弯矩与支点截面的剪力，对于曲线梁还包括支点截面的扭矩。应变观测内容为跨中截面应变，必要时可增加 L/4、L3/4 截面的应变；变形观测内容为支点沉降以及 L/4、跨中、L3/4 截面的挠度，对于曲线梁还包括跨中截面的扭转角。

2. 连续梁桥（连续刚构桥）

控制截面的设计内力包括中跨跨中截面、中跨 L/4 截面、中跨 L3/4 截面、中支点截面，边跨（次边跨）跨中截面的弯矩、剪力。应变观测内容为跨中截面、中支点截面、近中支点的边跨跨中截面的应变，必要时可增加中跨 L/4 截面、中跨 L3/4 截面的应变；变形观测内容为各跨支点沉降、各跨 L/4、跨中、L3/4 截面的挠度，对于曲线连续梁还应包括各跨支点、L/4、跨中、L3/4 截面的扭转角。

3. T 形刚构

控制截面的设计内力包括固端根部截面的弯矩与剪力、墩身控制截面的弯矩与轴力，相应的观测内容为固端根部截面、墩身控制截面的应变，悬臂端部的挠度、墩顶截面的水平位移与转角。

4. 拱桥

控制截面的设计内力包括拱肋或拱圈控制截面（拱顶、L/4、拱脚）的轴力、弯矩，对于中承式、下承式拱桥还包括吊杆的轴力，对于上承式拱桥还包括立柱的轴力，对于系杆拱桥还应包括系杆的轴力。与此相对应，观测内容为拱脚、L/4、跨中、3L/4处拱肋或拱圈截面的应变和挠度，墩台顶的挠度，墩台顶的挠度与水平位移，必要时还可增加L/8、3L/8、5L/8、7L/8截面的挠度，对于中承式或下承式拱桥，还应测试吊杆的应变或伸长量；对于系杆拱，还应测试系杆的内力变化。

5. 斜拉桥

控制截面的设计内力包括加劲梁控制的弯矩、扭矩与轴力，索塔控制截面的弯矩与轴力，控制拉锁的轴力，桥面系的局部弯曲应力等，相应的观测内容为各跨支点、L/4、跨中、3L/4截面的挠度，必要时还要观测上述部位的扭转角和横桥向位移，加劲梁控制截面及索塔控制截面的应变，索塔塔顶的水平位移，控制拉索的索力，桥面系的工作性能等。

6. 悬索桥

控制截面的设计内力包括主缆的轴力，索塔控制截面的轴力、弯矩，吊杆的轴力，加劲梁控制截面的弯矩与剪力，桥面系的局部应力等，相应的观测内容为各跨支点、L/8、L/4、3L/8、跨中、5L/8、3L/4、7L/8截面的挠度以及上述测点在偏载情况下的扭转角和横桥向位移，加劲梁跨中截面、L/8截面、索塔控制截面的应变，索塔塔顶的水平位移，控制吊杆的轴力，最大索股索力，主缆的表面温度，桥面系的工作性能等。

（二）静载试验效率的计算

试验荷载效应计算是在设计内力计算结果的基础上，确定加载位置、加载等级以及在试验荷载作用下结构反应大小的过程，也是个反复试算的过程。由于桥梁静载试验为鉴定荷载试验，试验荷载原则上应尽量采用与设计标准荷载相同的荷载，但由于客观条件的限制，实际采用的试验荷载往往很难与设计标准荷载一致，在不影响主要试验目的的前提下，一般采用内力（应力）或变形等效的加载方式，即计算出设计标准荷载对控制截面产生的最不利内力，以此作为控制值，然后调整试验荷载使该截面内力逐级达到此控制值，从而实现检验鉴定的目的。为保证试验效果，在选择试验荷载大小及加载位置时应采用静载试验效率 η 进行调控，即：

$$\eta = \frac{S_t}{S_d(1+\mu)}$$

公式中：S_t ——试验荷载作用下，检测部位变形或内力的计算值；

S_d ——设计标准荷载作用下，检测部位变形或内力的计算值；

$1+\mu$ ——设计取用的冲击系数。

η 取值宜在 0.8~1.05 之间。根据最大试验荷载量及试验目的的不同，可以分为：

1. 基本荷载试验

最大试验荷载为设计标准规定的荷载，即 $1.0 \geqslant \eta > 0.8$，包括设计标准规定的动力系数或荷载增大系数等因素的作用。

2. 重荷载试验

最大试验荷载小于基本荷载，即 $\eta > 1.0$，一般只在特殊情况下才进行重荷载试验，其上限根据检验要求确定。

3. 轻荷载试验

最大试验荷载小于基本荷载，即 $0.8 \geqslant \eta > 0.5$，为了充分反映结构的整体工作和减少量测的误差，要求试验荷载不小于基本荷载的 0.5 倍。

根据上述两点，在计算试验荷载效应时，首先要根据控制截面的设计内力及加载设备的种类，初步确定加载位置、加载等级，以使试验荷载逐级达到该截面的设计内力，实现预定的加载效率，同时应计算其他控制截面在试验荷载作用下的内力。如未超过其设计内力，说明试验荷载的加载位置、加载等级有效且安全；如超过其设计内力，则应重新调整试验荷载的加载位置、加载等级，直至找到既可使控制截面达到其加载效率、又确保其他截面在试验荷载作用下不超过其设计内力的加载方式为止。其次，根据最终确定的加载等级、加载位置及加载重量，计算出试验桥梁各级试验荷载作用下的结构行为，包括试验桥梁各应力测试截面的应力应变，各挠度测点的挠度，必要时还要根据试验桥梁的受力特点，计算出各测点的扭角、水平位移等结构反应，以便于与实测值进行比较，评价桥梁的工作性能。最后，在上述工作的基础上，结合现场实际情况，形成严密可行的加载程序，以便试验时实施。

三、加载方案设计

加载是桥梁静载试验的重要环节之一，包括加载设备的选用，加载卸载程序的确定以及加载持续时间三个方面。实践证明，合理地选择加载设备及加载方法，对于顺利完成试验工作和保证试验质量，非常重要。

（一）加载设备

桥梁静载试验的加载设备应根据试验目的要求、现场条件、加载量大小和经济方便的原则选用。对于现场静载试验，常用的加载设备主要有三种，即利用车辆荷载加载，利用重物加载，利用专门的加力架加载。

采用车辆荷载进行加载具有便于运输、加载卸载方便迅速等优点，是桥梁静载试验较常用的一种方法。通常可选用重载汽车或利用施工机械车辆进行加载。利用车辆荷载加载须注意两点：一是对于加载车辆应严格称重，保证试验车辆的重量、轴距与理论计算的取用值相差不超过5%；二是尽可能采用与标准车相近的加载车辆，同时，应准确测量车轴之间的距离，如轴距与标准车辆差异较大时，则应按照实际轴距与重量重新计算试验荷载所产生的结构内力与结构反应。

重物加载是将重物（如铸铁块、预制块、沙包、水箱等）施加在桥面或构件上，通过重物逐渐增加以实现控制截面的设计内力，达到加载效率。采用重物加载时要进行重量检查，如重物数量较大时可进行随机抽查，以保证加载重量的准确性。采用重物直接加载的准备工作量较大，加载卸载时间较长，实际应用受到一定限制，重物加载一般用于现场单片梁试验、人行桥梁静载试验和场合。

专用加力架一般由地锚、千斤顶、加力架、测方计（力传感器）、支承等组成，如图4-1所示。千斤顶一端作用于加力架上并通过加力架传递给地锚，另一端作用在试验梁上，力的大小由测力计进行监控。一般说来，专用加力架临时工程量大，经济性差，仅适用于单片梁或桥梁局部构件的现场检测。

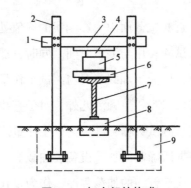

图4-1　加力架的构成

1-上横梁；2-拉杆；3-垫板；4-测力计；5-千斤顶；6-分配梁；7-试验梁；8-试验梁支承；9-地锚

（二）加载卸载程序

为使试验工作顺利进行，获得结构应变和变形随荷载增加的连续关系曲线，防止意外破坏，桥梁静载试验应采用科学严密的加载卸载程序。加载卸载程序就是试验进行期间荷载与时间的关系，如加载速度的快慢、分级荷载量值的大小、加载卸载的流程等。对于短期试验，加载卸载程序确定的基本原则如下所述。

加载卸载应该是分级递加和递减，不宜一次完成，分级加载可以较全面地掌握试验桥梁实测变形、应变与荷载的相互关系，了解桥梁结构各阶段的工作性能，且便于观测操作。因此，根据要求，静载试验荷载一般情况下应不少于四级加载，当使用较重车辆或达到设计内力所需的车辆较少时，应不少于三级加载，逐级使控制截面由试验所产生的内力逼近设计内力。采用分级加载方法，每级加载量值的大小和分级数量的多少要根据试验目的、观测项目与试验桥梁的具体情况来确定，必要时减小荷载增量幅度，加密荷载等级。

正式加载前，要对试验桥梁进行预加载。预加载的目的是消除结构的非弹性变形，并起到演习作用，发现试验组织观测等方面的问题，以便在正式加载试验前予以解决。如检查试验仪器仪表的工作状态，检验试验设备可靠性，检查现场组织工作与试验人员分工协作方面存在的问题。此外，对于新建结构，通过预加载可以使结构进入正常工作状态，消除支点沉降、支座压缩等非弹性变形。预加载的荷载大小一般宜取最大试验荷载的 $1/3 \sim 1/2$，对钢筋混凝土结构还应小于其开裂荷载。

当所检测的桥梁状况较差或存在缺陷时，应尽可能增加加载分级，并在试验过程中密切监测结构的反应，以便在试验过程中根据实测数据对加载程序进行必要的调整或及时终止试验，确保试验桥梁、量测设备和人员的安全。一般情况下，加载车辆全部到位、达到设计内力后方可进行卸载，卸载可分 $2 \sim 3$ 级卸载，并尽量使卸载的部分工况与加载的部分工况相对应，以便进行校核。

加载车辆位置应尽可能靠近测试截面内力影响线的峰值处，以便用较少的车辆产生较大的试验荷载效应，从而节省试验费用与测试时间。同时，加载车辆位置还应尽可能兼顾不同测试截面的试验荷载效应，以减少加载工况与测试工作量，如三跨连续梁中跨中截面的加载与跨中支点截面的加载可以互相兼顾。此外，对于直线桥跨每级荷载应尽可能对称于桥轴线，以便利用对称性校核测试数据，减少测试工作量。

在上述工作的基础上，根据所确定的加载设备、加载等级、加载顺序与加载位置，就可以形成一个比较严密的、操作性较强的加载程序，作为正式试验时加载实施的纲领。

（三）加载持续时间

为减少温度变化对测试结果的影响，加载时间宜选在温度较为稳定的 22 时至次日清晨 6 时之间进行，尤其是对于加载工况较多、加载时间较长的试验。如夜间加载或量测存在困难而必须在白天进行时，一方面要严格采取良好的温度补偿措施，另一方面应采取加载—卸载—加载的对策，同时保证每一加卸载周期不超过 20mm 为宜。

每次加载、卸载持续一定时间，使结构的反应能够充分地表现出来，方可进行观测，如加载后持续的时间较短，则测得的应变、变形值有可能偏小。通常要根据观测仪表所指示的变化来确定加载持续时间，当结构应力、变形基本稳定时方可进行各观测点读数。对于卸载后残余变形的观测，零载持续时间则应适当延长，因为结构的残余变形与其承载历史有关，对于新建结构在第一次荷载作用下，常有较大的残余变形，以后再受力，残余变形增加得很少。一般情况下，试验时每级荷载持续时间应不少于 15mm，方可进行观测，卸载后观测残余变形、残余应变的时间间隔应不少于 30min。

四、观测内容确定

桥梁结构在荷载作用下所产生的变形可以分为两大类：一类变形是反映结构整体工作性能的，如梁的挠度、转角，索塔的水平变位等，称之为整体变形；另一类变形是反映结构局部工作状况的，如裂缝宽度、相对错位、结构应变等，称之为局部变形。在确定桥梁静载试验的观测项目时，首先应考虑结构的整体变形，以概括结构受力的宏观行为，其次要针对结构的特点及存在的主要问题，抓住重点，有的放矢，不宜过分庞杂，以能够全面地反映加载后结构的工作状态，解决桥梁的主要技术问题为宜。

一般来说，桥梁静载试验观测内容可以分为应变、变形两大类，主要观测内容如下：

桥梁结构控制截面最大应力（应变）的数值及其随荷载的变化规律，包括混凝土表面应变及外缘受力主筋的应力。通常，应力测试以混凝土表面正应力测试为主，一方面测试应变沿截面高度的分布，借以检验中心轴高度计算值是否可信、推断结构的极限强度；另一方面测试应变随试验荷载的变化规律，由此判断结构是否处于弹性工作状态。对于受力较为复杂的情况，还要测试最大应力值和方向及其随荷载的变化规律。

此外，为了能够全面地反映结构应力分布，常常在结构内部布设应力测点，如钢筋应力测点、混凝土内部应力测点，这类测点须在施工阶段就预埋相应的测试元件。

一般情况下，要观测桥梁结构在各级试验荷载作用下的最大竖向挠度，并据此做出挠度沿桥轴线分布曲线。对于一些桥梁结构形式，如拱桥、斜拉桥、悬索桥，还要观测拱肋或索塔控制点在试验荷载作用下顺桥向或横桥向的水平位移；对于采用偏载加载方式或曲线桥梁，还要观测试验结构变形控制点的水平位移和扭转变形。要观测裂缝的出现和扩展，包括初始裂缝所处的位置，裂缝的长度、宽度、间距与方向的变化，以及卸载后裂缝的闭合情况。要观测在试验荷载作用下，支座的压缩或支点的沉降，墩台的位移与转角。

要观测一些桥梁结构如斜拉桥、悬索桥、系杆拱的吊索（拉索）的索力，以及主缆（拉索）的表面温度。

五、测点布置

测点布置应遵循必要、适量、方便观测的基本原则，并使观测数据尽可能地准确、可靠。测点布置可按照以下几点进行。

（一）测点的位置应具有较强的代表性，以便进行测试数据分析

桥梁结构的最大挠度与最大应变，通常是最能反映结构性能的，也是试验者最感兴趣的，掌握了这些数据就可以比较宏观地了解结构的工作性能及强度储备。例如，简支梁桥跨中截面的挠度最大，该截面上下缘混凝土的应力也最大，这种很有代表性的测点必须设法予以量测。

（二）测点的设置一定要有目的性，避免盲目设置测点

在满足试验要求的前提下，测点不宜设置过多，以使试验工作重点突出，提高效率，保证质量。

（三）测点的布置要有利于仪表的安装与观测读数，并便于试验操作

为了便于测试读数，测点布置宜适当集中；对于测试读数比较困难危险的部位，应有妥善的安全措施或采用无线传输设备。

（四）为了保证测试数据的可靠性，尚应布置一定数量的校核性测点

在现场检测过程中，由于偶然因素或外界干扰，会有部分测试元件、测试仪器不能正常工作或发生故障，影响量测数据的可靠性。因此，在量测部位应布置一定数量的校核性测点。如一个对称截面，在同一截面的同一高度应变测点不应少于 2 个，同一截面应变测点不应少于 6 个，以判别量测数据的可靠程度，舍去可疑数据。

在试验时，有时可以利用结构对称互等原理进行数据分析校核，适当减少测点数量。例如，简支梁在对称荷载作用下，$L/4$、$3L/4$ 截面的挠度相等，两截面对应位置的应变也相等，利用这一点可适当布置一些测点，进行测试数据校核。

六、测试仪器选择

根据测试项目的需要，在选择仪器仪表时，要注意以下几点：第一，选择仪器仪表必

须从试验的实际情况出发，选用的仪器仪表应满足测试精度的要求，一般情况下要求测量结果的最大相对误差不超过5%。第二，在选用仪器仪表时，既要注意环境适用条件，又要避免盲目追求精度。因为精密量测仪器仪表的使用，常常要求有比较良好的环境条件。第三，为了简化测试工作，避免出现差错，量测仪器仪表的型号、规格，在同一次试验中种类愈少愈好，尽可能选用同一类型或规格的仪器仪表。第四，仪器仪表应当有足够的量程，以满足测试的要求，试验中途的调试，会增加试验度误差。第五，由于现场检测的测试条件较差，受外部环境因素的影响较大，一般来说，电测仪器的适应性不如机械式仪器仪表，而机械式仪器仪表的适应性不如光学仪器，因此，应根据实际情况，采用既简便可靠又符合要求的仪器仪表。例如，当桥下净空较大、测点较多、挠度较大时，桥梁挠度观测宜选用光学仪器如精密水准仪，而单片梁静载试验挠度的量测宜采用百分表。

第三节　试验现场组织实施

静载试验现场组织是实现预定的试验方案的重要保证，其内容包括试验前现场准备工作、加载测试工作及现场清理工作。试验组织就是把上述内容按先后顺序互相衔接，形成一个有机、完整、高效率的组织计划，并在试验中按照这个计划进行，只有遇到特殊情况或发现异常情况时，才按照加载控制及加载终止的条件予以调整。

一、现场准备及测试工作安排

静载试验现场准备及测试工作安排包括试验前准备工作、加载测试及试验后现场清理工作。一般说来，试验前准备工作比较庞杂，试验方案的大部分工作都要在加载试验前具体化，要占用全部试验工作的大部分时间。

（一）试验前准备工作

试验前准备工作内容比较多，主要包括以下几点：

一是为了能够较方便地布置测点、安装仪表或进行读数，必要时要搭设脚手架，使用升降设备或桥梁检测车，搭设的支架应牢固可靠，便于使用，同时注意所搭设的支架不能影响试验对象的自由变形。此外，要在距离测试部位适当的地方搭设棚帐，以供操作仪器使用，还要接通电源或自备发电设备、安装照明设备。

二是进行仪器仪表、加载设备的检查标定工作。试验出发前应对所携带的仪器仪表、设备进行全面的检查与标定，确保仪器仪表状态良好，并注意无遗漏，同时准备好各类人工记录仪器的记录表格。如采用加力架进行加载，要对加力架强度、刚度、稳定性等方面进行预算，避免加载设备先于试验结构破坏的现象，并进行千斤顶的校验。如使用汽车或重物加载，要采用地磅进行严格的称重，测量加载车辆轴距。

三是按照试验方案设计的应变测点位置，进行应变测点的放样定位。对于结构表面测点，要进行表面打磨处理或局部改造，如在测点位置局部铲除桥面铺装；对于结构内部测点如钢筋计，则要在施工过程中预埋测试元件。然后，进行应变测试元件的粘贴、编号、防潮与防护处理，连接应变测试元件与数据采集仪，采取温度补偿措施，进行数据采集仪的预调平。对于要进行裂缝观测的试验桥梁，要提前安装裂缝监测仪，必要时用石灰浆溶液进行表面粉刷分格，表面分格可采用铅笔或木工墨斗，分格大小以 20~30 cm 见方为宜，以便观察和查找新出现的裂缝。

四是按照试验方案设计的变形测点位置，进行变形测点的定位布置。对于采用精密水准仪进行挠度测量，要进行测点标志埋设，测站、测量路线的布设；对于采用全站仪等光学仪器进行水平位移测量，要进行控制基准网、站牌、反光棱镜、测量路线的布设；测量测点的布置要牢靠、醒目，防止在试验过程中移位或破坏；对于采用百分表、千分表或位移计进行变形测量的，根据理论挠度计算值的大小和方向，安装测表并进行初读数调整及测读。

五是根据预定的加载方案与加载程序，进行加载位置的放样定位，采用油漆或粉笔明确地画出加载的位置、加载等级，以便正式试验时指挥加载车辆或加载重物准确就位。

六是对于处于运营状态的桥梁，试验准备工作要注意测试元件、测试导线的防护，试验开始前应封闭交通，禁止闲杂人员和非试验车辆进入。

七是建立试验领导组织，进行人员分工安排。根据试验实际情况，设指挥长一人，其下可根据使用的仪器型号、测试项目的情况划分小组，每组由经验丰富的人员担任组长，配备相应的通信联络工具或明确联络方式，以便统一指挥，统一行动。正式开始试验前，指挥长根据试验程序向全体工作人员进行技术交底，交底的内容包括试验测试内容、试验程序、注意事项等，明确所有测试人员的职责，做到人人心中有数。

八是正式加载前，要进行预加载，以检查仪器的工作状态，消除非弹性变形。预加荷载卸载后，进行零荷载测量，读取各测点零荷载的读数。

（二）试验工作

试验开始前，应注意收集天气变化资料，估计试验过程中温度变化情况、落实交通封闭疏解措施，尽可能保证试验在干扰较小的情况下顺利进行。具体试验工作如下所述：第一，加载的位置、顺序、重量要准确无误，利用汽车加载时，要有专人指挥汽车行驶到指定位置。第二，试验时，每台仪器应配备一个以上的观测人员进行观测记录，每级荷载作用下的实测值应与对应的理论计算值进行比较，如有异常情况应立即检查、分析原因，并立即向试验指挥人员汇报，以便其做出正确的判断。第三，在每级荷载作用下，待结构反应稳定后，不同类别的测试项目（应变、变形、裂缝）应在同一时间进行读数。如某些项目观测时间较长，则应将观测时间较短的项目的读数时间安排在中间进行，以使各测试项目的读数基本同步。第四，试验进行过程中，注意不要触动测试元件及测量导线，以免引动读数的波动。

（三）现场清理

试验完成后，应核查测试数据的完备性，如无遗漏，就可清理现场。现场清理主要包括以下工作：第一，清理仪器仪表及可重复利用的测试软件，回收测试导线；第二，拆除脚手架和棚帐，清理现场，以便开放交通；第三，对于进行了打磨和局部改造的应变测点，要用混凝土或环氧砂浆进行修补。此外，还要拆除变形测量时所埋设的测点标志或临时站点设施。

二、加载控制及终止条件

在静载试验过程中，试验指挥人员应及时掌握各方面的情况，对加载进行控制，既要取得良好的试验效果，又要确保人员、仪器设备、试验桥梁的安全，避免不应有的损失。此外，应注意以下几点：第一，严格按照预定试验方案的加载程序进行加载，试验荷载和测试截面内力的大小都应由小到大，逐步增加，并随时做好停止加载和卸载的准备。第二，对于变形、应变控制点应随时观测、随时计算，必要时应对变形、应变控制点的量值变化进行在线实时监控观测，并将测试结果及时报告试验指挥人员。如实测值超过理论计算值较多、裂缝宽度急剧增大或听到异常的声响，则应暂停加载，待查明原因后再决定是否继续加载。第三，加载过程中应指定专人注意观察结构的薄弱部位是否有新裂缝出现，组合结构的结合面是否出现错位或相对滑移现象，结构是否出现不正常的响声，加载时墩台是否发生摇晃现象等。如发生这些情况应及时报告试验指挥人员，以便采取相应的措施。

试验过程中发生下列情况应中途终止加载：第一，在某一级试验荷载作用下，控制点的应变急剧增大，或某些测点应变处于继续增大的不稳定状态；第二，在某一级试验荷载作用下，控制测点的应变或挠度超过规范允许值；第三，加载过程中，结构原有的裂缝的长度、宽度急剧增大，或超过规范限值的裂缝迅速增多，对结构的使用寿命造成极大影响；第四，发生其他损坏，影响桥梁结构的正常使用或承载能力。

第五章 公路桥梁结构动载试验

车辆以一定速度在桥上通过时，由于发动机的抖动、桥面的不平顺等原因会导致桥梁结构产生振动。动力荷载试验是利用某种激振方法激起桥梁结构的振动，然后用测振仪器测试和记录，通过分析记录的振动信号得到桥梁的动力特性和响应，从而判断桥梁结构的整体刚度和行车性能。

第一节 动载试验的方法与程序任务

桥梁结构是承受恒载、车辆荷载、人群荷载等主要荷载的结构物，让车辆以一定速度在桥上通过时，由于发动机的抖动，桥面的不平顺等原因会导致桥梁结构产生振动。此外，人群荷载、风动力、地震力等环境因素的作用也会引起桥梁发生振动，随着交通运输事业的不断发展，车辆的数量、载重量有了迅速的增长，车辆的速度也有了很大的提高；随着新结构、新材料、新工艺的推广应用，桥梁结构逐渐转向轻型性，而对于大跨度、超大跨度桥梁结构，地震响应、风致振动响应、车桥耦合振动是设计施工的控制因素，因此，车辆荷载或其他动力荷载对桥梁结构的冲击和振动影响，已成为桥梁结构设计、计算、施工、运营、维修养护过程中的重要问题之一。

桥梁结构的振动问题，影响因素比较多，涉及的理论比较复杂，紧靠理论或计算分析并不能够满足工程实践的要求，一般多采用理论分析模拟与现场实测相结合的研究方法，因此，振动测试是解决工程结构振动问题必不可少的方法。近二十年来，随着电子计算机的普及与自动化技术的发展，振动测试技术取得了极大进步：一方面表现在风动试验、模拟地震的振动台试验、拟动力试验逐步成为解决工程动力问题主要手段之一；另一方面表现为工程结构在风荷载、车辆荷载、地震荷载作用下，动力反应的现场测试方法也得到了很大的改进。

一、动载试验的内容

桥梁结构的动载试验是利用某种激振方法激起桥梁结构的振动，测定桥梁结构的固有频率、阻尼比、震型、动力冲击系数、动力响应（加速度、动挠度）等参量的试验数目，从而宏观地判断桥梁结构的整体刚度与试验性能。桥梁结构的动载试验与静载试验虽然在试验目的、测试内容等方面有所不同，但可以互相补充，相互印证，对于全面分析掌握桥梁结构的工作性能是同等重要的。就试验步骤而言，基本上与静载试验相同，动载试验也要经过准备、试验、分析总结三个阶段；就试验性质而言，动载试验也可分为生产鉴定性和科学研究性试验。一般情况下，动载试验多在现场实际结构上进行测试，也可根据桥梁结构的特点和实际需要在室内进行结构模型的动载试验，如在风洞内进行大跨度桥梁风致振动试验，在模拟地震振动台上进行桥梁结构的地震响应试验研究等。桥梁结构的动载试验的基本任务大体可归纳为以下几个方面：第一，测定结构的动力特性，如测定桥梁结构或构件的自振频率、阻尼特性、振型等；第二，测定结构在动荷载作用下的强迫振动响应，如测定桥梁结构或构件在车辆荷载、风荷载作用下的振幅、动应力、加速度等；第三，测定动荷载的动力特性，如测定引起结构振动作用力的大小、方向、频率与作用规律等。

二、动载试验的数据和信号

桥梁结构的动载试验中，常有大量的物理量如位移、应变、振幅、加速度等，需要进行量测、记录和分析。在静载试验中，可以通过仪器仪表观测而直接获得数据序列。在动载试验中，可通过仪器仪表将振动过程中大量的物理量进行测量并记录下来，这些随时间变化的物理量，一般称为信号，而测得的结果称为数据。根据这些实测数据，可以进行有关振动量之间相互关系的分析。一般说来，动载试验的数据和信号是比较复杂的，具体表现在以下三个方面：

一是引起结构产生振动的振源（如车辆、人群、阵风或地震力等）和结构的振动响应都是随时间而变化的，是随机的、不确定的。例如，汽车在不平整的桥面上行驶所引起的桥梁振动就是随机的，两次条件完全相同的试验不会量测到相同的动力响应。这种信号虽然可以检测，并得到时间历程曲线，但却不能预测。这类信号服从统计规律，一般用概率统计的方法研究。

二是桥梁结构在动荷载作用下的响应不仅与激振源的特性相关，也与结构本身的动力特性密切相关。对于桥梁结构而言，本身就具有无限多个自由度，加上车辆与桥梁结构之间的耦合，其动力特性就更为复杂。

三是在动载试验所记录的信号和数据中，常常会夹杂一些干扰因素。干扰信号不同于量测误差，没有一定的规律。因此，必须对动载试验所测得的信号和数据进行科学的分析与处理，从中提取尽可能多的反映桥梁结构振动内在规律的有用信息。信号的特征可用信号的幅值随时间而变化的数学式、图形或表格来表达，这类表达方式我们称之为信号的时域描述，如加速度时程曲线、位移时程曲线等。信号的时域描述比较简单、直观。通过多个测点的时程曲线，可以分析出结构的振幅、振型、阻尼特性、动力冲击系数等参量，但不能明确揭示信号的频率成分和振动系统的传递特性。为此，常对信号进行频谱分析。研究其频率结构及其对应的幅值大小，即采用频域描述，这时，需要把时域信号通过傅里叶变换的数学处理变换为频域信号。时域信号的傅里叶变换就是把确定的或随机的波形分解为系列简谐波的叠加，以得到振动能量按频率的分布情况，从而确定结构的频率和频率分布特性。

桥梁动载试验是在桥梁处于振动状态下，利用振动测试仪器对振动系统各种振动量进行测定、记录并加以分析的过程。因此，在进行动载试验时，首先应通过激振方法使桥梁处于一种特定的振动状态中，以便进行相应项目的测试。其次，合理选取测试仪器仪表组成振动测试系统。振动测试系统一般由拾振部分、放大部分和分析部分组成，这三部分可以由专门仪器配套集成使用，也可以组配使用，因此，要根据试验的环境条件和试验的要求，选择组配合理的振动测试系统。仪器组配时除应考虑频带范围外，还要注意仪器间的阻抗匹配问题。再次，要根据测试桥梁的特点，制定测试内容、测点布置和测试方法，例如，对于混凝土简支梁桥的动载试验，一般的观测项目有跨中截面的动挠度、跨中截面钢筋或混凝土的动应变等。又例如，要测定某一匿有频率的振型时，应将传感器设置在振幅较大的各部位，并注意各测点的相位关系。最后，利用相应的专业软件对采集的数据或信号进行分析，即可得出桥梁结构的频率、振型、阻尼比、冲击系数等振动参量。在以下各任务中，将详细介绍桥梁动载试验的相关问题，主要包括激振方法选取、传感器布置、动力响应测试，动力响应分析与评价方法等。

桥梁结构振动测试系统的原理如下：

激振源→结构震动→传感器→测量放大线路→记录分析装置

第二节　桥梁结构动力响应的测试任务

一般来说，根据测试任务及测试对象的不同，动力响应的测试大致可分为两种类型：一种是仅测量测试对象的输出响应，从而求出其相关函数或功率谱密度函数来确定测试对象的动态特性；另一种是同时测量输入和输出，从而求出测试对象的动态特性。不管是哪种类型的测试，一般都包括桥梁振动激发、传感器选型与布置、振动响应测试与分析、试验组织等几个方面。

一、激振方法

桥梁动载试验的激振方法很多，如自振法、强迫振动法、脉动法等，选用时应根据桥梁的类型、刚度和现场条件进行选择，以简单易行、便于测试为原则。通常，多将上述一种或两种方法结合起来，以便激发桥梁结构的振动，全面把握桥梁结构的动力特性。

（一）自振法

自振法是使桥梁产生有阻尼的自由衰减振动，记录到的振动图形为桥梁的衰减振动曲线。为使桥梁产生自由振动，一般常用突然加载和突然卸载两种方法。

突然加载法是在被测结构上急速施加一个冲击作用力，由于施加冲击作用的时间短促，因此，施加于结构的作用实际上是一个脉冲作用。根据振动理论可知，冲击脉冲的动能传递到结构振动系统的时间，要小于振动系统的自振周期，且冲击脉冲一般都包含了零频以上所有频率的能量，它的频谱是连续的。只有被测结构的固有频率与之相同或很接近时，冲击脉冲的频率分量才对结构起作用，从而激起结构以其固有频率做自由振动。采用突然加载法时，应注意冲击荷载的大小及其作用位置，如果要激起桥梁结构的整体振动，则必须在桥梁的主要受力构件上施加足够大的冲击力，冲击荷载的作用位置可按所需结构的振型来确定，如为了获得简支梁的第一振型，则冲击荷载应作用于跨中部位，测第二振型时冲击荷载应施加在跨度的1/4处。在现场测试中，当测试桥梁结构整体振动时，常常采用试验车辆的后轮从三角跳车垫块上突然下落对桥梁产生冲击作用，激起桥梁的竖向振动，简称跳车试验，跳车装置及其产生的典型波形如图5-1所示。当测试某一构件（如拉索）的振动时，常常采用锤击方法产生冲击作用。

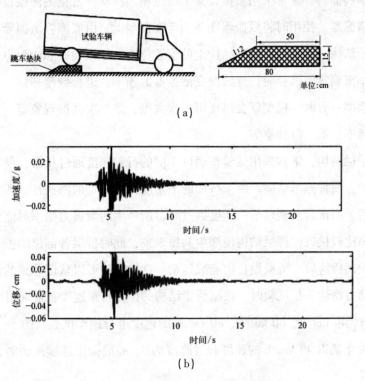

（a）

（b）

图 5-1　跳车试验及其产生的典型振动波形

（a）跳车试验及跳车垫块　（b）跳车试验产生的典型波形

突然卸载法是在结构上预先施加一个荷载作用，使结构产生一个初位移，然后突然卸去荷载，使其产生自由振动。为卸落荷载，可通过自动脱钩装置或剪断绳索等方法，有时也专门设计断裂装置，即当预施加力达到定数值时，在绳索中间的断裂装置便突然断裂，由此激发结构的振动。一般说来，突然卸载法的荷载大小要根据振动测试系统所需的最小振幅计算求出。图 5-2 为突然卸载法的激振装置。

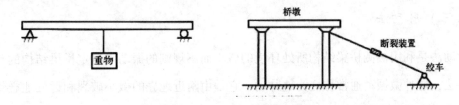

图 5-2　突然卸载法的试验装置

（二）强迫振动法

强迫振动法是利用专门的激振装置，对桥梁结构施加激振力，使结构产生强迫振动。然后逐渐改变激振力的频率而使结构产生共振现象，借助于共振现象来确定结构的动力特性。对于模型结构而言，常常采用激振设备来激发模型振动，常见的激振设备有机械式激振器、电动式激振器。使用时将激振器底座固定在模型上，由底座将激振器产生的交变激振力传递给模型结构。激振器在模型结构上的安装位置、激振频率和激振方向可以根据试验的要求和频率来确定。试验时，连续改变激振器的频率，进行频率扫描，当激振器的频率模型与固有频率一致时，模型就会出现第一次共振、第二次共振现象等，由此即可得到模型的第一阶频率、第二阶频率等。

对于原型桥梁结构，常常采用试验车辆以不同的行驶速度通过桥梁，使桥梁产生不同程度的强迫振动，简称跑车试验。由于桥面的平整度具有一定的随机性，所以由此引起的振动也是随机的，当试验车辆以某一速度通过时，所产生的激振力频率可能会与桥梁结构的某阶固有频率比较接近，桥梁结构便产生共振现象，此时桥梁各部位的振动响应达到最大值。在车辆驶离桥跨后，桥梁做自由衰减运动。这样，就可以从记录到的波形曲线中分析得出桥梁的动力特性。在试验时，根据桥梁结构的设计行车速度，常采用 10 t 重的试验车辆以 20 km/h、40 km/h、60 km/h、80 km/h 的速度进行跑车试验。图 5-3 所示即为一辆 10 t 重的试验车辆以 40 km/h 的速度驶过跨度为 30 m 混凝土连续梁桥时，跨中截面加速度的时程曲线。

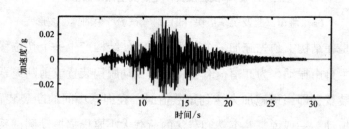

图 5-3　车速为 40 km/h 时某连续梁跨中截面加速度时程曲线

（三）脉动法

脉动法是利用被测桥梁结构所处环境的微小而不规则的振动来确定桥梁结构的动力特性的方法，这种微振动通常称之为地脉动，它是由附近地壳的微小破裂和远处地震传来的脉动所产生的，由附近的车辆、机器的振动所引发的。结构的脉动具有一个重要的特性，就是能够明显地反映出结构的固有频率。因为，结构的脉动是因外界不规则的干扰所引起的，具有各种频率成分，而结构的固有频率是脉动主要成分，在脉动图上可以较为明显地反映出来。图 5-4 所示的波形为某桥结构脉动记录曲线，振幅呈有规律的增减，通过频谱分析，即可得出该桥的一阶频率为 6.057 Hz。

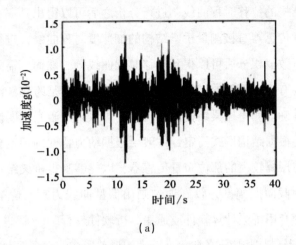

（a）

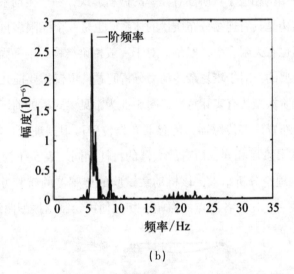

（b）

图 5-4　某桥结构脉动所产生的加速度时程曲线及其频谱

（a）地脉动所引起的桥梁加速度时程曲线　（b）自功率谱

二、传感器选取与布置

在桥梁结构的动载试验中，人们关心的振动测试参量主要有三个，即结构的动应变、结构振动的幅度和结构振动的加速度。结构的动应变与静应变的测量元件、测量方法基本相同，可以利用静载试验所布置的应变片，不同之处在于需要采用动态应变进行测量。桥梁结构振动的幅度宏观反映了荷载的动力作用，动位移与相应的静位移相比较，便可得出桥梁动力冲击系数，它是衡量桥梁结构整体刚度与行车性能的主要指标。加速度则反映了桥梁动力影响对司机、乘客舒适性的影响，过大的加速度影响会导致司机、乘客的不适。因此，在桥梁动载试验中，通常选用的传感器是加速度传感器和位移传感器，通过位移传感器直接测量桥梁结构的位移时程曲线，进行分析之后可以得出其固有频率、冲击系数和阻尼比。通过加速度传感器直接测量桥梁结构的加速度时程曲线，进行频谱分析后可以得出其固有频率，进行数值积分后可以得到位移时程曲线等。然而，需要说明的是，位移传感器的安装一般需要有固定不动的支架，这对于桥梁，尤其是跨越江河的桥梁是难以实现的。为了能够方便准确地测得桥梁结构的动位移，可以采用激光挠度仪或红外挠度仪。

传感器的布置要根据结构形式而定，一般要根据动力特性的理论分析结果，按照理论计算得出的振型，在振幅较大的部位布置传感器，以能够测得桥梁结构最大反应，如主跨跨中截面、边跨跨中截面振幅，并较好地勾画出振型曲线为宜。桥梁结构动力特性的计算，目前多利用各种专用桥梁计算软件或通用分析软件进行。

桥梁结构的振型是结构相应于各阶固有频率的振动形式，一个振动系统的振型数目与其自由度数相等。桥梁结构是具有连续分布质量的体系，也是一个无限多自由度体系，因此其固有频率及相应的振型也有无限多个，但是，对于一般桥梁结构，第一固有频率即基频，对结构动力分析才是最重要的；对于较复杂的动力分析问题，也仅需要前几阶固有频率，因而在实际测试中，一些低阶振型才有实际意义，图5-5为常见梁式桥的前三阶振型。振型的测试一般是在结构上同时布置许多传感器，传感器布设位置可根据理论计算结果来确定，这时须保证所有传感器的灵敏度相同，所有放大器的特性相同。表5-1为某5跨连续梁动力特性理论计算值，根据理论分析结果，该桥动载试验的传感器的布管方式如图5-6所示。测出各测点的振动曲线后，比较各测点的振幅、相位便可绘制出振型曲线。

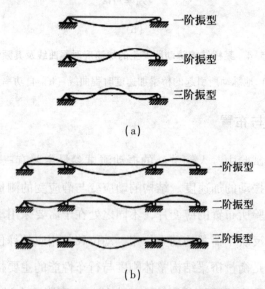

图5-5　简支梁、连续梁的前三阶竖向振型

(a) 简支梁的主要振型　(b) 连续梁的主要振型

表 5-1 某 5 跨连续梁动力特性理论计算值

阶次	频率/Hz	周期/s	振型
1	4.39E+00	2.28E-01	竖向正对称
2	6.47E+00	1.55E-01	竖向反对称
3	7.57E+00	1.32E-01	面外水平振动

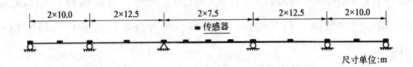

图 5-6 某 5 跨连续梁动载试验传感器布置

三、振动测试系统组成

一般来说，振动测试系统主要由两大部分组成，即拾振传感器与数据采集分析系统。

（一）拾振传感器

该部分由传感器（加速度传感器、速度传感器或位移传感器）、导线等组成。振动测试系统中，传感器的选用十分重要，应根据测试对象的振动频率和需要检测的物理量来选用不同种类的传感器。

（二）数据采集分析系统

该部分的作用是将传感器信号放大、转换为模拟信号和数字信号，然后进行记录及分析。大多数的数据采集分析系统都有模拟信号和数字信号的放大、滤波等功能。典型的数据采集分析系统由采样/保持、模拟量/数字量转换和数据采集记录三部分组成。

1. 采样/保持器

时间信号采用的电路称为采样器，由开关元件及控制电路组成。对时间连续的信号进行采样是通过周期脉冲序列的调制来完成的，实际的采样脉冲，有一定宽度，通常远小于采样周期。在采样时间内完成幅值从连续的模拟量到数字量的转换，会要求模拟量/数字量转换器有非常高的转换速度。因此，在实际采样时，是将所得到的时间离散信号通过记忆装置即保持器保持起来，在信号保持期间，再进行模拟量/数字量的转换。

2. 模拟量/数字量转换器

A/D 转换器（Analog-Digital Converter）又叫模拟量/数字量转换器，它是将模拟信号

（电压或电流形式）转换成数字信号的器件。通常，A/D 转换器中的模拟量多为直流电压信号，A/D 转换器将此直流电压转换为二进制数字量，以便于进行记录与进一步的分析。

3. 数据采集记录

常用数据采集分析系统的构成模式为：将具有单片机控制的数据分析数据采集和微型计算机采用通信的方式联机，组成一套数据采集与分析系统，由于采集部分独立于计算机系统，因此各项性能指标和功能可以设计得很理想。同时，可以通过计算机通信接口的采集部分进行控制、传送数据，具有较好的互换性，再配以不同的软件，可使整套仪器同时具有多种功能。

四、数据采集

（一）采样定理与采样频率

所谓采样，就是将连续变化的信号转变为时间域的离散信号。采样的核心问题是，信号在时域离散化后不会丢失信息，即如何选取采样的频率，从而保证采样后的离散信号能够准确，不失真地代表原有连续信号。

如图 5-7 所示，设模拟信号为 $x_a(t)$，采样周期为 t_n，则采样频率为 $f = 1/t_n$。采样后的时间离散信号为：

$$x(t) = x_a(nt_n) \ (n = -\infty \cdots -1, \ 0, \ 1 \cdots \infty)$$

下面分析信号 $x(t)$ 的频谱 $x(\omega)$ 能复现原模拟量信号 $x_a(t)$ 的频谱 $x_a(\omega)$ 的条件。物理上，采样过程可以看成是周期为 t_a 的采样脉冲信号的调制。周期性单位脉冲序列记为 $\delta_s(t)$：

$$\delta_s(t) = \sum_{n=-\infty}^{+\infty} \delta(t - nt_s)$$

单位脉冲序列形同梳子，又称梳状函数。当原始连续信号 $x_a(t)$ 按采样频率 f 采样后，采样信号 $x(t)$ 可以视为 $x_a(t)$ 和脉冲序列 $\delta_s(t)$ 的乘积，即：

$$x(t) = x_a(t) \cdot \delta_s(t) = x_a(t) \cdot \sum_{n=-\infty}^{+\infty} \delta(t - nt_s)$$

单位脉冲序列 $\delta_\xi(t)$ 为周期函数，可按傅里叶级数展开，其傅里叶系数 C_n 为：

$$C_n = \frac{1}{t_s} \int_{-\frac{t_s}{2}}^{\frac{t_s}{2}} \delta_s(t) e^{-j\pi\omega ft} \, \mathrm{d}t = \frac{1}{t_s} \int_{-\frac{t_s}{2}}^{\frac{t_s}{2}} \sum_{n=-\infty}^{+\infty} \delta(t - nt_s)$$

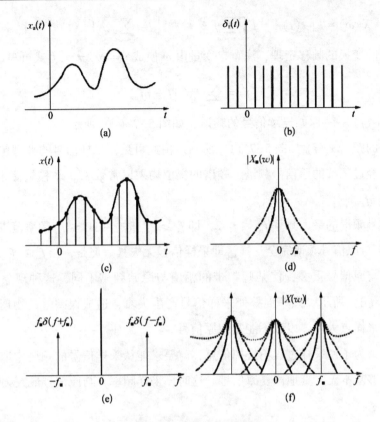

图 5-7 连续信号的离散

（a）连续信号 （b）梳状信号 （c）采样信号 （d）连续信号 （e）梳状信号 （f）采用信号

在 $|t| \leq t_s/2$ 积分区间，只有一个脉冲 $\delta(t)$，故：

$$C_n = \frac{1}{t_s} \int_{-\frac{t}{2}}^{\frac{t_5}{2}} \delta(t) e^{-j2\pi n} f_x^c dt = \frac{1}{t_s} = f_s$$

由此可得 $\delta(t)$ 的傅里叶级数的指数形式为：

$$\delta_s(t) = f_s \sum_{n=-\infty}^{+\infty} e^{j2\pi n f'}$$

根据傅里叶变换的时移定理，可得 $\delta_s(t)$ 的频谱为：

$$F[\delta_s(t)] = f_s x_a \sum_{n=-\infty}^{+\infty} \delta(f - n f_s)$$

很明显，只有当 $f = n f_s$ 时，$\delta(0)$ 才取值为 1，即频谱的谱线是离散的，谱线间距为 f_s，如图 5-7（e）所示。采样信号可表示为：

$$x(t) = \sum_{n=-\infty}^{+\infty} f_s x_a(t) e^{j2\pi n f_s t}$$

其傅里叶变换为：

$$X(\omega) = F[x(t)] = F\left[\sum_{n=-\infty}^{+\infty} f_a x_s e^{j2\pi nf_s t}\right] = \sum_{n=-\infty}^{+\infty} f_s F[x_a(t) e^{j2\pi nf_s t}]$$

根据傅里叶变换的频移定理，注意自变量由 ω 换成 $f = \omega/2\pi$，上式可写成：

$$X(f) = \sum_{n=-\infty}^{+\infty} f_s X_a(f - nf_s)$$

公式中：$x_a(f)$——原始连续信号的频谱，如图 5-7（d）所示。

采样信号的频谱 $x_a(f)$ 如图 5-7（f）所示。由此可见，采样信号的频谱包含着原信号频谱及无限个经过频移的原信号频谱，频谱的幅值均乘以常数 f_s，平移量等于采样频率 f_s 及其各次倍频 nf_s。

当连续信号频谱的最大频率 $f_m \leq f_s/2$，即 $f_s \geq 2f_m$ 时，在 $0 \leq f_m$ 频率范围内，采样信号的频谱 $x(f)$ 与原信号频谱完全一样，即采样信号无失真。但是，当 $f_m \geq f_s/2$ 或 $f_s \leq 2f_m$ 时，平移谱将与原信号重叠，使某些频带的幅值与原始频谱不同，这种现象称为频率混叠，如图 5-7（d）所示。频率混叠使采样信号产生失真，造成误差。其物理概念是，采样频率太低，采样点太少，以致不能复现原信号。

不难看出，为了使采样过程不失掉信息，就要求能从采样信号的频谱中取出原信号频谱，以保证能够基本无失真地恢复原信号。这时，采样频率 f_s 与原信号最大频率 f_m 之间必须满足如下关系：

$$f_s \geq 2f_m$$

这就是采样定律。满足临界条件 $f_s = 2f_m$ 的信号最大频率 f_m 称为折叠频率，记为 f_c，当信号频谱超过 $f_c/2$ 时，将会以此为镜像对称轴折叠回来，造成频谱重叠。

实际采样时，在采样前并不知道信号的最大频率 f_m，这时如何确定采样频率 f_s，就成为问题的关键。虽然可以假设 f_m 很大，从而确定 f_s，但是，由于采样频率太高而产生大量的离散数据，增加所需内存容量，或是在进一步进行数字频谱分析时，由于频线数有限，造成频率分辨率不足。因此，可以根据动力相应测试任务的需要确定频率范围 f_c，然后对原信号进行低通滤波限制信号带宽，并由此按采样定律确定采样频率。

（二）量测噪声的抑制

在试验中，测量信号常受到各种电噪声的干扰，导致测试精度降低。电噪声可分为静电噪声、电感噪声、射频噪声、电流噪声、接地回路电流噪声等。电噪声的抑制是数据采集系统设计及使用过程中均应注意的问题，虽然我们不可能完全消除电噪声干扰，但可以尽可能地减少它的影响。一个好的测试系统在设计时就会考虑了噪声的抑制与消除问题。以下仅从现场测试的环节来简要介绍抑制电噪声的方法。

1. 加接交流稳压电源，减少电源电压波动引起的噪声

各测试仪器电源都要尽量直接从总电源（稳压电源）的输出端接出，且功率大的电源接入端口应安排在功率小的仪器的电源接入端口之后，这样可以减少共电源仪器之间由于电流波动造成的相互影响。

2. 测试系统单点接地

单点接地是一个很重要的抑制噪声的措施，有串联和并联两种接法。并联接法是将所有仪器的接地线都并联地接到同一接地点，这种方法是比较理想的接地方法（高频电路除外），但由于需要连很多根接地线，布线复杂，在实际测试中不常用。串联接法是将所有仪器的接地线串联到一起，然后再接到接地点，它布线简单，当各电路电平相差不大时经常采用此方法。

3. 所有电源线的信号传输线应尽可能采用屏蔽线

注意不要让信号传输线与电源线平行，且应尽可能使他们相互远离隔开。测试记录或分析时，注意不要变动测试系统中任何仪器的任何开关，否则将产生高频的噪声或出现瞬时过载的现象，甚至损坏仪器。应尽量使仪器间的阻抗相互匹配，并使振动测试仪器接地电阻不大于 4Ω。

五、试验组织

桥梁动载试验组织包括试验前现场准备、试验测试、实时分析及现场清理四个方面的工作。试验组织就是把上述工作内容相互衔接，形成一个有机的完整的高效率的组织计划，并在试验中按照这个计划进行。动载试验组织虽然内容较少，但仍是试验成功的重要保证。

（一）试验前现场准备工作

出发前应对所携带的仪器仪表、传感器等进行全面的检查与标定，确保仪器仪表状态良好。此外要在距离测试部位适当的地方搭设棚帐，以供操作仪器使用，还要接通电源，安装照明设备，检查通信设备的状态。

按照试验方案所定的传感器布置位置，进行放样定位，布置测试导线，采用合适的方法将传感器固定到被测对象上。此外，根据被测结构的动力特性，确定跳车试验进行的位置，并做出标记。对于运营中的桥梁，试验准备工作要注意传感器、测试导线的防护，试验开始前应封闭交通，禁止闲杂人员和非试验用车辆进入。

建立试验领导组织，进行人员分工安排。根据试验实际情况，一般设指挥一人，试验

车辆导引员一人，测试人员数名，配备相应的通信联络工具或明确联络方式，以便统一指挥统一行动。正式试验前，要进行预测试，以检查仪器仪表、测量线路的工作状态，确定测量放大器的放大系数。

（二）试验工作

动载试验测试内容一般包括地脉动测试、跑车测试、跳车测试三项，试验时宜从动力响应小的测试项目做起，即先进行地脉动测试，再进行 20 km/h、40 km/h、60 km/h 跑车试验，最后进行跳车试验，以便根据动力响应大小及时调整测量放大器的放大系数，避免量测数据溢出。

进行跑车试验时，要较准确地控制试验车辆的车速，并根据测试传感器的布置，确定试验车辆行驶途中进行数据采集的起止位置，以免测试数据产生遗漏。每次测试后，要在现场进行数据回放和频谱分析，并与测试桥梁动力特性的理论计算值进行比较，检查测试数据是否正常，试测频率是否与理论计算值接近。如果有异常情况应立即检查、分析原因，必要时重新测试。

试验进行过程中，注意不要触动测试元件及测量导线，以免引起读数的波动。试验完成后，清理仪器仪表、传感器，回收测试导线，拆除棚帐，清理现场，以便开放交通。

第三节　动载试验数据分析与评价

桥梁结构的动力特征如固有频率、阻尼系数和振型等，只与结构本身的固有性质如结构的组成形式、刚度、质量分布、支承情况和材料性质等有关，而与荷载等其他条件无关，结构的动力特性是结构振动系统的基本特征，是进行结构动力分析所必需的参数。桥梁结构在实际的动荷载作用下，结构各部位的动力响应如振幅、应力、位移、加速度等，不仅反映了桥梁结构在动荷载作用下受力状态，也反映了动力响应对司机、乘客舒适性的影响。桥梁结构的动载试验，就是要从大量的实测数据信号中，揭示桥梁结构振动的内在规律，综合评价桥梁结构的动力性能。

在动载试验中，可获取各种振动量如位移、应力、加速度等的时间历程曲线，由于实际桥梁结构的振动很复杂，且一般都是随机的，所以直接根据这样的信号或数据来分析判断结构振动的性质和规律有困难，一般须对实测振动波形进行分析与处理，以便对结构的动态性能做进一步分析，常用的分析处理方法有时域分析和频域分析两种。时域分析是直接对时程曲线进行分析，得出振幅、阻尼比、振型、冲击系数等参数；频域分析是把时域信号通过傅里叶变换的数学处理变换为频域信号，揭示信号的频率成分和振动系统的传递特性，以得到振动能量在频率域的分布情况，从而确定结构的频率和频率分布特性。得出这些振动参量后，就可以根据有关指标综合评价桥梁结构的动力性能。

一、时域分析

在时域分析中，桥梁结构的一些动力参数可以直接从相应的时程曲线上得出，例如，可以在加速度时程曲线上得到各测点加速度振幅，在位移时程曲线上将最大动挠度减去最大静挠度即可得出位移振幅，通过比较各测点的振幅、相位就可得出振型。另外一些参数，如结构阻尼特性、冲击系数则需要对时程曲线进行一些数据分析处理。

（一）结构阻尼特性的测定

桥梁结构的阻尼特性，一般用对数衰减率 δ 或阻尼比 D 来表示。实测的自由振动衰减曲线如图 5-8 所示，由振动理论可知，对数衰减率为：

$$\delta = \ln \frac{A_i}{A_{i+n}}$$

公式中：A_i 和 A_{i+n} ——分别为相邻两个波的振幅值，可以直接从衰减曲线上量取，即：

$$\delta_a = \frac{1}{n} \ln \frac{A_i}{A_{i+n}}$$

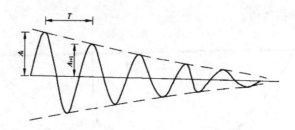

图 5-8　由振动衰减曲线求阻尼特性

根据振动理论，对数衰减率 δ 与阻尼比 D 的关系为：

$$\delta = \frac{2\pi D}{\sqrt{1 - D^2}}$$

由于一般材料的阻尼比都比较小，因此，上述公式可近似表述为：

$$D = \frac{\delta}{2\pi}$$

图 5-9 所示为跳车试验所产生的自由振动衰减曲线，通过对实测数据的分析，可知该桥梁阻尼比为 0.0218。通常，桥梁结构的阻尼比在 0.01~0.08 之间，阻尼比越大，说明桥梁结构耗散外部能量输入的能力越强，振动衰减得越快，反之亦然。

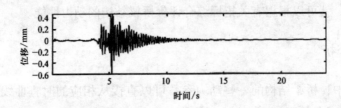

图 5-9　跳车试验产生的结构竖向振动典型波形

冲击系数的确定

动力载荷作用与桥梁结构上产生的动挠度，一般较同样的静荷载所产生的相应的静挠度要大。动挠度与相应的静挠度的比值称为活荷载的冲击系数。由于挠度反映了桥梁结构的整体性能，是衡量结构刚度的主要指标，因此活载冲击系数综合反映了动力荷载对桥梁结构的动力作用。活载冲击系数与桥梁的结构形式、车辆行驶速度、桥面的平整度等因素有关。为了测定桥梁结构的冲击系数，应使车辆以不同的速度驶过桥梁，逐次记录跨中截面的挠度时程曲线，如图 5-10 所示，根据冲击系数的定义有：

$$1 + \mu = \frac{Y_{d\max}}{Y_{s\max}}$$

公式中：$Y_{d\max}$ ——最大动挠度值。

$Y_{s\max}$ ——最大静挠度值。

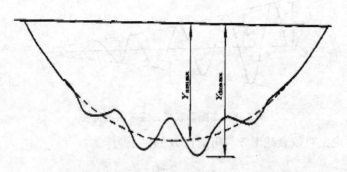

图 5-10　移动荷载作用下简支梁的挠度曲线

图 5-11（a）所示为 1 辆 10 t 重的试验车辆以 20 km/h 的速度通过某预应力混凝土 T 形刚构桥时，T 构牛腿处的动挠度时程曲线，根据实测数据，可得该桥的冲击系数 $1 + \mu$ 为：

$$1 + \mu = \frac{Y_{\text{drax}}}{Y_{\text{snax}}} = \frac{5.576}{5.089} = 1.096$$

对动挠度进行频谱分析，如图 5-11（b）所示，从频谱图中可得出该桥第一阶频率为 1.08 Hz。

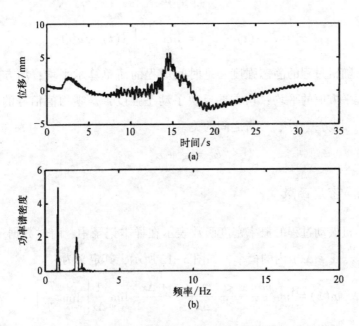

图 5-11　试验动挠度时程曲线及其频谱

（a）动挠度时程曲线　（b）频谱

二、频域分析

桥梁结构在风荷载、地震荷载、车辆荷载作用下所产生的振动，都是包含多个频率成分的随机振动，它的规律不能用一个确定的函数来描述，这种不确定性、不规则性是随机数据共有的特点。随机变量的单个试验称为样本，每次单个试验的时间历程曲线称为样本记录，同一试验的多个试验的集合称为样本集合或总体，它代表一个随机过程。随机数据的不确定性、不规则性是对单个观测样本而言的，大量的同一随机振动试验的集合都存在一定的统计规律。桥梁结构的振动，一般都属于平稳的、各态历经的随机过程，即随机过程的统计特征与时间无关，且可以用单个样本来替代整个过程的研究。随机数据可以用以下几种统计函数来描述。

（一）均值、均方值和均方差

随机数据的均值、均方值和均方差是样本函数时间历程的一种简单平均，它们从不同方面反映了随机振动信号的强度，其表达式分别为：

$$u_x = E[x(t)] = \lim_{T \to +\infty} \int_0^T x(t)\,dt$$

$$\varphi_x^2 = E[x^2(t)] = \lim_{T \to +\infty} \frac{1}{T} \int_0^T x^2(t)\,dt$$

$$\sigma_x^2 = E[x(t) - u_x^2] = \lim_{T \to +\infty} \frac{1}{T} \int_0^T x(t) - u_x^2\,dt$$

均值反映了随机过程的静态强度，是时间历程的简单算术平均；均方值反映了总强度，是时间历程平方值的平均；均方差反映了动态强度，是零均值信号的均方值。均值 u_x、均方值 φ_x^2、均方差 σ_x^2，三者之间的关系为

$$\varphi_x^2 = u_x^2 + \sigma_x^2$$

（二）概率密度函数

各态历经随机振动过程的概率密度函数表示在样本记录中，瞬时数据 $x(t)$ 的值落在某一指定范围 $(x, x + \Delta x)$ 内的概率，如图5-12所示，其定义为

$$p(x) = \lim_{\Delta x \to 0} \frac{pro[x < (t) < x + \Delta x]}{\Delta x} \lim_{\Delta x \to 0} \frac{1}{\Delta x} \left[\lim_{T \to +\infty} \frac{T_x}{T} \right]$$

公式中：T——总观测时间；

T_X——在总观测时间 T 内，$x(t)$ 落在 $(x, x + \Delta x)$ 区间内的时间总和。

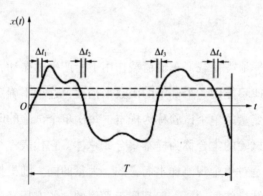

图5-12 概率密度函数

根据上述定义可知，概率密度曲线 $p(x)$ 下的面积总和等于1，它标志着随机数据落在全部范围内的必然性。概率密度函数与均值、均方值有内在的联系。均值 u_x 等于概率密度曲线下的面积形心的坐标，如图5-13所示，它可以由一次矩来计算：

$$u_x = \int_{-\infty}^{+\infty} x p(x)\,d(x)$$

均方值 φ_x^2 可以由二次矩来计算：

$$\varphi_x^2 = \int_{-\infty}^{+\infty} x^2 p(x)\,\mathrm{d}x$$

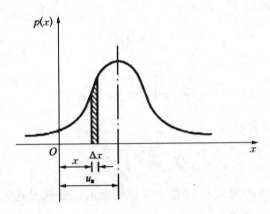

图 5-13 概率密度曲线与均值的关系

（三）自相关函数

随机变量的自相关函数是描述一个时刻的变量与另一个时刻变量数值之间的依赖关系，对于各态历经随机过程的变量 $x(t)$ 的自相关函数 $R_x(\tau)$ 可以定义为 $x(t)$ 与它的延时 $x(t+\tau)$ 乘积的时间平均，即

$$R_x(T) = \lim_{T \to +\infty} \frac{1}{T} \int_0^T x(t)x(t+\tau)\,\mathrm{d}t$$

自相关函数主要用来确定任一时刻的随机数据对于它以后数据的影响程度，Rx（T）的数值大小说明影响程度的大小。因此，可以利用自相关函数来鉴别混淆在随机数据中的周期成分，因为当随机数据在时间间隔很大时，自相关程度趋于零，而周期成分不管时间间隔多大，其自相关函数都变化不大。

（四）功率谱密度函数

对于平稳随机过程，随机变量的功率谱密度定义为样本函数在 $(f, f+\Delta f)$ 频率范围内均方值的谱密度，即：

$$G(f) = \lim_{\Delta f \to +\infty} \frac{\varphi_x^2(f, f+\Delta f)}{\Delta f}$$

由上述公式得到的功率谱称为单边功率谱。在实际分析时，常采用自相关函数 $R_x(\tau)$ 的傅里叶变换来求得功率谱密度函数，其表达式为：

$$S(f) = \int_{-\infty}^{+\infty} R_x(\tau) e^{-i2\pi/z} d\tau$$

由上述公式得到的功率谱称为双边功率谱密度函数，也称为自功率谱密度，$S(f)$ 与 $G(f)$ 的关系为：

$$S(f) = G(f)$$

由上述公式的逆变换可得：

$$R_x(\tau) = \int_{-\infty}^{+\infty} S(f) e^{-i\pi/z} df$$

当 $\tau = 0$ 时，上式可表示为：

$$R_x(0) = \varphi_x^2 = \int_{-\infty}^{+\infty} S(f) df$$

上式表明，自功率谱密度 $S(f)$ 在整个频率域上的积分就是随机变量的均方值。一般振动的能量或功率与其振幅的平方或均方值成比例，所以功率谱密度反映了随机数据在频率域内能量的分布情况，某个频率对应的功率谱值大，说明该频率在振动过程中占主导地位，由此即可在量测数据中分析出结构的固有频率，如图 5-14 所示。因而，在分析随机数据的频率构成时，我们常常利用其自功率谱的分布图形来判断桥梁结构的固有频率，在实际测试中，随机数据的自功率谱计算常采用快速傅里叶变换来实现。图 5-15（a）所示为某桥跨中截面跳车试验加速度时程曲线，图 5-16（b）所示为根据加速度时程曲线进行傅里叶变换所得出的加速度自功率谱图，从图上可以看出该桥的第一固有频率是1.888 Hz。

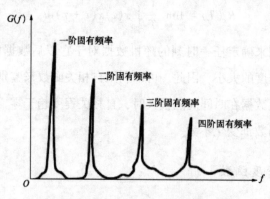

图 5-14　自功率谱图与结构的固有频率

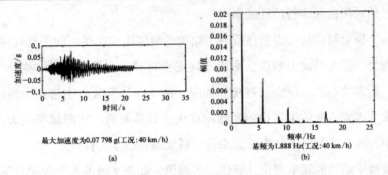

最大加速度为0.07 798 g(工况:40 km/h)

(a)

基频为1.888 Hz(工况:40 km/h)

(b)

图 5-15　某桥 40 km/h 跑车试验跨中截面加速度时程曲线及其自功率谱

（a）加速度时程曲线　（b）加速度自功率谱

目前，在实际测试中，相当一部分动态数据采集仪都具有直接进行频域分析的功能，这样就极大地方便了现场测试分析。图 5-16 所示为某桥在跳车试验的实测加速度时程曲线，动态数据采集仪可直接由时域信号分析得出加速度自功率谱图，得出结构的固有频率为 9.96 Hz，这样，就可以比较方便地在现场进行分析与评价。

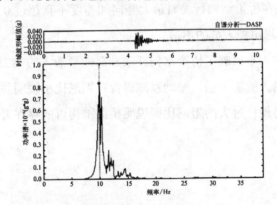

图 5-16　某桥跳车试验跨中加速度时程曲线及其频谱

三、桥梁结构动力性能的分析评价

桥梁结构动力性能的一些参量如固有频率、阻尼比、振型、动力冲击系数以及响应的大小，是宏观评价桥梁结构的整体刚度、运营性能的重要指标，也是一些规范评价桥梁安全舒适运营性能的主要参数。然而，由于桥梁结构动力特性、动力响应的复杂性，加上结构振动对结构疲劳损伤的影响规律尚不够清楚，结构振动响应对使用者（司机、乘客）的舒适性的影响也十分复杂，因此，对于动载试验所测得的加速度、振幅、动位移等参量，目前国内外规范尚无比较系统、全面、可操作的评价指标体系，仅有一些零星的评价指标，如我国规定铁路桥梁的振幅不得大于 L/2.5B mm（L 为跨度，B 为桥宽），也有一些研究者采用英国 Sperling 指标、德国 Diekmann 指标或国际标准化组织 ISO 2631 指标来评价桥梁结构振动对司机乘客舒适性的影响。

一般认为，桥梁结构的动力特性反映了结构的整体刚度、桥面的平整程度及耗散外部振动能量的能力，过大的动力响应会影响车辆安全行驶，会导致桥梁结构产生疲劳损伤，会引起司机、乘客的不适，应设法避免。同时，由于在计算分析中常常会做出一些假设，忽略了一些次要因素，故桥梁结构的实际刚度大于计算取值、实测频率应大于计算频率。在实际测试中，通常通过以下几个方面来评价桥梁结构的动力性能。

一是比较桥梁结构的频率理论计算值与实测值，如果实测值大于理论计算值，说明桥梁结构的实际刚度较大，整体性能较好；反之则说明桥梁结构的刚度偏小，可能存在开裂或其他不正常现象。

二是根据动力冲击系数的实测值来评价桥梁结构的行车性能，实测冲击系数较大则说明桥梁结构的行车性能差，桥面的平整程度不良，反之亦然。

三是根据实测加速度量值的大小，评价桥梁结构行车的舒适性。根据国际标准化组织 ISO 的研究资料，车辆在桥梁结构行驶时最大竖向加速度不宜超过 $0.065\ g$（g 为重力加速度），否则就可能会引起司乘人员的不适。

四是实测阻尼比的大小反映了桥梁结构耗散外部能量输入的能力，阻尼比大，说明桥梁结构耗散外部能量输入的能力强，振动衰减得快；阻尼比小说明桥梁结构外部能量输入的能力差，振动衰减得慢；过大的阻尼比则说明桥梁结构可能存在开裂或支座工作状况不正常的现象。

第六章 预制拼装简支梁桥荷载试验

第一节 梁格法的基本理论

有限元模拟中，一般用"梁格法"（Grillage Method）来模拟预制拼装多片梁结构与曲线箱梁桥，能够得到较为精确的结果。梁格法是一种借助计算机分析桥梁上部结构的实用计算方法，它基本概念清楚、理解起来较容易且方便使用，在桥梁结构计算中得到了广泛应用。梁格法的基本思想是将桥梁上部结构模拟成便于计算机分析的等效梁格，以得到原结构的力学性能。它不仅适用于板式、梁板式、箱梁上部结构及各种组合体系桥梁，而且对分析弯、斜梁桥也很有效。

实质上，等效梁格体系就是通过建立起来的纵横向梁格构件协同受力，使分散在板式或箱梁每一区段内的弯曲刚度和抗扭刚度，集中于最邻近的等效梁格内，即实际结构的纵向刚度集中于纵向梁格构件内，横向刚度则集中于横向梁格构件内。从力学角度来看，要实现梁格体系的完全等效，等效出来的梁格必须满足：一是当原型实际结构和对应的等效梁格承受相同的荷载时，实际结构和对应的等效梁格的挠曲是相等的；二是在任一梁格内的弯矩、剪力和扭矩要等于该梁格所代表的实际结构部分的内力。然而，由于实际结构和梁格体系在结构特性上的差异，这种等效只是近似的，但对于一般的桥梁结构而言，梁格法的计算精度是足够的。梁格法最关键是使模拟的等效梁格尽可能地最接近原型结构，具体为梁格网格的划分与梁格截面特性的计算两个方面。

一、梁格网格划分

梁格网格的划分其实就是梁格纵向与横向单元的划分。梁格单元划分的疏密直接影响结构原型与等效梁格之间的模拟程度和计算精度。从理论上讲，梁格划分得越细就越能代表真实结构，但是梁格划分得越细，在实际工程中具体应用时的工作量也就越大，计算机耗时也就越长，实际应用时也就越不方便。本节仅介绍斜交结构与箱梁结构常用的网格划分。

（一）斜交结构网格划分

斜交桥与正交桥相比内力分布特点有很大不同。其特征主要表现如下：第一，纵向最大弯矩在宽度方向上变化，在边缘处与斜跨方向平行，在板中央与支承线垂直；第二，靠近钝角处出现上拱弯矩；第三，在钝角角隅处出现较大的反力与剪力，而在锐角角隅处出现较小的反力，甚至还可能发生翘起；第四，上部结构承受很大的扭转。

基于以上受力特性，斜交桥的梁格划分应尽量与力的作用方向或者结构内配筋方向一致。当斜交角较小（一般小于20°）时，可采用斜交网格［图6-1（a）］；当桥面较窄且斜交角度较大时，梁格划分应平行设计强度线［（图6-1（b）］；当桥台宽度大于跨度时，以受力方向进行网格划分［（图6-1（c）］是比较合适的。

对于梁格中纵梁网格的划分应与原结构的纵梁中心重合，纵梁间距一般为2~3倍板厚至1/4计算跨径，边梁位置一般设在板边缘0.3倍板厚处；对于横梁网格的划分，若实际结构有横梁应在相应位置模拟横梁，其他位置须增设虚拟横梁（有刚度无质量），横梁间距应尽量与纵向梁格间距一致，且宜小于计算跨径的1/4（一般取1/8~1/4），同时应在受力较大处或内力突变处（如连续梁的支承位置）加密网格。

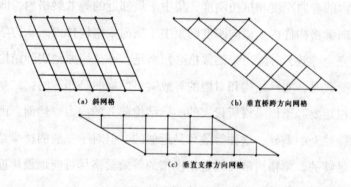

（a）斜网格   （b）垂直桥跨方向网格

（c）垂直支撑方向网格

图6-1 斜交结构网格划分

（二）箱梁结构网格划分

用梁格法模拟箱梁结构时，假定梁格网格在上部结构弯曲的主轴平面内，纵向构件的位置均与纵向腹板相重合，这种布置可使腹板剪力直接用横截面上同一点的梁格剪力来表示。不同箱形结构的网格划分见图6-2。

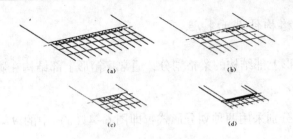

图 6-2　箱梁结构网格划分

二、剪力-柔性梁格理论

箱梁结构在偏心荷载作用下的受力特性可分解为 4 种基本状态，即纵向弯曲、横向弯曲、刚体扭转与扭转变形（畸变），见图 6-3。

箱梁在偏心荷载作用下，弯矩作用在截面上将产生纵向正应力与剪应力，横向弯曲与扭转变形将在箱梁各板中产生横向弯曲应力与剪应力。基于此，用剪力-柔性梁格法模拟箱梁结构时需要注意以下几个方面的等效。

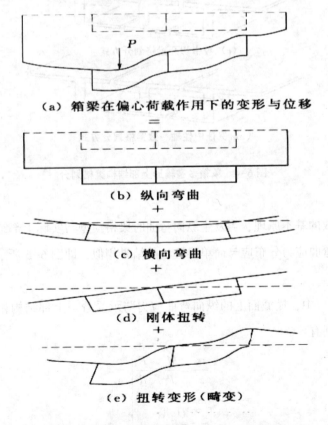

（a）箱梁在偏心荷载作用下的变形与位移

=

（b）纵向弯曲

+

（c）横向弯曲

+

（d）刚体扭转

+

（e）扭转变形（畸变）

图 6-3　箱梁结构在偏心荷载作用下的受力特性

（一）纵向梁格构件截面特性

对于单箱多室箱形上部结构的梁格划分，通常将箱形上部结构在腹板之间沿纵向切开成许多工字梁，见图6-4。

图6-4所示纵梁分别采用两种划分形式：即图6-4（a）中的纵梁划分分别按照顶板和底板各3等分的方式进行，这样划分的优点是可以保证每片纵梁的中性轴在同一高度，不需要额外处理，但须多次试算，划分较为烦琐；图6-4（b）中纵梁沿腹板之间中线切开，此时每片纵梁的中性轴高度不同，如果纵梁的刚度取值分别按照各自中性轴的位置考虑，将出现在支点处的各纵梁截面会分别按照各自的中性轴绕动，由此会产生相对位移，而实际结构将绕整个截面的中性轴绕动，该问题可用强制移轴公式 $(I_{yy} = I'_{yy} + Ad^2)$ 来解决。

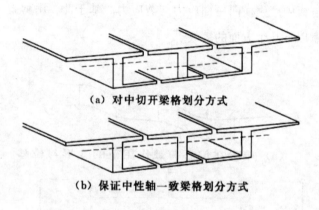

（a）对中切开梁格划分方式

（b）保证中性轴一致梁格划分方式

图6-4 单箱多室箱形上部结构梁格划分

1. 弯曲刚度

根据梁格等效的基本原理，当发生纵向弯曲时梁格模型与实际上部结构具有相同的曲率，因此纵梁的弯曲应力分布应与简单梁理论的结果相似，即图6-5所示的正应力和剪应力分布。

在图6-5（a）中，横截面上的纵向弯曲应力与承受着与上部结构相同的曲率的工字梁的应力相似，则有：

$$\left. \begin{array}{l} \dfrac{\sigma}{z} = \dfrac{M}{I} = \dfrac{E}{R} \\[4mm] \tau = \dfrac{Q_M A \bar{z}}{I} \end{array} \right\}$$

纵向弯曲时划分出的工字梁在腹板内出现的竖向剪力为：

$$Q_M = \frac{dM}{dx}$$

公式中：A、$\bar{z}$ ——翼缘部分面积和所求点对重心的偏心值；

Q_M ——纵向弯曲在工字梁内产生的垂直剪力。

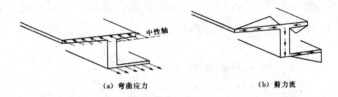

图 6-5　纵向弯曲时边纵梁的正应力和剪应力

2. 扭转刚度

这里的扭转仅指箱梁的刚性扭转，而不考虑箱梁截面的畸变影响。当箱梁截面刚性扭转时，剪应力沿顶板、底板和腹板呈网状剪力流分布，大部分剪力流环绕顶板、底板、边腹板流动，只有少量通过中腹板〔（图 6-6（a）〕。当比拟的梁格体系受扭时，在横截面上总的扭转由纵向构件的扭转与各梁格间相反的剪力两部分构成〔（图 6-6（b）〕，而这些剪力又与横向构件内的扭转相平衡〔（图 6-6（c）〕。

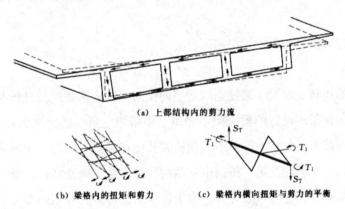

图 6-6　箱梁截面受扭时的剪力流分布和梁格内力

根据上述讨论可知，纵梁的抗扭刚度主要集中在顶板和底板上，它们的抗扭常数就像两层厚度的实体板一样，则箱梁截面每单位宽度的抗扭常数为：

$$c = 2(h' 2d' + h''^2 d'') = \frac{2h^2 d' d''}{d' + d''}$$

3. 剪切刚度

如前所述，腹板内的剪力流由弯曲剪力流与扭转剪力流共同组成。由于箱梁在发生剪切变形时大部分剪力由腹板承受，故纵梁的抗剪面积即为腹板面积。

（二）横向梁格构件截面特性

1. 弯曲刚度

箱梁截面发生横向弯曲（图6-7）时，顶板和底板会一致地绕它们共同的水平中性轴弯曲，横梁截面的底板和顶板之间似乎有一个刚性剪力腹板将两者连接一样，而不考虑顶板和底板单独弯曲所导致的格室畸变，则有

$$i_c = h'^2 d' + h''^2 d'' \cong \frac{h^2 d' d''}{d' + d''}$$

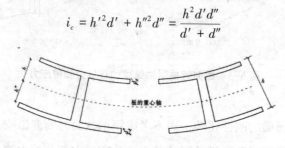

图6-7　箱梁截面横向弯曲

比较上述公式不难发现，横梁的抗弯刚度系数为纵梁扭转刚度的一半，即当梁格受扭时，纵向构件扭矩仅提供横截面上总扭矩的一半，另一半由上部结构对边上相反的垂直剪力提供。

2. 扭转刚度

横向梁格的扭转刚度与纵向梁格相同。

3. 剪切刚度

在考虑箱梁的扭转变形时，通过选取适当的横向剪切面积来近似分析是汉伯利梁格计算的特别之处。当箱梁中设置的横隔梁不多时，箱梁格室所受的竖向力将引起局部变形，即扭转变形。箱形截面上的竖向剪力不仅使箱梁截面在竖向平面内发生横向挠曲变形，还使格室结构在纵向产生翘曲变形。根据格室结构这种复杂的畸变特征，通过选择合适刚度的横向梁格来与实际结构进行等效计算。由于箱梁结构可能具有不同厚度的顶板、底板和腹板，建立精确方程对其求解烦琐而不实用。依据竖向剪力在箱梁截面中根据相对弯曲刚度进行分配的原则，来计算横梁的等效剪切面积，即确定横向梁格的等效剪切刚度，当结构梁格在承受相同的剪力时，保证两者所产生的扭转变形相同。

为了求解横向梁格的等效剪切面积，须求出横贯格室的垂直剪力与有效剪切位移 w_s 之间的关系。单位宽度内贯通格室的竖向剪力可近似表达为：

$$Q \cong \frac{d'^3 + d''^3}{l^3} \left[\frac{d_w^3 l}{d_w^3 l + (d'^3 + d'^3) h} \right] E w_s$$

对于剪力–柔性梁格，格室结构中剪力 Q 和剪切位移 w_s

$$Q = \frac{a_s G w_s}{l}$$

公式中：a_s ——横梁的等效剪切面积。

将上述求解的剪力–柔性梁格理论中涉及的计算公式列于表 6-1 中，便于比较和理解记忆。

表 6-1　剪力-柔性梁格理论中的计算公式

格室 受力	弯曲(抗弯刚度I)	剪切(剪切面积 a_s)	(扭转扭转常数 c)
纵梁	相对整体截面的 I	腹板剪切面积	$\dfrac{2h^2 d' d''}{d' + d^p}$
横梁	$\dfrac{h^2 d' d''}{d' + d^n}$	$\dfrac{d'^3 + d''}{l^2}\left[\dfrac{d_w^3 l}{d_w^3 l + (d'^3 + d''^3) h}\right]\dfrac{E}{G}$	$\dfrac{2h^2 d' d''}{d' + d''}$

（三）虚拟边构件截面特性

为了便于计算箱梁悬臂处翼板的受力情况，须在悬臂板边缘纵向设置虚拟边构件。同时，对于 midas Civil 软件来说，当箱梁悬臂较大时，若未设置虚拟边构件，进行移动荷载分析时程序会提示："［错误］车道线（名称：D1）有误，没有与横梁的交叉点。"

虚拟边构件的截面特性计算示意图见图 6-8。

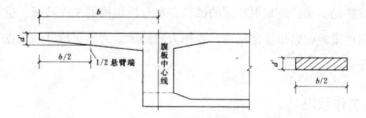

图 6-8　虚拟边构件截面特性计算示意图

1. 虚拟纵梁

虚拟边构件纵梁的截面特性为悬臂板的一半，即：

$$\left.\begin{array}{l} I = \dfrac{bd'^3}{12} \\[3mm] C = \dfrac{bd'^3}{6} \\[3mm] a_s = bd' \end{array}\right\}$$

式中字母含义见图 6-8。

2. 虚拟横梁

虚拟边构件横梁的截面特性按悬臂板平均厚度（每单位宽度）计算，即

$$
\left.
\begin{aligned}
i &= \frac{d'^{3}}{12} \\
c &= \frac{d'^{3}}{6} \\
a_{S} &= d'
\end{aligned}
\right\}
$$

公式中字母含义见图 6-8。

（四）改进的箱梁梁格

针对目前发现的箱梁结构的病害以及传统梁格理论的不足，不少学者提出了改进的箱梁梁格。改进的地方主要是将箱梁翼板用梁格等效，同时考虑相对腹板的空间效应，并用刚性连接将翼板与腹板联系起来，或者进一步将腹板也划分梁格，鉴于 midas Civil 暂时未开发空间梁格，故此处暂不做探讨。

第二节　装配式梁桥单梁静载试验与评定

经过荷载试验的单梁，应根据整理的试验资料分析结构的工作状况，进一步评定桥梁承载能力为新建桥梁验收做出鉴定结论，或作为旧桥承载力鉴定检算的依据，一般进行下列分析评定工作。

一、结构工作状况

（一）结构校验系数

校验系数 η 是评定结构工作状况、确定桥梁承载能力的一个重要指标。不同结构形式的桥梁其 η 值一般不相同，η 值常见的范围可参考表 6-2。

表6-2 常见桥梁结构试验校验系数常值表

桥梁类型	应变(或应力)校验系数	挠度校验系数
钢筋混凝土板桥	0.20~0.40	0.20~0.50
钢筋混凝土梁桥	0.40~0.80	0.50~0.90
预应力混凝土桥	0.60~0.90	0.70~1.00
圬工拱桥	0.70~1.00	0.80~1.00
钢筋混凝土拱桥	0.50~0.90	0.50~1.00
钢桥	0.75~1.00	0.75~1.00

一般要求 η 值不大于1，η 值越小结构的安全储备越大，η 值过大或过小都应该从多方面分析原因。如 η 值过大可能说明组成结构的材料强度较低，结构各部分联结性较差，刚度较低等。η 值过小可能说明材料的实际强度及弹性模量较高，支座摩阻力对结构受力具有有利影响，计算理论或简化的计算图式偏于安全等。试验加载物的称量误差、仪表的观测误差等也对 η 值有一定影响。总之，影响 η 值的因素较复杂，必须进行详细分析。

（二）实测值与理论值的关系曲线

由于理论变位（或应变），一般按线性弹性理论计算，所以，如测点实测弹性变位（或应变）与理论计算值成正比，其关系曲线接近于直线，说明结构处于良好的弹性工作状况。

（三）相对残余变位（或应变）

测点在控制荷载工况作用下的相对残余变位（或应变）S_p/S_1 越小，说明结构越接近弹性工作状况，一般要求值 S_p/S_1 不大于20%。当 S_p/S_1 大于20%时，应查明原因，如确系桥梁强度不足，应在结构评定时酌情降低桥梁的承载能力。

二、结构强度

当荷载试验项目比较全面时，可采用荷载试验主要挠度测点的校验系数 η 来评定结构的强度。

对于一般新建桥梁，在荷载试验后尚无桥梁检算系数可供查用。为了评定的需要，可借用《公路桥梁承载能力检测评定规程》中荷载试验后的旧桥检算系数 Z_2，按式（6-1）或式（6-2）对桥梁结构抗力效应予以提高或折减后检算。

对于旧桥，根据《公路桥梁承载能力检测评定规程》采用 Z_1 值检算不符合要求，但

采用 Z_2 值根据式（6-1）或式（6-2）检算符合要求时，可评定桥梁承载能力满足检算荷载要求，经过荷载试验的桥梁检算系数取值范围见表6-3。

表6-3　经过荷载试验的桥梁检算系数 Z_2 值表

挠度校验系数 η	Z_2	挠度校验系数 η	Z_2
0.4 及以下	1.20~1.30	0.8	1.00~1.10
0.5	1.15~1.25	0.9	0.97~1.07
0.6	1.10~1.20	1.0	0.95~1.05
0.7	1.05~1.15		

注：η 值在表列之间时可内插。

砖石和混凝土桥：

$$\gamma_0 S \leq R(f_d, \ a_d) Z_2 \tag{6-1}$$

钢筋混凝土及预应力混凝土桥：

$$\gamma_0 S \leq R(f_d, \ a_{de}, \ a_{ds}) Z_2 \tag{6-2}$$

公式中：S——荷载最不利效应；

f_d——材料强度设计值；

a_d——结构的几何尺寸；

a_{de}——构件混凝土的几何参数值；

a_{ds}——构件钢筋的几何参数值。

当出现下列情况之一时，应判定桥梁承载能力不满足要求：一是主要测点静力荷载试验校验系数大于1；二是主要测点相对残余变位或相对残余应变超过20%；三是试验荷载作用下裂缝扩展宽度超过表6-4的限值，且卸载后裂缝闭合宽度小于扩展宽度的2/3。

三、结构刚度

试验荷载作用下，主要测点挠度校验系数 η 应不大于1。控制截面的挠度不超过现行《公路圬工桥涵设计规范》和《公路钢筋混凝土及预应力混凝土桥涵设计规范》中规定的值。

四、裂缝

对于新建桥梁，试验荷载作用下全预应力混凝土和部分预应力混凝土 A 类构件结构不应出现裂缝，钢筋混凝土结构裂缝不超过现行《公路钢筋混凝土及预应力混凝土桥涵设计规范》容许值，即：

$$\delta_{max} \leq [\delta]$$

对于旧桥，试验荷载作用下绝大部分裂缝宽度应不大于表6-4规定的允许值，荷载试验后所有裂缝应不大于表6-4规定的允许值。

6-4　桥梁各部位结构裂缝限值

结构类型	裂缝种类			允许最大缝宽（mm）	其他要求
钢筋混凝土梁	主筋附近竖向裂缝			0.25	
	腹板斜向裂缝			0.30	
	组合梁结合面			0.50	不允许贯通结合面
	横隔板与梁体端部			0.30	
	支座垫石			0.50	
预应力混凝土梁	梁体竖向裂缝			不允许	
	梁体纵向裂缝			0.20	
砖、石、混凝土拱	拱圈横向			0.30	裂缝高度小于截面高度的一半
	拱圈纵向			0.50	裂缝长度小于跨径的1/8
	拱波与拱肋结合处			0.20	
墩台	墩台帽			0.30	不允许贯通墩身截面一半
	墩台身	经常受侵蚀性水影响	有筋	0.20	
			无筋	0.30	
		常年有水，但无侵蚀性水影响	有筋	0.25	
			无筋	0.35	
		干沟或季节性有水河流		0.40	
		有冻结作用部分		0.20	

注：表中所列除特指外适用于一般条件。对于潮湿环境和空气中含有较强腐蚀性气体条件下的缝宽限制应要求严格一些，预应力混凝土梁指全预应力或部分预应力A类结构。

第三节　斜交预制拼装小箱梁荷载试验

一、工程概况与模型建立

桥梁跨越开善河，斜交角为20°，采用跨径组合1×35m的单跨预制拼装简支小箱梁桥

（图6-9），上部结构采用C50混凝土，单箱单室断面，单幅横向布置6片小箱梁，小箱梁梁高1.70m，箱梁跨中标准断面顶板厚0.2m，底板厚0.18m，腹板厚0.18m，边板宽度2.85m，悬臂长度0.767m或0.758m，中板宽度2.4m。下部结构中桥台采用重力式桥台，基础为桩基础。桥梁全宽为37.0m，横向布置为2×［3.0m（人行道）+15.49m（车行道）+0.02/2m（中央设置纵缝）］。桥面铺装采用17cm等厚铺装（8cm厚C50钢筋混凝土现浇层+9cm沥青混凝土），设计荷载为公路-Ⅰ级，双向六车道，人群荷载为3.5kN/m²。全桥支座采用GYZ350型板式橡胶支座，并在两侧桥台处设置160型伸缩缝。

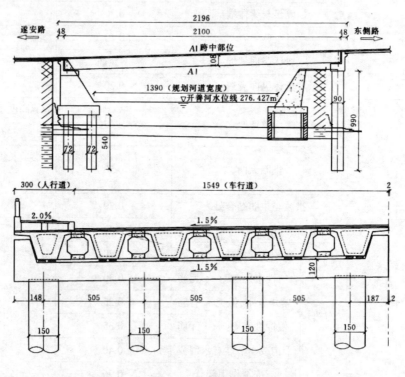

图6-9　桥型布置

根据前述理论，本桥采用正交且垂直于桥跨方向的梁格模型，并考虑支座的实际支承位置与方向。其中，对于湿接缝的模拟主要有两种，即将湿接缝截面的一半附加在小箱梁截面里进行整体考虑（midas Civil程序中通过施工阶段联合截面实现）以及湿接缝与小箱梁分别单独建立；对于中、小跨径的简支梁桥来说，现浇调平层对结构的刚度贡献较大，而桥面铺装层与防撞墙等二期恒载对结构的刚度影响有限，在建模时为了使理论有限元模型更加趋于实际结构，通常通过适当增加小箱梁顶板厚度来考虑调平层的刚度贡献，而桥面铺装层与防撞墙等二期恒载对结构的影响仅考虑质量效应不考虑刚度影响；对于单元划分，一个小箱梁可以用一根单梁来模拟，就本桥而言，纵桥向用6根单梁来模拟结构的6

片小箱梁；对于横向联系的模拟，横隔板按照实际结构与位置模拟，其他部位用"虚拟横梁"模拟。

二、内力计算与截面选取

利用动态规划加载法计算出桥梁结构在设计活载作用下的内力包络图。此处须说明的是，由于桥梁为双幅，建模时仅建立单幅，即仅单侧有人行道荷载，同时由于该桥做荷载试验时，主体结构基本施工完毕，即 80mm 厚 C50 混凝土现浇层已浇筑，但是桥面铺装、人行道及护栏尚未施工，结构二期恒载尚未施加，故计算活载效应时须考虑桥面铺装等引起的恒载弯矩效应。

三、测点与载位布置

预制拼装梁桥的应力（应变）与挠度测点布置见图 6-10。

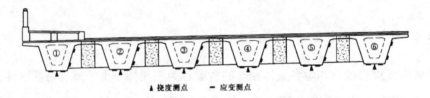

▲ 挠度测点 — 应变测点

图 6-10 应力（应变）与挠度测点布置

加载车载位布置见图 6-11。

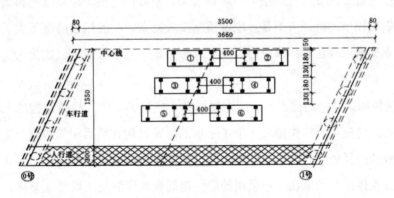

图 6-11 加载车载位布置图（单位：cm）

第七章　刚架桥荷载试验

第一节　刚架桥结构受力特点

一、刚架桥概念

（一）刚架桥的定义

桥跨结构（梁或板）和墩台整体相连的桥梁称为刚架桥。由于梁与墩柱刚性连接，梁因墩柱的抗弯刚度而得到卸载作用，整个体系是压弯结构，也是有推力结构，这是刚架桥结构受力的显著特点。

刚架桥按构造形式分为直腿刚架和斜腿刚架。刚架桥的桥下净空比拱桥大，在同样净空要求下可修建较小的跨径。但是，刚架桥施工较复杂，一般用于跨度不大的城市或公路的跨线桥和立交桥。现在采用预应力混凝土和悬臂施工的刚架桥，已成为大跨度桥梁竞争方案之一。

T形刚构桥因其独特的优点，一问世便得到了广泛的应用。桥跨结构的上部梁在墩上采用两边平衡悬臂施工，首先形成一个T字形的悬臂结构，然后相邻的两个T形悬臂在跨中可用剪力铰或跨径较小的挂梁联结成一体，即称为带铰或带挂孔的T形刚构，或称为连续——刚构铰接体系。如果在跨中采用预应力钢筋和现浇混凝土联结成整体，则为连续刚构，亦称为连续——刚构连续体系。前者简称为T形刚构桥，后者简称为连续刚构桥。T形刚构桥和连续刚构桥的共同特点是墩梁固结，与刚架桥结构基本一致。T形构和连续刚构采用悬臂施工法，施工机具简便，施工进度快，又因结构在悬臂施工时受力状态与营运状态下的受力状态也基本一致，所以省时、省工、省料，从而使结构的应用范围得到了迅速发展。

（二）刚架桥的分类

刚架桥可以是单跨结构，也可以是多跨结构。单跨刚架桥的支腿可设计成直柱式，称之为门式刚架桥，或做成斜柱式则称之为斜腿刚架。多跨刚架桥的主梁可以做成非连续式，即在主梁跨中设置剪力铰或悬挂简支梁，从而形成所谓带铰的 T 形刚构或带挂孔的 T 形刚构；多跨刚架桥也可以将主梁做成连续结构，形成所谓连续刚构。对于主梁连续式的多跨刚架桥，当桥梁全长太大时，宜设置伸缩缝，或者做成数座分离式的连续刚架桥。因此刚架桥的主要类型有：门式刚架桥、斜腿刚架桥、V 形墩刚架桥、带铰的 T 形刚构桥、带挂孔的 T 形刚构桥、连续式连续刚构桥、分离式连续刚架桥等。

二、刚架桥结构受力特点

由于刚架桥的主梁与墩台之间采用刚性连接，在竖向荷载作用下，主梁端部将产生负弯矩，从而减小了主梁跨中的正弯矩，跨中截面尺寸可相应减小。支柱在竖向荷载作用下，除承受压力外还承受弯矩，柱脚处一般存在水平推力。

中小跨径刚架桥一般采用钢筋混凝土结构，大跨度刚架桥则采用预应力混凝土结构，不管哪种结构的刚架桥，一般都做成超静定的结构形式，因此混凝土收缩、徐变、温度变化、墩台不均匀沉陷和预加应力等因素都会在结构内产生附加内力，而且有时这些附加内力在整个内力中占有相当大的比例，故计算内力时必须予以考虑。

（一）刚架桥的总体特点

刚架桥外形美观，结构尺寸小，桥下净空大，桥下视野开阔。但墩梁连接构造复杂，柱脚有水平推力。钢筋混凝土刚架桥混凝土用量少，然而钢筋的用量较大，且梁柱刚接处易开裂。刚架桥基础工程造价也较高，施工比较困难，所以钢筋混凝土刚架桥常用于中小跨度桥梁，而预应力混凝土刚架桥则常用于大跨度桥梁。中小跨径一般做成门式刚架或斜腿刚架形式，大跨度刚架结构却做成 T 形刚构和连续刚构形式。

（二）T 形刚构桥的主要特点

T 形刚构桥是一种具有悬臂受力特点的梁式桥，最早采用钢筋混凝土结构。由于钢筋混凝土梁式结构承受负弯矩，顶面裂缝不可避免，因此钢筋混凝土 T 形刚构不可能做成很大的跨径。而预应力混凝土 T 形刚均可直接采用悬臂施工法，从 20 世纪 50 年代产生以来，预应力混凝土 T 形刚构得到了迅速发展。

预应力混凝土 T 形刚构桥，分为跨中带剪力铰、跨内设挂梁和连续刚构桥三种基本类型。

1. 带铰的 T 形刚构桥

带铰的 T 形刚构是一种超静定结构，它的上部结构全部是悬臂部分，相邻两悬臂通过剪力铰相连接。剪力铰是一种只传递竖向剪力而不传递纵向水平力和弯矩的连接构造。当在一个 T 构结构单元上作用有竖向荷载时，相邻的 T 构单元通过剪力铰共同参与受力。从结构整体受力和牵制悬臂端的变形分析，剪力铰对 T 形刚构桥的内力起到有利作用。带铰的 T 形刚构桥由于温度变化，混凝土收缩徐变和基础不均匀沉陷等因素的作用会使结构内产生很难准确计算的附加内力，而且悬臂端因塑性变形产生挠度不易调整，以致带来行车不平顺以及有时施工中还要强迫合龙等许多不足。其次，剪力铰不仅结构复杂，用钢量多，造成费用增加，而且铰和梁的刚度差异引起结构变形不协调，致使桥面不平顺，导致行车不舒适。上述种种缺点限制了带铰 T 形刚构桥的应用范围。

2. 带挂孔的 T 形刚构桥

带挂孔的 T 形刚构桥是一种静定结构，与带铰的 T 形刚构相比，虽然各个 T 构单元完全独立作用时，其受力与变形情况稍差，但它消除了钢筋混凝土结构的缺点，充分发挥了结构在营运和施工中受力一致的独特优点，且受力明确，构造简单，特别是挂梁与多孔引桥简支跨尺寸相同时，更能加快全桥施工进度，从而获得更高的经济效益。虽增加了牛腿构造，但免去了剪力铰复杂构造。主要缺点除桥面伸缩缝多，对高速行车不利外，在施工中还须增加预制与安装挂梁的机具设备。

T 形刚构桥无论是带铰的还是带挂梁的，它与预应力混凝土连续梁桥相比，同样采用悬臂施工法，可节省墩梁固结和跨中合龙两道关键工序。虽然桥墩刚度较大，但可节省昂贵的支座，其综合用材和费用却比连续梁经济。特别是 T 形刚构受力是长悬臂体系，全跨以承受负弯矩为主，预应力束筋布置在桥的顶面上，方便了施工。与悬臂拼装施工方法协调结合是它的主要特点，为 T 形刚构桥施工悬空作业机械化、装配化提供了有利条件。尤其对深水、深谷、大江、急流等障碍条件下修建大跨度桥梁，施工条件十分有利，并可获得合理的技术经济指标。

3. 连续刚构桥的主要特点

由于应用传统的钢桥悬臂施工方法，使预应力混凝土梁式桥的悬臂体系得到了新的发展，形成了 T 形刚构桥。随后又出现了将 T 形刚构粗厚桥墩减薄，形成柔性桥墩，使墩梁固结、中梁连续从而形成连续刚构桥。它与连续梁桥的主要区别在于柔性桥墩的作用，使结构在竖向荷载作用下，基本上属于一种墩台无推力的结构。而上部结构具有连续梁施工的一般特点。

连续刚构桥的结构特点是主梁连续、墩梁固结，既保持了连续梁无伸缩缝、行车平顺的优点，又保持了 T 形刚构不设支座、不需要体系转换的优点，方便施工，而且很大的顺桥向抗弯刚度和横向抗扭刚度能很好地满足较大跨径桥梁的受力要求。因此它是一种极有生命力的桥梁结构形式，已成为大跨度预应力混凝土桥梁的首选桥型。

第二节　刚架桥荷载试验检算与理论分析方法

刚架桥在进行荷载试验前，首先应进行结构的理论分析与检算。而刚架桥检算所采用的计算理论和设计时的基本一致，并可参照设计采用的计算模型进行建模检算。当边界条件发生改变或受力体系出现转换时，则应根据桥梁的实际状况重新建立计算模型进行检算。由于刚架桥空间受力特征较为明显，可考虑采用空间有限元程序进行结构检算。

当然，刚架桥荷载试验的理论检算应区别于设计理论计算，应着重进行结构主要控制截面、结构薄弱部位的检算。

对于 T 形刚构桥应着重检算：一是锚固跨跨中最大正弯矩和挠度；二是支点最大负弯矩；三是挂梁跨中最大正弯矩和挠度；四是支点最大剪力；五是挂梁支点截面或悬臂端截面最大剪力。

对于连续刚构应着重检算：一是跨中最大正弯矩和挠度；二是内支点截面最大负弯矩；三是 L/4 截面最大弯矩、弯剪力和挠度；四是端支点截面的最大剪力；五是墩台最大垂直力；六是固结墩墩身控制截面的最大弯矩。

对于框架、斜腿刚构和刚架——拱式组合体系桥应检算：一是跨中截面最大正弯矩和挠度；二是结点截面的最大负弯矩；三是柱脚截面最大负弯矩、最大水平推力等。

下面分别介绍刚架桥的理论检算方法、计算理论、结构理论分析和附加内力计算方法，这些计算理论和方法同样适用于刚架桥荷载试验的理论检算。

一、刚架桥检算方法

由于刚架桥属超静定结构桥梁，在营运荷载和试验荷载作用下，仍按结构处于弹性工作阶段的假定进行内力计算，并进行截面有关的验算。

（一）刚架桥内力检算假定

检算刚架桥内力时仍应遵循下列基本假定：一是计算各构件的轴线应取墩柱厚度的中分线或平分主梁跨中截面高度的水平线。对于截面高度或厚度变化较大的刚架桥，则以截面高度或厚度中分点的连线作为计算的理论轴线。二是计算截面包括全拉区在内的全部混凝土截面，不考虑钢筋换算面积。对于 T 形和箱形截面，无论其顶板和底板的厚度如何，均应全部计入计算截面。三是计算变位时，通常忽略轴力和剪力的影响，仅考虑弯矩的影响。但是计算张拉力作用所产生的次内力时，则必须计入轴向力对变位的影响。四是当主梁和墩柱设计为变截面时，如果在同一构件中最大截面惯性矩超过最小截面惯性矩的 2 倍时，则应考虑此惯性矩变化的影响。五是在主梁和墩柱相交接的区域，其截面惯性矩与其他位置相比要大得多，可视为其惯性矩无穷大，此区域的变形实际上非常小，所以在计算内力时，可不考虑此区域变形的影响。六是当刚架桥建造在压缩性很小的土壤上时，可认为支柱底部是固定的，如果刚架桥建造在中等结实的土层上时，则认为基础有足够大的尺寸，致使基础底面一边的土压力与另一边土压力之比不大于 3 倍时，支柱底端可视为固定的，否则认为墩柱底端是活动的。七是混凝土弹性模量 E_h，根据现行公路桥涵设计规范，截面刚度按 0.8 计，其中截面惯性矩的计算规定如下：对于静定结构应计入钢筋，但不计混凝土受拉区；对于超静定结构应包括全部混凝土截面，但不计钢筋。

（二）钢筋混凝土主梁检算

当刚架桥的主梁为钢筋混凝土结构时，其正截面承载能力检算应符合平截面假定，不考虑混凝土的受拉强度，材料应力应符合物理关系等基本假定。主梁斜截面的斜压破坏和斜拉破坏一般采用截面限制条件和一定的构造措施予以避免；对于常见的剪压破坏，必须进行主梁斜截面抗剪强度检算和斜截面抗弯强度的检算等。

钢筋混凝土刚架桥的主梁，除可能由于强度破坏和失稳等原因达到承载能力极限状态外，还可能由于主梁变形或裂缝过大影响到刚架桥的适用性和耐久性，因此必须进行主梁的变形和最大裂缝宽度验算。具体检算内容有：一是主梁使用阶段的正应力验算；二是主梁最大裂缝宽度的验算；三是主梁跨中挠度的验算。

（三）预应力混凝土主梁检算

预应力混凝土刚架桥，由于主梁事先施加了一个预加力 N_y，使其在受力方面有许多和普遍钢筋混凝土不同的特点。预应力混凝土主梁检算步骤如下：

1. 内力计算

根据结构可能出现的荷载组合，按内力计算方法检算控制截面的最大设计弯矩和最大设计剪力。

2. 计算截面几何特性

后张法预应力混凝土主梁在营运阶段按换算截面计算。

3. 预应力的计算

对后张法施工的预加应力阶段，其预应力损失计算有：预应力筋与管道壁间摩擦引起的应力损失（σ_{s_1}），锚具变形、钢筋回缩和接缝压缩引起的应力损失（σ_{s_2}），混凝土弹性压缩引起的应力损失（σ_{s_4}），使用阶段钢筋松弛（徐舒）引起的应力损失（σ_{s_5}），混凝土收缩和徐变引起的应力损失（σ_{s_6}）。

钢束有效预应力的计算：预应力阶段钢束有效预应力（σ_S^l）：张拉控制应力（σ_k）扣除预加应力阶段的应力损失（$\sigma_S^l = \sigma_{s_1} + \sigma_{s_2} + \sigma_{s_4}$）

即：$\sigma_y^l = \sigma_k - \sigma_S^l$

使用阶段钢束有效预应力（σ_y^l）：张拉控制应力（σ_k）扣除使用阶段预应力损失（$\sigma_S^{ll} = \sigma_{s_5} + \sigma_{s_6}$）和预加应力阶段应力损失（$\sigma_S^l$）之和，即：

$$\sigma_y^{ll} = \sigma_k - (\sigma_S^l + \sigma_S^{ll})$$

4. 使用阶段的应力验算

一是使用阶段的正应力验算，后张法主梁二期恒载和活载按换算截面计算；二是剪应力计算，按材料力学公式计算；三是主应力计算，按材料力学公式计算。

5. 正截面和斜截面强度检算

正截面强度检算时，认为受拉区的拉应力全部由预应力筋承担，受压区的压应力则由混凝土承担。

斜截面强度检算时，认为预应力混凝土抗剪能力比普通钢筋混凝土提高一个 Q_y 值。

预应力混凝土主梁斜截面抗弯强度检算比较麻烦，一般简化方法是在设计时采用构造措施加以保证。

6. 主梁变形的计算

预应力混凝土受弯主梁挠度，是由偏心预加力引起的上挠度和外荷载引起的下挠度两部分组成。对刚架桥挠度的精确计算，应同时考虑混凝土收缩、徐变、弹性模量等随时间变化的影响因素，计算时须借助计算机完成。

（四）刚架桥墩柱检算

刚架桥的墩柱属于偏心受压构件，即在荷载作用下，墩柱截面上同时存在着轴向压力和弯矩。

1. 截面形式

矩形截面为刚架桥墩柱最常用的截面形式，对截面高度 h≥600mm 的墩柱多采用工字形或箱形截面，圆形截面主要适用于刚架桥柱式墩台。

2. 墩柱截面检算

首先计算截面几何特性及长细比，并考虑纵向弯曲对偏心距的影响，然后初步判别大小偏心受压，最后复核在垂直于弯矩作用面内的截面和在弯矩作用面内的截面，均要求截面的荷载效应弯矩小于截面抗力效应弯矩。

二、刚架桥检算理论

刚架桥荷载试验结构检算，其采用的计算理论和设计计算方法应是一致的。由于刚架桥是由杆件组成的，杆件的几何特征是长度比横断面尺寸大得多，所以刚架桥的杆件在荷载、温度变化等因素作用下的内力，可按结构力学方法计算，其基本计算方法是力法和位移法。随着计算机的应用及普及，目前桥梁结构分析广泛采用矩阵分析法和有限单元法，这里仅介绍各种计算理论的基本原理。

（一）力法计算原理

力法是计算超静定结构的基本方法，它将超静定结构的计算问题转化为静定结构的内力和位移的计算。当检算刚架桥的内力时，去除超静定结构的多余联系，代以多余未知力得到一个静定的基本结构；利用静定结构与原结构变形应一致的协调条件，建立含有多余未知力的典型方程，并求解未知力；最后按平衡条件求超静定刚架结构的反力和内力。

用力法计算超静定结构内力的具体步骤归纳如下：第一，去掉原结构的多余约束，代以多余的未知力，使结构变成一个几何不变体系的静定基本结构；第二，依据基本结构在多余未知力和荷载的共同作用下，在去掉多余约束处的位移应与原结构中相应位移相等的条件，建立力法典型方程；第三，绘制基本结构各单位未知力的内力图和荷载内力图（或表达式），用图乘法（或积分法）计算出各系数和自由项；第四，求解典型方程组，计算各多余未知力；第五，按分析静定结构的方法，由平衡条件或叠加法绘出最后内力图或计算出内力。

在刚架桥荷载试验的结构检算工作中多利用对称结构，即结构的几何形状和支座情况对某一轴线对称，且各杆件的刚度（E_1）也对称于该轴线，因此可以利用对称性使超静定结构的检算得以简化。一般仅取半个结构进行检算，即可省去一半的工作量。

（二）位移法

上面介绍的力法，是计算超静定结构的最基本、最早的方法，但对超静定次数较多的刚架桥，如多跨连续刚架结构，力法计算工作量太大，则应选用位移法。

位移法和力法的本质区别：在于两者选用不同的基本未知量。力法把多余的约束力作为未知量，根据结构的变形协调条件建立力法典型方程，从而求解基本未知量，进一步求得结构的内力与变形。而位移法则以结构的结点位移作为基本未知量，根据力的平衡条件建立位移法典型方程，从中解出基本未知量，进而求出结构的内力和变形。

位移法的基本未知量只有两个，即刚结点的角位移和独立线位移。确定角位移数目时，由于在同一刚结点处各杆端的角位移是相等的，因此每个刚结点只有一个角位移未知量。固定支座处无角位移，铰支座处各杆端的转角不作为基本未知量；因为该处的弯矩为零，所以在确定杆件内力时不需要这些转角数值。确定线位移数量时，通常不计受弯杆件的轴向变形。于是每根受弯杆件两端之间的距离在变形前后保持不变，所以每个结点在两个方向上的线位移并不都是独立的。一个简单而且有效的确定独立线位移的方法是：把刚架结构所有的刚结点都改为铰结点，从而得到一个几何可变的铰接体系，该体系有几个自由度，则该刚架结构就有几十个独立的线位移。

用位移法求解超静定结构的步骤可归纳为：一是确定超静定结构的基本未知量数目，在每一个未知量上加上相应的附加约束，得到与原结构相应的基本结构；二是根据基本结构中各附加约束的反力或反力矩为零的条件，建立位移法典型方程组；三是分别绘制基本结构在荷载和各单位未知位移单独作用下的弯矩图，并根据平衡条件求出各系数和自由项；四是求解典型方程组，计算出作为基本未知量的各结点位移；五是根据叠加原理绘制最后弯矩图或公式积分法计算；六是校核计算结果。

位移法也可以利用结构对称来简化检算，一般取半跨结构检算，使其计算工作量减半。

（三）结构矩阵分析法

结构矩阵分析法是计算机进入结构计算的一种方法，它以传统的结构力学理论作为计算基础，以矩阵作为数学表达公式，用计算机作为计算手段，使理论、公式、手段三位一体化。

杆系结构矩阵分析的基本原理是：把复杂的桥梁杆系结构离散成有限个杆单元，再将这些杆单元集合成整体，通过一分一合过程，将复杂的结构计算问题转化为简单杆单元的分析和集合问题。有些学者将杆系结构矩阵分析理论称为杆系结构的有限元法，然而下面将要介绍的结构有限元法是一种离散化的近似数值法。杆系结构矩阵分析理论以杆件为单元，用结点把这些杆单元连接起来，反映了杆系结构的真实情况，是精确解而不是近似解。

结构矩阵分析相应于传统的力法和位移法，也可分解为矩阵力法和矩阵位移法两大类。由于矩阵位移法推导的公式和得出的计算程序比矩阵力法简单，又易于实现计算机计算，所以在桥梁工程特别是刚架桥平面结构分析中广泛应用矩阵位移法。

用结构矩阵分析法求解刚架桥杆系结构时，一般要求离散化后的每个杆单元都是等截面直杆，并且所有的外荷载均作用在结点处。据此，在杆系结构离散时，划分单元的结点应该是结构的转折点、改变点、支承点、集中荷载作用点和其他需要的结点。截面阶梯变化的杆件，杆截面突变点也应作为结点；截面非阶梯变化的变截面杆，可在杆中设若干个结点将其分成若干单元；对于曲线杆可将若干个结点化为折线形杆件处理。如果在杆上作用有分布荷载，则要用等效结点荷载来代替。当然集中荷载也可用等效结点荷载来处理，此时荷载作用点就不一定设为结点。

结构矩阵分析法的具体检算步骤为：第一，根据刚架桥约束情况，求解结构自由度；第二，计算各杆件的单元刚度矩阵；第三，集合装配结构的总刚度矩阵；第四，求解系统方程得到结点位移；第五，计算各杆端的内力；第六，分析计算结果。

（四）结构有限单元法

上面介绍的杆系结构矩阵分析法，是杆单元的精确解而不是近似解。在桥梁结构计算中，受力情况、边界条件均较复杂，往往不能得到理论精确解，只能应用数值法求结构的近似解。

数值法可分为有限差分法和有限元素法两大类：第一类有限差分法。它是在力学直接解析法的基础上近似计算，即先建立力学基本方程组，再用近似的有限差量比值代替导数，把微分方程式转化为线性差分方程式，最后求出结构体内各点的应力分量。第二类有限元素法。它是在力学模型上进行近似的数值计算。首先将连续的弹性体简化为有限个杆系单元，即将结构离散化为杆单元模型，然后计算杆单元的数值解。因有限单元法是结构离散后的简化模型，桥梁工程结构应用十分方便，所以下面主要介绍有限元的基本原理及应用特点。

1. 依据推导公式求解有限元方法

依据推导公式及求解方法，有限元法可分为直接法、变分法及加权余数法。

（1）直接法

直接法是采用结构力学直接求解的方法，它直观易懂，其概念便于接受，主要适用于求解桥梁结构的杆系、平面及三维空间分析等较为简单的问题。

（2）变分法

变分法是用有限元法求解泛函数的极值问题。例如在固体力学中应用最小位能原理和最小余能原理，在可靠的数学方程基础上使用有限方法，以扩大其应用范围，解决复杂的结构几何非线性和材料非线性问题。

（3）加权余数法

加权余数法直接运用力学基本方程，求结构的近似解，不必运用泛函概念，可应用于不存在泛函的结构领域。

2. 依据求解未知量有限元方法

依据求解基本未知量不同，有限元法又可分为力法、位移法、混合法及杂交法。

（1）力法

力法是以单元结点力为未知量，此法结构计算的未知量较少，相应求出的应力值比较准确，但其计算公式和计算程序相对复杂，不便于实现计算机计算，所以仅在某些特殊问题中有一定的应用范围。

（2）位移法

位移法是以单元结点位移为未知量，由于它比力法得到的公式和计算程序简单，且便于实现计算自动化，所以在工程结构中使用最广泛。

（3）混合法

混合法是取一部分单元结点的力和一部分单元结点的位移作为基本未知量，综合了上述两种方法的优点，克服了它们的缺点，在板壳结构中，混合法求解显示了一定的优越性。

（4）杂交法

杂交法是在结构单元内部和单元边界各自含有独立的应力函数和位移函数，该方法虽然起步较晚，但在板壳结构、应力奇异、复合材料等方面得到了广泛应用。

三、刚架桥结构检算

在刚架桥荷载试验之前，其主桥结构的理论检算，可采用桥梁现成的结构线性非线性设计分析程序，对其计算功能未及的部分，可采用自编程序。由于刚架桥空间受力特征明显，有条件时应采用空间有限元程序进行结构检算。

（一）桥梁纵向检算

根据刚构桥的实际特点，进行结点和单元划分，其检算须考虑的荷载应包括恒载（含混凝土的收缩徐变和预应力作用等次内力）、活载、温度荷载（含整体温变和局部温变）、汽车制动力、风力等，并对结构的内力、位移、应力进行计算分析和验算。

（二）横向内力检算

主桥结构箱梁横向内力检算，一般采用弹性支承平面框架进行计算。对汽车荷载按规范要求计算纵向荷载影响分布宽度，然后换算成每延米的集中荷载作用在框架上，计算过程中还应考虑温度影响和预应力的作用。

（三）墩身对结构的影响

由于刚构桥为墩梁固结，对温度变化、混凝土收缩徐变、汽车制动力等因素产生的次内力相当敏感。如果墩的相对刚度大，则以上因素引起的次内力相当大，同时使基础墩身纵向两侧受力极不平衡。因此，在连续刚构桥中，抗压刚度较大，抗推刚度较小的双壁柔性墩容易适应连续结构的变形，成为减小连续结构因温度变化、混凝土收缩徐变等因素在墩身中产生次内力的主要措施。

（四）竖向预应力设计要求

连续刚构桥中，在箱梁的腹板内布置了竖向预应力筋，以提高腹板抵抗主拉应力的能力，防止由于主拉应力过大而引起腹板开裂。因此，在进行竖向预应力筋检算时，应充分考虑各种因素引起的预应力损失，准确检算由竖向预应力在腹板内产生的预压应力的大小。

在进行刚架桥内力检算时，由于实际结构及其受力与变形情况比较复杂，所以首先应将实际结构简化为便于计算的力学模型。其简化原则应尽量反映结构的主要受力特征，既要计算结果尽量准确，又要计算简图尽量简单。具体简化工作包括三个方面，即结构的简化、支座的简化和荷载的简化。

结构中各杆件相互连接处称为结点，在计算简图中通常简化为铰接点和刚结点两种。刚架结构中杆件之间多数为刚结点，各杆之间不能产生相对转角，各杆件不但有轴向力，而且还有杆端弯矩。在平面结构的计算简图中，根据反力特征，一般把支座分为四种类型：活动铰支座、固定铰支座、固定支座和定向支座。刚架桥结构与基础相连接的装置一般为固定铰支座或固定支座。荷载就是作用在结构上的外力，荷载按不同的角度可分为：分布荷载与集中荷载、静力荷载与动力荷载、固定荷载与活动荷载等。

四、刚架桥附加内力检算

对超静定刚架桥，混凝土收缩与徐变、温度变化、预应力作用以及墩台基础不均匀变位等因素都会引起次反力，产生次内力。这些次内力对超静定刚架结构的内力影响较大，因此在荷载试验前的结构内力检算中，必须根据实际的日照温差和对预应力索的锚固、压浆、漏张、断丝或滑丝等的检测情况、墩台与基础实际变位情况、桥梁几何形态参数测定结果等进行有关的次内力检算。

（一）混凝土收缩次内力检算

1. 混凝土的收缩定义

混凝土在空气中结硬时其体积减小的现象称混凝土的收缩。混凝土在不受力和约束的情况下，收缩是一种自由变形，在受到外部超静定约束或内部钢筋约束时，将在结构内部产生拉应力，甚至使混凝土构件开裂。

混凝土收缩是一种随时间而增长的变形。结硬初期收缩变形发展很快，两周可完成全部收缩的25%，一个月可完成50%左右，三个月后增长缓慢，一般两年后趋于稳定。

引起混凝土收缩的原因，在结硬初期主要是水泥在水化凝结过程中的体积变化，后期主要是混凝土内自由水分蒸发而引起的干缩。

混凝土中材料的组成和配合比是影响混凝土收缩的重要因素。水泥的用量越多，水灰比越大，其收缩就越大。骨料的级配好、密度大、弹性模量高、粒径大，可减小混凝土的收缩。

另外，干燥失水是引起混凝土收缩的主要原因，所以构件的养护条件，使用温度和湿度以及影响混凝土水分保持的因素都对混凝土的收缩产生影响。高温养护可加快水化作用，减少混凝土中的自由水分，因而减小收缩。使用环境的温度越高，相对湿度越低，混凝土收缩就越大。

混凝土收缩还和结构构件的体表比有关，此比值决定着混凝土中水分蒸发的速度。体表比小的矩形截面构件混凝土收缩量较小，而且发展也较慢；而体表比较大的工字形或箱形截面构件，混凝土收缩量较大，同时其收缩发展也较快。

2. 混凝土收缩变形规律

根据试验，混凝土收缩变形与时间的变化规律如图7-1所示。

由图7-1可总结出混凝土收缩相对变形的变化规律为：

$$\varepsilon_{st} = \varepsilon_{sk}(1 - e^{-pt})$$

公式中：ε_{sk}——混凝土收缩变形的终极值；

P——收缩随时间增长速度系数；

t——龄期，即从混凝土浇筑时到计算收缩变形时的时间。

对预制拼装施工的桥梁，因构件预制很久后才拼装并联结成桥，故一部分混凝土收缩变形已经完成。设桥梁合龙时混凝土龄期为 τ，则此时已发生的混凝土收缩变形为：

$$\varepsilon_{st} = \varepsilon_{sk}(1 - e^{-p\tau})$$

合龙时混凝土龄期为 t 所产生的收缩变形应扣除合龙前已经发生的混凝土收缩变形，即：

$$\varepsilon_S = \varepsilon_{st} - \varepsilon_{st} = \varepsilon_{sk}e^{-pr}\left[1 - e^{-p(1-\tau)}\right]$$

在实际桥梁工程中，由于各组成构件联结时的龄期不相同，一般近似地用平均龄期进行简化计算。

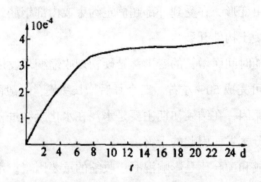

图7-1 混凝土收缩变形与时间关系

现行《公路钢筋混凝土及预应力混凝土桥涵设计规范》对混凝土收缩的计算无明确的规定。《铁路桥梁检定规范》规定，对于钢筋混凝土桥，按温度降低 15~20℃ 计算混凝土收缩变形产生的次内力。也就是说，混凝土收缩变形的极值取为：

$$\varepsilon_{sk} = 15 \times 10^{-5} \sim 20 \times 10^{-5}$$

3. 刚架桥混凝土收缩次内力计算方法

对于超静定的刚架桥，混凝土收缩将在支承处或结构内部产生次内力，对于铰支门式刚架结构，支座处由于混凝土收缩引起的水平方向次反力为：

$$R = -\frac{A_{RS}}{\delta_{SS}}$$

公式中：A_{RS}——混凝土收缩在基本体系活动支承端水平 R 方向所产生的位移：

对门式刚架有梁，$A_{RS}^{b} = \int_{l} \varepsilon_{s}^{b} ds$ ；

对斜腿刚架，除主梁外还应考虑其斜支柱水平位移为 $\Delta_{RS}^{c} = \int_{s} \varepsilon_{s}^{c} \cos\theta ds$ ，其总位移 A_{RS}

$= A_{RS}^{b} + 2A_{RS}^{c} = \int_{l} \varepsilon_{s}^{b} ds + 2\int_{s} \varepsilon_{cs} \cos\theta ds$

其中 l 为主梁跨度，s 为斜柱长度，b、c 分别表示主梁和支柱，θ 为斜支柱的倾角；

δ_{SS}——混凝土收缩在基本体系上产生的位移。

由于钢筋的存在使混凝土收缩变形受到约束，钢筋和混凝土之间的应力将发生重新分配。同时混凝土收缩变形与温度和湿度均有影响，因此按公式只能进行近似计算。另外，混凝土收缩变形引起次内力后徐变也伴随发生影响，使得混凝土收缩产生的次内力将会减小，所以用公式近似计算是偏安全的。

（二）混凝土徐变次内力检算

1. 混凝土徐变的定义

在荷载的长期作用下，混凝土的变形随时间增长而增加，或在应力不变的情况下，混凝土应变随时间继续增长，这种现象称之为混凝土的徐变。混凝土产生徐变的主要原因是，在荷载的长期作用下，混凝土泥胶体中的水分逐渐压出，内部细小的空隙逐渐闭合，微细的裂缝逐渐发生等综合因素发生变形的结果。

在进行混凝土徐变试验时，考虑到混凝土徐变变形中还含有上面介绍的混凝土收缩变形，因此须用同批浇筑施工、同样尺寸的试件进行同样环境下的收缩试验，从量测的徐变总变形中扣除收缩变形，以便得到徐变变形。

2. 徐变的影响因素

影响混凝土徐变的因素很多，其主要因素有：应力的大小、混凝土的龄期、组成的成分及配合比、养护及使用温度与湿度、构件的尺寸等。

（1）混凝土在长期荷载作用下的应力大小

试验证明，当混凝土压应力较小时，徐变大致与应变成正比，此时称为线性应变，线性应变在加载初期增长很快，一般两年内趋于稳定，三年左右即告基本完成。当混凝土压应力较大时，徐变应变为非线性应变。

（2）加载时混凝土的龄期

加载时混凝土的龄期越短，其徐变越大，加载龄期越长则混凝土徐变越小。

（3）混凝土组成成分及配合比

混凝土中骨料的弹性模量越低，则徐变越大；骨料体积越大，徐变会越小；混凝土中的水灰比越小，徐变也越小。

（4）养护及使用条件下的温度与湿度

混凝土养护时温度越高，湿度越大，水泥水化作用就越充分，徐变就越小。而在使用环境上温度越高，相对湿度越小，则混凝土的徐变越大。

（5）构件的截面尺寸

当环境的温度和相对湿度不变的情况下，混凝土的徐变还取决于构件的截面尺寸和体表比，其尺寸越大，体表比越大，其徐变越小。

3. 徐变次内力及其检算条件

在超静定结构中，混凝土徐变变形受结构多余约束的限制，因而导致结构徐变产生次内力。进行刚架超静定结构徐变次内力计算应满足以下条件：一是徐变按线性理论计算，因此"力的独立作用原理"和"应力和应变的叠加原理"均可采用；二是不考虑结构内配筋的影响；三是混凝土的弹性模量假定为常值；四是结构体系发生转换时，混凝土徐变才产生次内力；五是使用荷载应力范围内，引入徐变系数，计算主要是经验公式，且徐变系数的计算仅局限于不变的应力条件下建立的数学模型；六是加载龄期与徐变系数的关系，一般用狄辛格（Dinehinger）提出一种比较简单的函数关系。此法求解结构徐变次内力是目前最广泛的计算方法。

4. 徐变次内力检算方法

（1）简支梁转换为固定端时徐变弯矩计算

简支梁在均布荷载 g 作用下，将在跨中产生最大弯矩 $M_0 = \dfrac{g}{8}l^2$。当混凝土龄期为 τ 时，把梁的两端固定起来，体系转换为固端梁，如果荷载不变的情况下，徐变将在梁端产生固端弯矩，从而减小跨中的弯矩。其固定端的徐变弯矩计算公式如下：

$$M_a = - M_b = - \frac{\theta_0^e}{\theta_{ab}^e}[1 - e^{-(\varphi_t - \varphi_\tau)}]$$

公式中：θ_0^e——简支梁受载后，梁端的弹性转角；

θ_{ab}^e——简支梁的梁端作用力矩时，梁端的转角；

φ_t——混凝土龄期为 t 时徐变系数；

φ_τ——简支梁两端固定时混凝土龄期为 τ 时的徐变系数。

（2）门式刚架桥的主梁为预制装配施工的徐变次内力检算

当门式刚架桥的主梁为整体预制，架到支柱上时将梁和柱现浇成整体，于是体系发生了转换，此时徐变将在刚架结构内产生内力重分布。选主梁架在支柱上铰接时为基本体系，M'_a 为任意时刻 t 时徐变引起的端部弯矩口为梁柱整体化时混凝土的龄期，根据主梁和支柱的转角变形协调条件，求解主梁端部徐变弯矩为：

$$M'_a = - \frac{\theta_0^e}{\theta_{ab}^e + \theta_{ac}^e}[1 - e^{-(\varphi_t - \varphi_\tau)}]$$

公式中：θ_0^e——刚架主梁安装就位后梁端的弹性转角；

θ_{ab}^e——主梁两端作用单位力矩时所产生的梁端转角；

θ_{ac}^e——柱顶作用单位力矩时所产生的柱顶端转角。

由上式可见，如果刚架桥支柱很柔细时，则 $\overline{\theta_{ac}^e}$ 很大，好像体系没有转换一样，徐变引起的次内力矩很小；但是若柱很刚劲时，则 $\overline{\theta_{ac}^e}$ 趋于零，此时接近于两端固定的主梁。

（3）计算主梁缩短后徐变产生的次内力

除上述整体化之后徐变影响产生二次力矩外，还由于主梁在整体化之前会缩短，并产生次内力。设主梁缩短为 Δ_0，为任意时刻 t 时徐变引起的水平反力，τ 为梁柱整体化时混凝土的龄期，根据刚架桥支承处水平位移为零的变形协调条件，求解徐变引起的水平反力为：

$$R = - \frac{\Delta_0^e}{\delta_{ab}^e + \overline{\delta_{RR}^e}[1 - e^{-(\varphi_t - \varphi_\tau)}]}$$

公式中：Δ_0^e——简支主梁在预应力作用下的弹性压缩，设 N_y 为预应力，A 为主梁截面面积，L 为主梁长度，则：$\Delta_0^e = \dfrac{N_y L}{EA}$；

$\overline{\delta_{ab}^e}$——简支主梁在单位轴向力作用下的弹性压缩；

$\overline{\delta_{RR}^e}$——简支主梁的活动支承作用为单位水平力时，由于刚架主梁和支柱弯曲所产生的支承处水平弹性位移，并设 $\overline{M_R}$ 为活动支承处作用单位水平力时的弯矩，主梁截面惯性矩为 I，则：$\delta^e_{RR} = \int_0^L \frac{\overline{M_R}}{EI} ds$。

由水平反力产生的主梁梁端弯矩为：

$$M''_a = RH = -\frac{H\Delta^e_0}{\delta^e_{ab} + \delta^e_{RR}} [1 - e^{-(\varphi_t - \varphi_\tau)}]$$

因此，由于徐变产生的主梁梁端弯矩应为上述两式求得的弯矩之和，即：

$$M_a = M'_a + M''_a = \left[-\frac{\theta^e_0}{\theta^e_{ab} + \overline{\theta^e_{ac}}} - \frac{H\Delta^e_0}{\delta^e_{ab} + \delta^e_{RR}} \right] [1 - e^{-(\varphi_t - \varphi_\tau)}]$$

若令：

$$M^0 = -\frac{\theta^e_0}{\theta^e_{ab} + \overline{\theta^e_{ac}}}$$

$$R^0 = \frac{-\Delta^e_0}{\delta^e_{ab} + \delta^e_{RR}}$$

则上式可简写成：

$$M_a = (M^0 + HR^0)[1 - e^{-(\varphi_t - \varphi_\tau)}]$$

上式第一项为一次落架的弯矩值，由此随着时间的增长，弯矩 M_a 的终值将逐渐趋于 $M_a = M^0 + HR^0$，这一变化显然符合徐变内力的发展规律。

（三）温度变化次内力的检算

1. 温度变化对结构的影响

温度变化对结构的影响是复杂的，首先由于温度变化本身就是某种周期性变化，不同材料、不同尺寸的构件、结构的不同部位对温度变化的反应不同；其次温度变化的影响往往伴随着混凝土的收缩和徐变，使得目前超静定结构混凝土桥梁设计中，只能采用近似简化的计算方法处理温度变化对超静定结构的影响。

桥梁结构是暴露在大气中的结构物，温度对桥梁结构的影响显然包括年温差影响和局部温差影响两部分。年温差影响一般假定温度沿结构的截面高度方向均值变化，对有水平约束的刚架体系桥梁，年温差将引起结构内温度次内力；局部温差影响一般指日照温差或混凝土水化热等影响。水化热问题计算较为复杂，但可在施工中用温度控制方法予以调节。现行桥梁规范中不考虑此项温度应力计算。但日照温差对结构的影响不可忽略。公路上的混凝土桥梁，因设置人行道，一般认为桥面板受日照，腹板两侧温差变化不大，因此对主梁结构只考虑沿截面高度方向的日照温差的影响。

2. 温度变化产生的次内力

温度变化对超静定结构产生的次内力，已被认为是预应力混凝土桥梁产生裂缝的主要原因。温度变化对结构内力的影响可分为两种情况：一是均匀温度变化，即全结构温度变化相同，这种温度变化会使超静定刚架桥发生变形而产生温度次内力；二是不均匀的温度变化，即结构不同部位或不同构件的温度变化不同，在结构内产生了温度差，从而使结构产生变形，这种变形在超静定刚架桥中也会产生次内力。

对钢筋混凝土构件，外界气温一般取 1 月份的平均气温作为最低气温，取 7 月份的气温作为最高气温，均匀的温度变化幅度与桥梁所在地区的自然条件、结构的材料、截面形状和尺寸等因素有关系。均匀的温度变化幅度应以结构联结时的温度为初始值，计算分最高计算温度和最低计算温度两种情况，也就是温度变化有升温和降温两种情况。当联结温度较高时，降温引起的次内力较大，其影响还与混凝土收缩的影响相同，两者叠加将产生较大的次内力。所以一般不宜在温度变化较大和高温时进行联结，这是超静定刚架桥施工中必须考虑的一般原则。

3. 温度变化次内力的检算方法

由于温度变化在超静定刚架桥中引起次内力，其计算方法与混凝土收缩产生的次内力计算相同，只须将收缩变形代之以温度变形。对门式刚架桥，温度变化的变形为：

$$A_{rt} = \alpha(t - t_0)L$$

公式中：α ——钢筋和混凝土线膨胀系数；

t ——最高或最低计算温度；

t_0 ——联结时的计算温度；

L ——主梁的长度。

按升温和降温两种情况分别计算温度内力后，按最不利情况分别予以组合。非均匀的温度变化主要受日照和寒流的影响，因此其计算温度不能以月平均气温为准，而主要是气温急剧变化时在结构内部造成的温度差。《公路钢筋混凝土及预应力混凝土桥涵设计规范》仅对 T 形截面的连续梁桥由日照温差所引起的次内力计算有所规定。

在混凝土刚架桥设计中，对于梁顶和梁底的温差，支柱处阴阳面的温差，在缺乏实测资料时，可根据当地实际情况，取用 5℃ ~ 15℃ 的温度差，并假设温度按线性分布，近似地计算非均匀温度变化产生的次内力。例如门式刚架桥，主梁顶面和底面的温差在结构基本体系的支点所产生的水平位移为：

$$\Delta'_{Rt} = \alpha \cdot \Delta t \cdot H \cdot L \sum_{i=1}^{n} \frac{1}{h_{bi}}$$

公式中：Δt——主梁顶、底面之间的温差；

H——支柱高度；

h_{bi}——主梁各分段的中点高度。

（四）预应力作用次内力的检算

1. 超静定刚架桥预应力作用产生的次内力

对于静定刚架桥，在预应力作用下将自由地产生结构的变形，在结构内部不会产生次内力，支承处不会产生次反力，也不会引起主梁的次力矩。即预应力只影响梁的内部应力，使得梁内混凝土的压力线必然与预应力束筋重心线重合。然而对于超静定刚架桥，由于存在多余的约束，预应力作用引起的结构位移会受到约束，从而产生相应的约束反力及内力。即在刚架桥多余约束处必然会产生次反力，从而在主梁内产生次内力矩。梁内为了平衡这部分力矩，混凝土压力线偏离预应力束筋重心线，以形成梁内抗力矩。

2. 用力法求解预应力作用的次内力

超静定刚架结构由于预应力作用引起的次内力同样可用力法求解，计算步骤与荷载作用下的情况基本相同。首先解除多余约束，代之以多余未知力得到静定刚架基本结构，分别计算由预应力引起基本结构沿多余未知力 X_i 方向上的位移 Δ_{iy}，然后根据基本结构与原结构在解除约束处位移一致条件，列出力法典型方程：

$$\left.\begin{array}{l} \delta_{11}X_1 + \delta_{12}X_2 + \cdots + \delta_{1n}X_n + \Delta_{1y} = 0 \\ \delta_{21}X_1 + \delta_{22}X_2 + \cdots + \delta_{2n}X_n + \Delta_{2y} = 0 \\ \delta_{nl}X_1 + \delta_{n2}X_2 + \cdots + \delta_{nn}X_n + \Delta_{ny} = 0 \end{array}\right\}$$

比较上式与力法典型方程的区别仅在于自由项。解出多余未知力就可用平衡方程或叠加原理求出结构全部内力。由于无荷载作用则内力叠加公式为：

$$\left.\begin{array}{l} M = \overline{M_1}X_1 + \overline{M_2}X_2 + \cdots + \overline{M_n}X_n \\ N = \overline{N_1}X_1 + \overline{N_2}X_2 + \cdots + \overline{N_n}X_n \\ Q = \overline{Q_1}X_1 + \overline{Q_2}X_2 + \cdots + \overline{Q_n}X_n \end{array}\right\}$$

3. 刚架桥主梁预应力次内力计算公式

对于门式铰支刚架桥，一般来说，主梁所受的张拉力越大，构件长度越长，主梁内产生的次内力也越大，而对支柱预应力的影响较小。因此预应力作用次内力主要对主梁产生影响。此时由于预应力的作用在支承处的次反力为：

$$R = -\frac{\Delta_{Ry}}{\delta_{RR}}$$

公式中：Δ_{Ry}——单位力作用下支承的位移；

δ_{RR}——应力作用下刚架基本体系沿水平反力 R 方向的位移。

Δ_{Ry} 的计算公式为：

$$\Delta_{Ry} = \int \frac{\overline{M_R} M_y}{EI} ds + \int \frac{\overline{N_R} N_y}{EA} ds$$

Δ_{Ry} 的沿刚架全长分段求和为：

$$\Delta_{Ry} = -\sum_{i=1}^{n} \frac{N_{byi}}{EA_{bi}} \Delta x + \sum_{i=1}^{n} \frac{Y_{bi} m_{byi}}{EI_{bi}} \Delta x + 2\sum_{i=1}^{n} \frac{Y_{ci} m_{cyi}}{EI_{ci}} \Delta x$$

公式中：N_{byi}——主梁 i 截面所受预应力的轴向分力；

m_{byi}——主梁 i 截面所受预应力的偏心矩；

m_{cyi}——支柱 i 截面所受预应力的偏心矩。

第三节　刚架桥荷载试验目的与桥梁状态评定

一、刚架桥荷载试验目的

刚架桥的主梁构造、节点构造、铰的构造以及墩柱构造均较复杂，尤其是大跨度预应力混凝土 T 形刚构桥、斜腿刚架桥和连续刚构桥悬臂浇筑施工等施工阶段的受力、工程质量和几何线形及挠度等，必须进行施工监控，确保刚架桥安全可靠。成桥后对技术复杂的刚架桥和大跨度刚架桥还应做静、动载试验以全面评估结构性能及使用功能是否满足要求，为今后桥梁维护、管理提供原始资料。为此，必须对刚架桥进行施工监控和静力及动力试验，并撰写有关的检测试验报告。

（一）检测试验方案

1. 成桥后几何线形检测

刚架桥特别是大跨度刚构体系桥梁，其标高、中线、梁底曲线、挠度等几何线形必须进行检测，以确保桥梁外形满足设计和整体结构受力要求。

2. 成桥静载试验

通过静载试验测定刚架桥结构的静应变和静位移，判断桥梁工程质量的可靠性和安全性，判断桥梁结构的实际承载能力。

3. 成桥动载试验

通过动载试验，测定桥孔结构的自振频率和冲击系数，进一步判断桥梁工程质量的可靠性和安全性。

（二）主要测试仪器

一是对于结构内部钢筋应力检测，使用钢筋计仪检测；二是对于结构内部混凝土应力检测，使用混凝土应变计读数后，再按混凝土弹性模量换算；三是几何线形检测，主要采用测量仪器测出相应的结果。

静载试验仪器主要有：第一，挠度检测，使用机电百分表或精密水准仪测量；第二，应变检测，使用支座或电阻应变计和电阻应变片；第三，数据采集仪或静态电阻应变仪。

动载试验主要仪器为加速度传感器、电荷放大器、数据采集仪，以及信号分析仪等。

（三）悬浇0号块施工监测

刚架桥悬臂浇注施工时，一般都是高墩大跨预应力混凝土结构，其0号块受力比较复杂，且常采用托架法施工，因此施工0号块时必须控制托架、模板的变形，预应力张拉及主梁挂篮悬浇开始和0号块托架拆除后，还有整个悬浇过程与合龙阶段0号块应力、应变的施工监测。其施工监测资料，是成桥后评定刚架桥桥梁状况的重要依据之一。

1. 监测内容

（1）托架变位测试；（2）模板变位测试；（3）0号块关键受力部位应变、应力及变形测试。

2. 测点布置一般要求

（1）托架顶布设标高测点；（2）模板变位测点布置；（3）0号块内关键部位预埋混凝土绝对应变计。

3. 监测一般程序

0号块施工监测程序对应于0号块施工程序进行，一般次序为：（1）托架、模板变形监测；（2）顶埋混凝土应变计；（3）混凝土应变计初读数；（4）张拉预应力束前后应变计读数两次；（5）挂篮标高测量等。

施工监测时特别注意托架、模板及0号块关键测点变位，0号块监测应贯穿悬浇施工全过程，施工中还应注意混凝土浇注及养护过程中对温度裂缝及混凝土收缩裂缝进行详细检查。

4. 主梁悬浇施工监测

0 号块施工完后，开始拼装挂篮对称悬臂浇注主梁。主梁在悬臂状态下受力最不利截面是根部，且施工过程中直接影响 0 号块的受力。为了防止大跨度预应力混凝土刚架桥、箱梁顶板或腹板开裂，至少应选择 0 号块、主梁支点根部、1/4 跨截面及跨中合龙处进行应力、应变施工监测，并应特别注意主梁合龙前后的内力观测。

（1）测试内容

①0 号块应变、应力测试；②主梁根部、1/4 跨及跨中断面箱梁的底板、顶板从两腹板应变、应力测试；③主梁悬浇施工各阶段挠度变形测试。

（2）测点布置一般要求

①0 号块测点布置同上；②主梁根部、1/4 跨及跨中断面箱梁的顶板、底板及腹板均布置至少两个混凝土绝对应变计作为纵向应力测点；③主梁根部、1/4 跨和 1/8 跨断面布设抗剪主拉应力测点；④主梁根部、1/4 跨和跨中截面箱梁顶板各布设一个混凝土绝对应变计作为横向应力测点；⑤各箱梁节段前端布置标高测点。

（3）监测的一般程序

悬浇施工监测程序对应于悬浇施工程序列表 7-1。

表 7-1　悬浇施工程序

序号	施工程序	监测程序
①	1 号块挂篮拼装、立模	0 号块应变测试、挂篮、底模标高测量
②	1 号块绑扎钢筋	根部预埋混凝土应变计，预应力张拉前后、挂篮移动前后四次读数，计算应变
③	浇注 1 号块混凝土、养护、张拉预应力、拆模、前移挂篮	1 号块标高测量
④	重复②、③步骤直至合龙	1/8 跨和 1/4 跨断面应力、应变测试，各节段标高测量
⑤	合龙	跨中预埋应变计，测量合龙前后应力、标高
⑥	成桥	全桥几何线形测量

在施工监测过程中，除穿插进行日照温差及季节性温差对 0 号块和悬浇施工关键部位内力与变形测试外，还对受力复杂的 0 号块模架拆模前后以及合龙前后进行严密监测。

由此可见，严格按照上述程序进行应力、应变、变形监测，可以全面反映挂篮拼装、施工荷载、混凝土浇注、预应力张拉、卸架拆模、温度变化、混凝土收缩徐变对悬浇主梁的受力影响。以上监测资料，对于成桥后的刚架桥整体工程质量的评定是重要的依据。

（四）成桥后静力试验的一般程序和要求

1. 确定试验桥孔

根据有关桥梁承载力鉴定方法，对多孔相同跨径的刚架桥，一般 1~3 孔是具有代表性的。进行加载试验的桥跨，其选择条件为：（1）该孔内力计算为最不利；（2）该孔施工质量较差，或者缺陷、病害较多；（3）该孔便于搭设脚手架及布置测点或试验时便于加载。

2. 测试断面及测点布置

刚架体系桥梁主要测试断面及测试内容为：（1）主梁根部断面的应力、应变测试；（2）1/4 跨截面的应力、应变及挠度测试；（3）跨中断面的应力、应变及挠度测试；（4）墩顶截面的应力、应变及水平和竖向位移等。

3. 试验荷载及加载工况

根据桥梁承载力鉴定方法的规定，试验荷载必须超过设计标准荷载效应的 80% 以上。试验加载工况应按静力分析结果，在最不利受力情况下进行对称和偏载作用下的各种可能性组合。

4. 试验过程及其要求

静载试验前应对试验桥孔各测试断面的各个测点进行打底找平，贴应变片并做防潮处理，安装机电位移计、百分表挠度计，焊接导线并联机测试检查。

正式加载试验前，先对各测试截面进行预加载试验，以检查各测点位移计、应变计及数据采集记录仪器工作的可靠性，经检验无误后，方可正式加载测试。

为了减少温度变化对试验结果的影响，静载试验应选择在气温变化不大和结构温度趋于稳定的时间进行。具体加载时间还应考虑减小混凝土流变特性对试验结果的影响。各工况荷载到位后，关闭汽车发动机并持荷 5min 以上，待结构变形完全稳定后再测读数据；每工况一般要求加载测试 2 次，并取其平均值作为测试结果。每次卸载后至下一次的加载时间间隔不少于 5min，以确保测试结果的可靠性。

（五）成桥后动力试验的主要内容和要求

1. 测试动力特性

（1）脉冲试验

试验主孔设置若干个竖向加速度传感器测点，试验时封闭全桥的交通，量测桥梁由于大地脉冲和环境干扰产生的微小振动响应。脉冲试验记录时间为30min。采用数据采集仪采集数据，再通过相关软件进行频谱分析，根据频谱曲线可得到梁体的振动频率，振型关系亦可获得。

（2）跳车试验

用一辆标准设计荷载的汽车在主梁跨中跳车、刹车并记录自由振动信号，并用信号分析仪求出测点的动挠度（f）、衰减系数（φ）和阻尼系数（ζ）。

2. 测试冲击系数（$1+\mu$）

用设计标准荷载汽车以不同车速通过试验桥跨，量测试验车对桥梁冲击影响，据此测定冲击系数。

3. 试验过程及要求

在静载试验完成后进行动载试验，每次跑车试验和跳车试验均做两次，各次试验的时间间隔应超过5min，防止混凝土流变特性对测试结果的影响。

二、刚架桥梁状态评定

在20世纪70年代末至70年代初，我国修建的较大跨径的梁式公路桥梁中，带挂梁的预应力混凝土T形刚构桥是常用的一种桥梁结构型式。经多年使用，有相当一部分的这类桥由于各种原因出现了病害而不能正常使用，或不得不进行加固维修。所以，工程技术人员在后来的设计中将挂梁取消，形成连续的T形刚构桥。T形刚构桥一般采用悬臂浇注、悬臂拼装、支架现浇或在墩位处现浇后转体施工，再视设计或安装挂梁、或现浇接头段形成连续T构。

（一）带挂梁的预应力混凝土T形刚构桥的常见病害及原因分析

由于此种桥型本身的结构特点和构造缺陷，所以常存在以下病害：

1. 悬臂端部牛腿下挠过大

主要原因有梁的刚度下降、纵向预应力损失太多、施工质量差、材质差、超载和基础沉陷等。

2. 悬臂根部顶面开裂

主要原因为施工质量差、纵向预应力损失过大又严重超载造成强度不足。

3. 悬臂1/2跨附近腹板出现斜裂缝

悬臂1/2跨附近虽不是剪力最大处，但变高度梁的腹板高度变化较大。主要原因为竖向预应力损失较大，腹板抗剪强度不够、超载等。

4. 悬臂端部两腹板跨中的牛腿横梁上的竖向裂缝

主要原因为牛腿横梁的横向预应力损失较大或横向截面强度不足、超载等。

5. 其他

T构墩身出现水平裂缝较少，至于箱梁顶板跨中底面出现纵向裂缝，这与连续梁等其他箱形梁桥一样有类似的原因。

总之，带挂梁的T形刚构桥梁刚竣工的时候，没什么问题，使用一段时间后就出现一些病害。各方向的预应力损失过大与施工质量有很大关系，特别是为赶工期，施加预应力过早，混凝土的收缩和徐变造成的预应力损失较大。另外，超载现象难以控制，实际使用中，超出设计活载标准的车辆时常过桥，不可避免使预应力混凝土T形刚构的两悬臂端不同程度的不可恢复的下挠。

（二）带挂梁T构桥的评价

1. 变形挠度分析

多座桥梁试验证明，当试验荷载作用于预应力混凝土T形刚构桥跨柱身支点截面最不利载位时，悬臂端的实测挠度均大于刚度分别按其实际刚度和按桥规折减刚度的理论计算挠度，说明桥梁的实际刚度由于预应力的损失及桥面裂缝的存在，使设计刚度大大降低。但由于悬臂端的最大实测挠度，一般仍小于桥规 L/300 的限值，并不影响桥梁的极限承载刚度。

如果各测点的相对残余挠度在 20% 以内，且大部分测点的挠度在卸载后能较好地回弹与恢复，则可认为桥跨仍基本工作在弹性范围内。否则，应引起对该桥的重视，并应查明原因、针对性采取处理措施。

2. 应力应变分析

桥跨各测试截面的实测应力一般均应小于理论计算应力，从而判断其抗弯、抗剪极限承载能力和极限承载刚度满足承载要求。由于T形刚构桥一般采用变高度的箱形截面，还应测试在偏载作用下的最大挠度，并和相应正载作用下的平均挠度值进行比较，根据两者比值的大小，来观察和说明截面的剪力滞、扭转等产生的受力分布不均匀现象的程度。

3. 裂缝分析

T形刚构桥一般常见的裂缝病害有以下几种：变高度的箱形截面内外侧腹板上的斜裂缝；顶板沿横截面的裂缝；悬拼施工的箱块间沿拼接缝呈上宽下窄的竖向裂缝。其原因主要是：

一是在混凝土的收缩和徐变等变形作用下，局部预应力损失过大。尤其是箱上缘预应力的损失，使箱梁的有效预应力不足，致使其在弯拉应力的作用下，部分箱顶板的弯拉应力过大而产生沿横截面的裂缝，同时在弯拉应力和剪应力的共同作用下，斜截面的主拉应力过大也将使腹板产生斜裂缝。

二是 T 构桥若在理想的施工工艺下，其设计的正常使用极限状态下的混凝土应力均为压应力，且不超过规范的限值，极限强度是能满足设计规范要求的。但当其预应力损失在 20%以上时，箱体的腹板及顶板都将会产生大于混凝土抗拉强度极限的拉应力，而使之开裂。

三是带挂梁的 T 构桥，其悬臂梁在恒载和外荷载的负弯矩作用下，始终是向下挠曲，从而易产生上宽下窄的裂缝。

（三）刚架桥的桥梁状态评定一般方法与主要内容

刚架桥的显著结构特点是墩梁刚性固结，因此，在竖向荷载作用下，将在主梁端部产生负弯矩，因而将减少跨中正弯矩，跨中截面尺寸也相应减小；支柱一般都会产生水平推力，使其不仅要承受压力，还要承受弯矩。而刚架桥大多做成超静定结构，故对温度变化、混凝土收缩徐变、墩台不均匀沉陷、行车制动和预应力等因素产生的次内力是较为敏感的。有时，这些附加次内力可占整个内力相当大的比例。因此，在刚架桥梁的状态评定时，尤其是在进行成桥后的结构理论检算和静、动载试验与结果分析时应充分考虑周全。

1. 刚架桥梁状态评定的一般方法

刚架桥梁建成后，在交工通车前或在使用一段时间后，笔者认为有必要进行一次桥梁状态评定时，一般可采取以下方法进行：（1）对全桥进行一次详细的结构几何线形、尺寸的检测；（2）根据刚架桥的实际断面尺寸、线形、材料实际强度和地基实际承载力进行桥梁结构承载能力的理论检算。检算方法可按现行的交通部颁公路桥涵设计规范有关条文办理，也可以应用已为科研证实能挖掘桥梁潜力的可靠分析计算方法。（3）进行桥梁的静、动载试验，以判断桥梁工程质量的可靠性和安全性。(4) 依据以上桥梁结构检测、检算和试验结果，科学地评价刚架桥的结构强度、刚度和承载能力等实际状况，评价工程的质量、设计的可靠度和合理性；指出大桥实际存在的问题和处理建议；提出大桥的日常营运与使用条件，以及养护、管理应注意的事项等。

2. 刚架桥梁状态评定的主要内容

（1）评价成桥后的结构几何线形与尺寸和设计要求的符合性情况及其影响。（2）评价各控制截面的实测挠度（变形）与理论检算值的符合情况，并客观评定桥梁的实际抗弯刚度与设计及规范要求吻合情况。(3) 评价各控制截面的实测应力与理论检算值的对比情况，客观评定桥梁的实际抗弯强度与设计及规范要求吻合情况。（4）由于刚架桥主梁一般为单箱结构，因此应对箱型主梁在偏心荷载作用下的扭转变形、畸变、剪力滞效应及翼板局部变形、弯矩与挠度增大等真实状况，进行结构检算、测试分析与评定。（5）对桥梁的自振特性和动力响应等进行评定。（6）最后对刚架桥的实际工作状况进行总体的综合评定。

第八章　拱桥荷载试验

第一节　钢管混凝土拱桥

一、概述

拱桥（Arch Bridge）在我国的建造技术历史悠久，人民对于拱桥有一种特殊的情愫、我国独创的双曲拱桥、钢管混凝土拱桥等，充分展现了人民的创造才能与智慧，我国的拱桥在世界桥梁史上亦独树一帜，存有世界上现存最古老的石拱桥——赵州桥与目前世界上最大跨径的石拱桥——丹河大桥（主孔净跨径146m），重庆万县长江大桥是以钢管混凝土作为劲性骨架，再外包混凝土形成箱形拱，为世界上钢筋混凝土拱桥跨度之最，合江长江一桥（又名波司登大桥，主跨530m）是目前世界上跨径最大的钢管混凝土拱桥，上海卢浦大桥为目前世界上跨度最大的钢结构箱形拱桥，朝天门大桥（主跨552m）是目前世界上最大跨度的钢桁拱桥等。

二、常见病害

对于钢管混凝土系杆拱桥来说，最致命的病害就是吊杆疲劳、锈蚀产生断裂等，如攀枝花保果金沙江大桥、新疆库尔勒孔雀河大桥。

第二节　上承式钢箱桁架拱桥

一、工程概况

主桥为上承式钢箱桁架拱桥（图8-1），净跨径400m，净矢高80m，矢跨比1/5，拱轴线采用悬链线，主桥主拱肋采用钢箱桁架结构，钢材采用 Q345D，桁高 10m，横向分 3 片拱肋，肋间中距 10m，拱肋上下弦杆高 1.5m，宽 1.0m，内设纵向加劲肋。拱上立柱墩采用钢排架结构，钢箱截面横桥向为 1.0m，顺桥向为 1.7~0.9m，壁厚 16mm，内设纵向加劲肋及横隔板。立柱墩高度大于 18m 时柱间须设置交叉斜撑，立柱墩帽梁为钢箱结构，宽分 1.2m 和 0.9m 两种，钢箱顶底板厚 20mm，腹板厚 16mm，内设纵向加劲肋，拱上行车道结构采用钢—混凝土组合梁。桥面全宽 24.5m，横向布置为 2×［0.5m（防撞墙）+10.75m（行车道）+2.0m/2（中央分隔带）］，设计荷载等级为公路-I级，双向 6 车道。

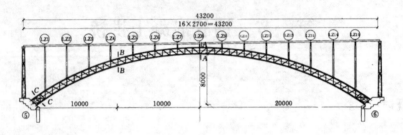

图 8-1　桥型立面布置

二、模型建立

结构总体静力计算分析采用空间杆系有限元理论，钢-混凝土组合主梁采用梁单元组成的空间梁格模拟，拱肋及拱肋上的横撑、腹杆、立柱、盖梁均采用梁单元进行模拟。钢箱混凝土拱肋运用组合结构的计算思想，模拟时建立双材料单元，可通过 midas Civil 施工阶段联合截面功能实现。拱肋与立柱共节点连接，立柱与盖梁的连接利用"弹性连接的刚性"来模拟，主梁与盖梁之间的支座采用"弹性连接"模拟。按照上述处理后，空间有限元模型共划分为 2 364 节点、3 872 个梁单元，见图 8-2。

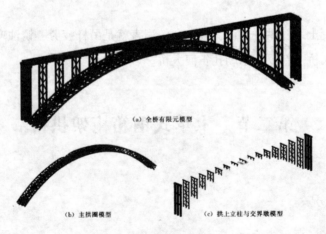

图 8-2　桥梁 3D-FEM

三、内力计算

一期恒载中，结构自重由程序自动计入和以集中力与均布荷载计入，拱肋上、下钢箱内及平联板内混凝土重量通过均布荷载来模拟；二期恒载中桥面铺装及护栏等以均布荷载计入。汽车活载效应计入纵、横向折减系数与偏载系数，冲击系数根据《公路钢管混凝土拱桥设计规范》取用。桥梁在设计荷载作用下的内力包络图见图 8-3。

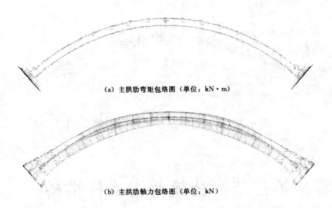

(a) 主拱肋弯矩包络图（单位：kN·m）

(b) 主拱肋轴力包络图（单位：kN）

图 8-3　设计活载作用下结构的内力包络图

四、截面选取与测点布置

根据图 8-3 所示的桥梁内力包络图并结合相关规范要求，最终选择了 3 个截面作为此次荷载试验的控制截面，具体见图 8-3 与表 8-1。

表 8-1　试验截面及测试内容

结构名称	控制截面	截面位置	测试内容
钢箱主拱肋	A-A	上供肋跨中	（1）检验主拱肋跨中截面在最不利荷载作用下产生的最大正弯矩效应；（2）跨中截面的最大位移
	B-B	主拱肋 L/4	（1）检验主拱肋 L/4 截面在最不利荷载作用下产生的最大正弯矩和负弯矩效应；（2）L/4 截面的最大位移
	C-C	主拱肋拱脚	检验主拱肋拱脚在最不利荷载作用下产生的最大负弯矩效应

主拱肋应力（应变）测点布置见图 8-4；桥梁变形（含桥面与主拱肋）测点布置见图 8-5。

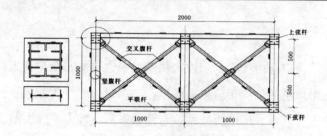

图 8-4 主拱肋应力（应变）测点布置示意图（单位：cm）

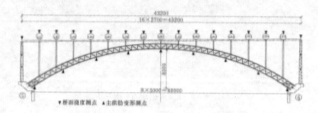

图 8-5 桥梁变形测点布置（单位：cm）

第三节 公轨两用系杆拱桥

一、工程概况

大桥主桥采用刚构与提篮式钢箱系杆拱、桁梁的组合结构，跨径组合为（88+102+420+102+88）m，桥面宽30.5m，横向布置为2×［2.5m（人行道）+3×3.75m（行车道）+2×0.5m（两侧路缘带）+1.0m/2（中央分隔带）］。主桥设六线行车道（荷载等级为城-A级）、双线城市轻轨（轨道交通荷载由两辆首车和六辆标准车组成，轴重110kN，编组总长118.6m）、双侧人行道（人群荷载为2.4kN/m²），六车道及双侧人行道设在桥面，双线轻轨设在主桥桁梁下横梁上，构成双层特大公轨两用桥。

主拱结构为提篮式钢箱拱，拱轴线为二次抛物线，矢跨比为1/5.67，矢高56.44m，主拱肋倾角为10.67°，两拱肋间用6道钢箱横撑连接以增加其横向稳定性。Y形刚构由前、后悬臂，主横梁，前、后次横梁，前、后主横梁及系杆索锚固结构组成。主桥钢桁梁采用桁架和正交异性桥面板组合体系，标准正交异性板由厚16mm桥面板、纵向"U-肋"和横梁组成。主桥刚构和主墩顶部异形块采用C60，主墩墩身采用C50，边墩和交界，墩身采用C40，主桥主体钢结构构件钢材为Q345qD。预应力筋采用公称直径为15.24mm，抗拉强度1860MPa的钢绞线。吊杆索及支点吊索体系采用HDPE护套的φ7.0mm镀锌高强度平行钢丝索。钢桁梁竖向力支承体系中共设置 8 个盆式橡胶支座，两对设在边墩（P16、P19）处，另外两对设在交界墩（P15、P20）处。同时采用 4 个阻尼限位器将钢桁梁下弦杆与刚构边墩横梁相连，桁梁与主拱肋及刚构无连接（除阻尼限位设备外），构成全飘浮体系。

二、模型建立

在对拱桥结构进行荷载试验前，首先应对桥面线形与拱轴线进行测量。当桥梁跨度较大时宜采用全站仪（操作相对麻烦，外界环境要求较高，但是测量内容多，精度与效率高）进行测量，对于拱轴线的测量宜采用免棱镜全站仪，其测试原理与方法不再赘述。

根据实际桥梁结构的情况，采用空间三维线弹性分析方法对大桥的整体结构进行模拟与分析。由于该桥结构较为复杂，宜做好建模前的规划，即将全桥划分为表 8-2 所述的子结构，并根据子结构不同的材料与截面以及受力特点选择不同的材料与截面以及相应的单元（表 8-2），这样便于后期桥梁结构整体的建模。

表 8-2　实际各子结构与相应的模拟单元

子结构名称	FEM 中的单元选择	子结构名称	FEM 中的单元选择
边墩与交界墩	梁单元	正交异性桥面板钢桁梁	板单元+梁单元
主墩与刚构	梁单元	吊杆索	杆单元
钢箱提篮拱	梁单元		

注：1. 各单元截面特性按照实际设计截面定义在相应的截面上。

2. 杆单元仅考虑其轴向抗拉刚度。

3. 正交异性桥面板用板单元模拟，板单元的厚度采用等效刚度换算法（考虑 U 肋及板肋参与实际受力），其几何位置按照等效刚度换算法获得的桥面板形心来确定。

4. 钢桁梁采用梁单元模拟，实际结构交点处共节点，并用梁端刚域模拟共节点处截面刚度变化对单元刚度的影响。

正交异性桥面板简化为板单元时采用的等效刚度换算法（图 8-6），具体计算如下。

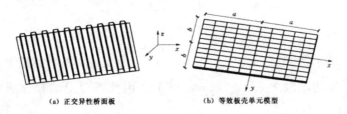

(a) 正交异性桥面板　　　　　　(b) 等效板壳单元模型

图 8-6　正交异性桥面板与简化板单元

等效的正交各向异性板有 9 个独立变量（即沿弹性主方向的物理参数）：3 个弹性模

量 E_1、E_2、E_3，3 个泊松比 ν_{12}、ν_{13}、ν_{23} 以及 3 个剪切模量 G_{12}、G_{13}、G_{23}。由广义胡克定理有

$$\begin{Bmatrix} \varepsilon_{11} \\ \varepsilon_{22} \\ \varepsilon_{33} \\ \gamma_{12} \\ \gamma_{13} \\ \gamma_{23} \end{Bmatrix} = \begin{bmatrix} 1/E_1 & -\nu_{21}/E_2 & -\nu_{31}/E_3 & 0 & 0 & 0 \\ -\nu_{12}/E_1 & 1/E_2 & -\nu_{33}/E_3 & 0 & 0 & 0 \\ -\nu_{13}/E_1 & -\nu_{23}/E_2 & 1/E_3 & 0 & 0 & 0 \\ 0 & 0 & 0 & 1/G_{12} & 0 & 0 \\ 0 & 0 & 0 & 0 & 1/G_{13} & 0 \\ 0 & 0 & 0 & 0 & 0 & 1/G_{23} \end{bmatrix} \begin{Bmatrix} \sigma_{11} \\ \sigma_{22} \\ \sigma_{33} \\ \sigma_{12} \\ \sigma_{13} \\ \sigma_{23} \end{Bmatrix}$$

由于对桥面板进行加劲主要是为了加强其顺桥向的刚度与提高桥面板局部的抗弯性能，因此选择 E_1、E_2、G_{12}、t 4 个变量作为待定材料参数。其中，E_1、E_2 与桥面板抗拉刚度相关，E_1、E_2、G_{12} 与桥面板弯曲刚度相关，t 为等效板厚度。

（一）桥面板拉压刚度模拟

对加劲桥面板分别沿主方向 1 和 2 施加轴向荷载 F_1 和 F_2。设 F_1 作用下的线应变为 ε_1 与 ε'_2，F_2 作用下的线应变为 ε_2 与 ε'_1，由胡克定律可得

$$\left. \begin{aligned} \varepsilon_1 &= \frac{F_1}{E_1 A_1} \\ \varepsilon_2 &= \frac{F_2}{E_2 A_2} \\ \varepsilon'_1 &= \frac{-\nu_{21} F_2}{E_2 A_2} \\ \varepsilon'_2 &= \frac{-\nu_{12} F_1}{E_1 A_1} \end{aligned} \right\}$$

公式中

$$\begin{cases} A_1 = 2at \\ A_2 = 2bt \end{cases}$$

当 E_1、E_2 已知时，可通过上述式计算 ν_{12}、ν_{21}，但是这样的计算结果通常不满足正交各向异性材料常数的限制关系（$\nu_{ij}/E_i = \nu_{ji}/E_j$），因此需要对泊松比进行强制对称化，即取

$$\nu_{12} = \sqrt{\frac{A_1 A_2 \varepsilon'_1 \varepsilon'_2}{F_1 F_2}} E_1$$

$$\nu_{21} = \sqrt{\frac{A_1 A_2 \varepsilon'_1 \varepsilon'_2}{F_1 F_2}} E_2$$

（二）桥面板弯曲刚度模拟

对正交各向异性板施加横向力 q，设坐标系中 x 轴和 y 轴沿板的弹性主方向，则挠度弹性弯曲方程为

$$D_1 \frac{\partial^4 w}{\partial x^4} + D_2 \frac{\partial^4 w}{\partial y^4} + 2D_3 \frac{\partial^4 w}{\partial x^2 \partial y^2} = q$$

公式中：w——挠度；

$$D_1 = \frac{E_1 t^3}{12(1-\nu_{12}\nu_{21})} ;$$

$$D_2 = \frac{E_2 t^3}{12(1-\nu_{12}\nu_{21})} ;$$

$$D_3 = \nu_{21} D_1 + \frac{G_{12} t^3}{6} 。$$

对于四边固支的正交各向异性矩形板，在横向的均布荷载 q_0 作用下，板中最大挠度（位于板中心）为

$$wc_{max} = \frac{7 q_0 a^4 b^4}{128\left(D_1 b^4 + D_2 a^4 + \frac{4}{7} D_3 a^2 b^2\right)}$$

对于四边简支的正交各向异性矩形板，在横向的正弦荷载 $q_0 \sin\left(\frac{\pi(x+a)}{2a}\right) \times \sin\left(\frac{\pi(y+b)}{2b}\right)$ 作用下，板中最大挠度（位于板中心）为：

$$ws_{max} = \frac{16 q_0 a^4 b^4}{\pi^4(D_1 b^4 + D_2 a^4 + 2D_3 a^2 b^2)}$$

三、内力计算

一般地，公轨两用桥上层公路要较下层轻轨更早建成通车，并且本书主要是针对上层公路汽车活载进行荷载试验，故本小节内力计算依据现行的《铁路桥涵设计基本规范》规

定：铁路公路两用的桥梁考虑同时承受铁路和公路活载时，公路活载按照现行《公路桥涵设计通用规范》规定的全部活载的75%计算，铁路活载以双线活载的90%进行计算，即：

$$N_{LL} = 0.75(N_{VLL} + N_{PLL}) + 0.90N_{RLL}$$

公式中：N_{LL}——设计活载；

N_{VLL}——四车道活载［须根据《公路桥涵设计通用规范》进行横向多车道折减与纵向折减，并计入冲击系数］；

N_{PLL}——人群活载；

N_{RLL}——双线轨道活载。

四、截面选取与测点布置

根据桥梁内力包络图并结合本桥特点，最终选择了10个控制截面，分别对钢桁梁、主拱圈、Y形刚构及吊杆等在设计活载下的最不利位置进行静载试验，见表8-3。

表8-3　试验截面及测试内容

子结构名称	控制截面	截面位置	测试内容
钢桁梁	A-A	88m边跨钢桁梁最大正弯矩试验	（1）测试钢桁梁下弦杆的拉应力，上弦杆、斜吊杆、腹杆的应力；（2）测试钢桁梁的最大挠度；（3）主梁伸缩缝端的轨道梁最大上翘转角
	B-B	钢桁梁支点负弯矩试验	（1）测试钢横梁上弦杆的拉应力；（2）下弦杆、斜吊杆、腹杆的应力
	C-C	102m次边跨钢桁梁最大正弯矩试验	（1）测试钢横梁下弦杆的拉应力；（2）上弦杆、斜吊杆、腹杆的应力；（3）测试钢桁梁的最大挠度
	J-J	420m中跨钢桁梁最大正弯矩试验	（1）测试钢横梁下弦杆的拉应力；（2）上弦杆、斜吊杆、腹杆的应力；（3）测试钢桁梁的最大挠度；（4）测试公路横梁、桥面板的受力状态
Y形刚构	D-D	Y形刚构前悬臂根部突变截面最大负弯矩试验	测试截面的正应力和剪应力

子结构名称	控制截面	截面位置	测试内容
主拱圈	F-I	拱脚（钢混结合段截面）最大负弯矩试验	测试钢箱主拱的应力
	G-G	主拱1/4跨径截面最大正弯矩试验	测试钢箱主拱的应力
	H-H	拱顶最大正弯矩试验拱顶最大挠度试验	测试钢箱主拱的应力及挠度
吊杆	E-E	支点吊索最大活载内力试验	吊杆内力
	I-I	活载作用下吊杆最大内力试验	吊杆内力

五、传感器优化

桥梁工程作为大型土木结构，其杆件众多、构成复杂，在对桥梁结构进行动力特性测试中传感器是非常重要的设备，一般要求数量较多、性能较好。为节约试验成本、降低试验耗时，需要利用最少的传感器以最大限度地获取桥梁结构的振动信息，这就要求对传感器的布设位置以及个数进行优化。目前，传感器优化算法主要有有效独立法（EI）、模态保证准法（MAC）、Guyan缩减法、改进缩聚法、逐步累积法、逐步消减法、神经网络算法、遗传算法以及相应组合的混合算法等。

一种好的传感器布设方案应满足以下几点：第一，使传感器系统的设备、数据处理、传输和数据通道等费用最小；第二，从含有噪声的测量数据中能够较好地识别出结构模态参数；第三，有效确定结构特性及其变化，提高结构早期损伤识别的能力；第四，能够通过合理添加传感器对感兴趣的部分模态进行数据重点采集；第五，测得的时程记录将对模态参数的变化最为敏感。

在测点的最优布设算法中，Fisher信息阵代表了测点自由度保留下的关于结构模态参数的信息量，尽管各种布点方案的实现过程、理论依据有所不同，但最终均可通过其所获得的Fisher信息阵的行列式来衡量测点布设的优劣。基于EI-MAC混合算法在桥梁模态测试中应用较为广泛，本小节仅介绍其原理与方法。

有效独立法是从初始测点群中删除测点的过程，而MAC法是向初始测点群中添加测点的过程，两者得到传感器测点布置的顺序正好相反。有效独立法是利用复合模态矩阵E的幂等性，逐步删除对E的秩贡献最小的自由度，由此来优化Fisher信息矩阵，使感兴趣的模态向量在最少测点的情况下尽可能保持线性无关。MAC法确定测点传感器布设位置是初选一组测点，然后往这组测点中添加测点并计算 MAC 值，当添加的测点能够使 MAC 矩阵中非对角元素最小时，则把该测点添加到初选测点中，如此往复，直至达到满意的测点数。MAC 法的优点是它可以经过次数不多的亲代试算就能得到一组布置传感器的测点，这组测点能够保证所测得的向量具有最大的空间交角。

（一）列主元 QR 分解法

列主元的 QR 分解法利用了测量向量的行空间特性，对所测向量矩阵的转置进行 QR 分解，有：

$$\varphi^T E = QR = Q \begin{bmatrix} R_{11} & R_{1m} & \cdots & R_{1n} \\ R_{21} & R_{2m} & & R_{2n} \\ \vdots & & \ddots & \vdots \\ 0 & R_{nnn} & \cdots & R_{mn} \end{bmatrix}$$

提取 φ 行向量组中具有较大范数的子集所对应的测点，这就为 MAC 法提供了初始的测点。

（二）有效独立法

有效独立法首先需要构造矩阵 E：

$$E = \varphi_s \left[\varphi_s^T \cdot \varphi_s \right]^{-1} \cdot \varphi_s^T$$

该矩阵是一个目标模态矩阵向所组成向量空间的投影矩阵。其对角元为

$$E_d = diag(E)$$

E_d 的物理意义是给定传感器位置对目标模态矩阵 φ_s 线性独立性贡献的大小。通过 E_d 值对各个候选测点的优先顺序进行排序，用迭代算法每次删除 E_d 中最小的元素所对应的传感器位置，也即删除对目标模态矩阵 φ_s 独立性贡献最小的行，重新组成 Fisher 信息阵，再进行下一次迭代，再次删除一个位置，直至达到所需的传感器数量为止。这就为候选测点的选择提供了依据，保证了添加测点的线性无关性。

（三）MAC 法

为了避免由于向量间的空间交角过小而丢失重要模态，常用 MAC 法来进行传感器的优化布置。其表达式为：

$$MAC_{ij} = \frac{(\varphi_i^T \cdot \varphi_j)^2}{(\varphi_i^T \cdot \varphi_i) \cdot (\varphi_j^T \cdot \varphi_j)}$$

公式中：φ_i、φ_j——第 i 阶和第 j 阶的模态向量。

这种督促方式下布置的测点应尽可能让 MAC 矩阵非对角元最小。设由列主元 QR 分解得到的初始配置结果为 $\bar{\varphi} \in R_{m \times m}$，由结构的剩余自由度组成的振型矩阵子集为 $\varphi \in R^{(n-m) \times m} \in R$。

第四节 钢筋混凝土桁架拱桥

一、桥梁概况

第一，结构形式：三跨钢筋混凝土桁架连拱，每跨分别由九片桁架拱片组成，已服役30余年；第二，跨径组成：35m+50m+35m；第三，桥面净空：1.0m+4.0m+0.25m+13.0m+0.25m+4.0m+1.0m=23.5m；第四，行车道数：六车道双向行车；第五，荷载等级：汽车-20级，挂车-100，人群荷载 3.5kN/m^2；第六，设计车速：60km/h。

二、试验项目

根据交通规划要求，拟将原旧桥两侧非机动车道改为行车道，桥面运营荷载将发生较大变化。为了检验该桥行车道拓宽以后桥梁结构的安全可靠性，拟定下述荷载试验项目：

（一）静载试验

桁架拱主要构件控制截面在试验荷载下的应变；桁架拱控制截面在试验荷载下的挠度；墩台在试验荷载下的水平变位。

（二）动载试验

汽车荷载冲击系数；桥梁自振特性与阻尼比。

三、测试截面的确定

（一）荷载横向分布系数计算

由空间结构分析程序可计算出边跨与中跨各拱片的荷载横向分布影响线，如图8-7所示，根据最不利位置布载，可以求出汽车荷载在各种横向布置情况下各拱片的最大荷载横向分布系数，见表8-4。

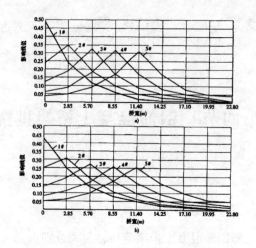

图8-7 桁架拱片荷载横向影响线

a）边孔拱片；b）中孔拱片

表8-4 桁架拱片最大荷载横向分布系数计算值

位置 汽车0~2级	两列车	四列车	六列车
边跨	0.583	0.818	0.858
中跨	0.564	0.752	0.836

（二）测试截面的确定

利用桥梁结构分析专用程序，结合桁架拱片最大荷载横向分布系数，对该桥进行结构静力分析及空间结构动力分析。桁架拱片在汽车-20级荷载作用下的弯矩和挠度包络图与桁架拱桥的前四阶振型图这里从略。

根据上述结构分析结果并结合桥梁结构的对称性，选择东边跨和中跨作为测试孔，测试拱片主要构件控制截面的应变和拱桥控制截面的挠度，以及墩台顶水平变位值。各控制截面测试项目列于表8-5，测试截面具体位置如图8-8所示。

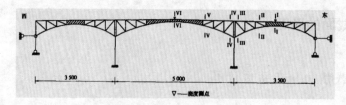

图8-8 测试截面位置（尺寸单位：cm）

表 8-5　各控制截面测试项目

截面编号	位置	测试项目	截面编号	位置	测试项目
I	边跨跨中实腹段	正应变与挠度	V	中跨 Z/4 上弦杆与下弦杆	正应变和动应变
II	边跨 1/4 上下弦杆	动应变	VI	中跨跨中实腹段	正应变与挠度
III	边跨拱脚下弦杆	正应变	VII	中墩墩顶	纵桥向水平变位
IV	中跨拱脚下弦杆	正应变	VIII	桥台	纵桥向水平变位

四、测点布置

（一）应变测点

该桥每跨共由 9 个桁架拱片组成，桥宽较大，桥下河水较深。为了减少测试工作量，根据图 8-7 所示的各拱片荷载横向分布影响线规律，选择受荷载影响较显著的上游侧（半桥宽 5 片拱片）作为试验布点截面，各测试截面应变测点的具体位置如图 8-9 所示。全桥共设 120 个应变测点。

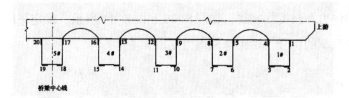

图 8-9　应变测点布置

（二）挠度测点

边跨跨中截面 I 和中跨跨中截面 VI 分别在每个拱片对应的桥面设置挠度测点，用精密水准仪测取挠度值。全桥共设挠度测点 10 个。

（三）墩台水平变位测点

在测试跨的桥台和墩顶拱座处，沿上游 1#、3# 和 5# 拱片的拱脚处分别设置纵桥向水平变位测点，用百分表测取变位值。全桥共设 6 个水平变位测点。

（四）动态测点

1. 动应变测点

为了更有效地测取桥跨结构的动态特性，将动应变测点布置在振幅较大的截面处。根据该桥空间结构动力分析成果，选择边跨与中跨1/4截面布置动应变测点，在测试截面的相应拱片下弦杆选择一个动应变测点。全桥共设10个动应变测点。

2. 动力特性测点

在边跨和中跨1/4桥面缘石与隔离墩上安装加速度传感器。全桥共设4个加速度传感器测点。

五、试验荷载及其布置

（一）静力试验荷载

1. 试验车辆的确定

由于该桥处于城市交通主干道上，荷载试验期间只能在加载后稳定读数期间临时封闭交通，因此为了提高试验效率，缩短试验时间，仅采用300kN载重汽车作为试验用车。根据各控制截面的内力和挠度影响线，如图8-10和图8-11所示，确定采用300kN载重汽车共4辆。试验用汽车的型号、轴距与轴重力见表8-5。

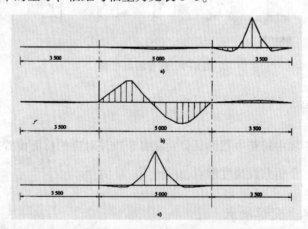

图8-10　主要测试截面弯矩影响线（尺寸单位：cm）

a）边跨跨中；b）中跨拱脚；c）中跨跨中

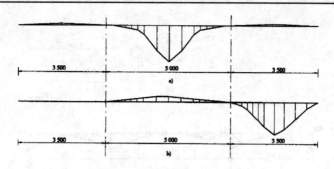

图 8-11 主要测试截面挠度影响线（尺寸单位：cm）

a）中跨跨中；b）边跨跨中

表 8-6 试验用汽车型号、轴距与轴重力表

编号	车型	轴间距(m)		轴重力(kN)			总重力
		1~2	2~3	1 轴	2 轴	3 轴	(kN)
1	三菱	3.60	1.40	53.4	123.0	123.0	299.4
2	三菱	3.60	1.40	57.0	123.0	123.0	303.0
3	三菱	3.60	1.40	60.2	121.0	121.0	302.2
4	三菱	3.60	1.40	61.8	121.0	121.0	303.8

2. 试验荷载布置

按各测试截面的控制弯矩及控制挠度最不利位置布载，共分为 4 种试验荷载工况，分别为：

工况 1：纵桥向按截面 I 弯矩和挠度及拱脚水平变位的最不利位置布载，横桥向为偏载；

工况 2：纵桥向按截面Ⅲ弯矩的最不利位置布载，横桥向为偏载；

工况 3：纵桥向按截面Ⅴ上、下弦杆弯矩的最不利位置布载，横桥向为偏载；

工况 4：纵桥向按截面弯矩和挠度及拱脚水平变位最不利位置布载，横桥向为偏载。

上述各工况均采用四列车队在影响线上加载，结合该桥面实际情况，确定各工况下的试验荷载纵桥向布置如图 8-12 所示，横桥向布置如图 8-13 所示。

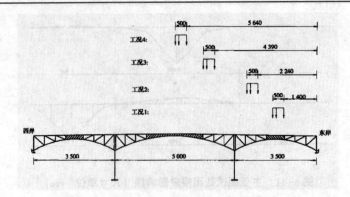

图 8-12　试验荷载纵桥向布置（尺寸单位：cm）

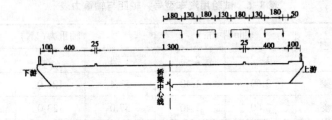

图 8-13　试验荷载横桥向布置（尺寸单位：cm）

试验加载过程中，各工况分别按单列车辆荷载递增，分 4 级实施，每级稳定时间不少于 20min。

3. 试验荷载效率

各工况试验荷载对测试截面产生的荷载效应和汽车-20 级标准荷载效应的最大值列于表 8-6。

表 8-6　试验荷载效应与汽车-20 级标准荷载效应对比

工况	项目	试验荷载下的计算值①	标准荷载下的计算值②	荷载效率 ①/②
1	截面Ⅰ弯矩(kN·m)	321.1	343.5	93.5%
2	截面Ⅱ弯矩(kN·m)	−16.6	−17.8	93.5%
3	Ⅴ截面下弦杆弯矩(kN·m)	115.5	122.5	94.3%
	Ⅴ截面上弦杆弯矩(kN·m)	213.1	227.0	93.9%
4	截面Ⅵ弯矩(kN·m)	396.8	422.8	93.9%

注：①为了便于比较，表中试验荷载效应的计算值中均未计入汽车冲击效应。

②表中数据为四列车布载情况，试验车辆横向布置按桥面未改造交通情况布置，标准车按改造后交通情况布置。

③以上数据为计入横向分布影响后的边孔拱片内力值。

由表 8-6 可见，各测试截面在试验荷载下的弯矩值均超过标准荷载效应的 90% 以上，保证了试验的有效性。

（二）动力试验荷载

采用一辆 300kN 试验汽车作为动力试验荷载。

1. 跑车试验

在桥面无障碍的情况下，试验汽车分别以 10km/h、20km/h、30km/h 和 40km/h 的速度匀速过桥激振。

2. 跳车试验

因该桥已服役近 30 年，考虑到原结构已出现多处开裂现象，加之正处在运营状态，为安全起见，未进行此项激振。

第九章 缆索体系桥梁荷载试验

第一节 斜拉桥

一、桥梁概况

第一，结构形式：双塔双索面复合斜拉桥，主梁中跨为钢-混凝土叠合梁，边跨为预应力混凝土梁，每边跨设两个辅助墩及桩基础；第二，跨径组成：$2 \times 36.0m + 43.8m + 360.0m + 43.8m + 2 \times 36.0m$；第三，桥面净空：$2.65m + 1.5m + 10.75m + 0.5m + 10.75m + 1.5m + 2.65m = 30.3m$；第四，行车道数：六车道双向行车；第五，荷载等级：汽车-超 20 级，挂车-120，人群 $3.5kN/m^2$；第六，设计车速：80km/h。

二、试验项目

为了检验该桥的施工质量是否符合设计要求，为竣工验收提供科学依据，也为完善叠合梁斜拉桥设计积累技术资料，拟定以下荷载试验项目：

（一）静载试验

第一，中跨钢-混凝土叠合梁控制截面在试验荷载下的挠度与应变；第二，边跨预应力混凝土梁控制截面在试验荷载下的挠度与应变；第三，索塔控制截面在试验荷载下的应变与索塔顶变位；第四，试验荷载下的索力增量；第五，钢横梁控制截面在试验荷载下的应变。

（二）动载试验

汽车荷载冲击系数；桥梁自振频率与阻尼比。

三、测试截面的确定

采用桥梁结构分析专用程序对该桥进行结构静力分析及空间结构动力分析。斜拉桥主梁在汽车-超20级荷载作用下的内力包络图,索塔内力包络图从略。根据桥梁结构的对称性,选择中跨和东边跨(E)作为测试跨,主要测试主梁各弯矩控制截面在试验荷载作用下的挠度和应变;东索塔作为测试塔,主要测试各控制截面在试验荷载作用下的变位和应变。根据内力分析可知,索塔的应变最不利截面为桥塔横梁(主梁支承)上缘的塔柱截面,而横梁以下塔柱截面虽然弯矩更大,但因其截面惯性矩远大于截面 V,故由弯矩引起的应变明显小于后者,因此选择索塔横梁上缘的墩身截面作为索塔测试截面。各控制截面测试项目列于表9-1。

表9-1 各控制截面测试项目表

横面编号	位置	测试项目
Ⅰ	中跨跨中	正应变与挠度及动应变
Ⅱ	主墩墩顶支点	正应变
Ⅲ	43.8m 跨跨中	正应变与挠度
Ⅳ	边跨跨中	正应变与挠度
Ⅴ	塔身	正应变
Ⅵ	塔顶	水平变位

四、测点布置

(一)应变测点

1. 叠合梁上的应变测点

根据主跨钢-混凝土叠合梁的构造特点,分别在钢板纵梁和预应力混凝土板梁上设置纵桥向应变测点,钢板横梁跨中沿梁高另设置横桥向应变测点,如图9-1所示。叠合梁段上的截面Ⅰ和截面Ⅱ,每截面共设纵桥向应变测点31个,横桥向应变测点4个。

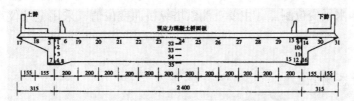

图9-1 叠合梁截面应变测点布置(尺寸单位:cm)

注：①应变片 1，2，3，…，31 沿纵桥向贴片；②应变片 32，33，34，35 沿横桥向贴片

（2）预应力混凝土梁上的应变测点

预应力混凝土梁段上的截面Ⅲ和截面Ⅳ测点布置如图 9-2 所示。每截面共设纵桥向应变测点 8 个。

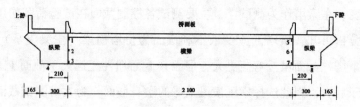

图 9-2　预应力混凝土梁截面应变测点布置（尺寸单位：cm）

（3）索塔上的应变测点

索塔截面 V 的应变测点布置如图 9-3 所示，共设 8 个应变测点。

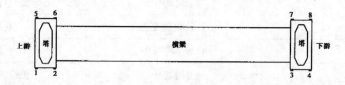

图 9-3　索塔截面应变测点布置

全桥共设置 94 个应变测点。

（二）挠度测点

主梁控制挠度测点分别设于测试截面Ⅰ、Ⅱ、Ⅲ和Ⅳ的桥面上下游护栏处，其中边跨预应力混凝土梁挠度测点设于桥面上，采用精密水准仪量测挠度值；中跨叠合梁挠度测点设于相应位置的桥下钢板梁上，通过固定在钢板梁上的钢丝并配重锤至视线高度处固定标尺，在桥下采用精密水准仪测读挠度值。全桥共设 8 个控制挠度测点。

（三）塔顶变位测点

塔顶设纵向水平变位测点，主要观测索塔纵桥向变位值，采用全站仪观测。共设 2 个水平变位测点。

（四）动态测点

根据空间结构动力分析，该桥的前三阶振型为中跨叠合梁的竖向弯曲振动，其中第一

阶振型为叠合梁对称竖向弯曲，第二阶振型为叠合梁反对称竖向弯曲，第三阶振型为叠合梁对称竖向弯曲且跨内有两个节点。

1. 动应变测点

由该桥振型特征可知，中跨跨中一阶振幅最大。因此，在中跨跨中截面上、下游钢纵梁上、下翼缘和预应力混凝土桥面板下缘分别布置纵桥向动应变测点，全桥共布 6 个动应变测点。

2. 自振特性测点

在中跨跨中截面和中跨 1/4 截面的桥面上、下游护栏和人行道之间安装加速度传感器。全桥共布设 4 个加速度传感器测点。

五、试验荷载及其布置

（一）静力试验荷载

1. 试验车辆的确定

为了便于多工况荷载试验时车辆的调配，该桥试验全部采用 200kN 载重汽车，通过适当加密车辆的纵桥向间距，使试验荷载对测试截面产生的效应达到设计荷载效应的 80% 以上。

利用桥梁结构分析专用程序分别计算并绘制各控制截面的弯矩和挠度（位移）影响线，按最不利位置加载，在保证试验荷载效率 $\eta \geqslant 80\%$ 的条件下，经计算确定静载试验共需用 200kN 载重汽车 24 辆。

2. 试验荷载布置

按各测试截面的控制弯矩及控制挠度（变位）最不利位置布载，共分为 6 种试验荷载工况，分别为：

工况 1：纵桥向按截面 I（中跨跨中截面）弯矩和挠度的最不利位置布载，横桥向为对称布载（图 9-4）。

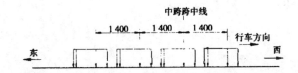

图 9-4　工况 1 与工况 2 试验荷载纵桥向布置（尺寸单位：cm）

工况 2：纵桥向布载与工况 1 相同，横桥向为偏心布载。

工况3：纵桥向按截面Ⅱ（主墩顶支点处）弯矩的最不利位置布载，横桥向为对称布载（图9-5）。

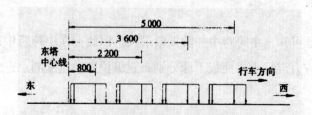

图9-5　工况3试验荷载纵桥向布置（尺寸单位：cm）

工况4：纵桥向按截面Ⅲ（43.8m边孔跨中）弯矩和挠度的最不利位置布载，横桥向为对称布载（图9-6）。

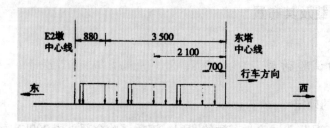

图9-6　工况4试验荷载纵桥向布置（尺寸单位：cm）

工况5：纵桥向按截面Ⅳ（36m边孔跨中）弯矩和挠度的最不利位置布载，横桥向为对称布载（图9-7）；

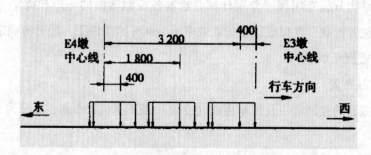

图9-7　工况5试验荷载纵桥向布置（尺寸单位：cm）

工况6：纵桥向按截面Ⅴ（塔身截面）弯矩和塔顶水平位移的最不利位置布载，横桥向为对称布载（图9-8）。

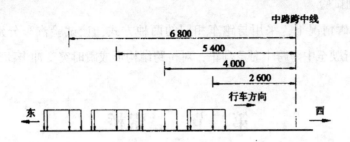

图 9-8 工况 6 纵桥向布载位置（尺寸单位：cm）

3. 试验荷载效率

主要工况试验荷载对测试截面产生的荷载效应和汽车-超 20 级标准荷载效应的最大值列于表 9-2。

由表 9-2 可见，各主要测试截面在试验荷载下的弯矩与位移值均超过了标准设计荷载效应的 80%以上，从而保证了静载试验的有效性与可靠性。

表 9-2 试验荷载效应与标准荷载效应对比

工况	项目	试验荷载下的 计算值①	标准荷载下的 计算值②	试验荷载效率 ①/②
1、2	截面Ⅰ弯矩(kN·m)	21 450	23 402	91.7%
	截面Ⅰ挠度(mm)	233.1	292.1	80.0%
3	截面Ⅱ弯矩(kN·m)	−21 967	−26 213	83.8%
4	截面Ⅲ弯矩(kN·m)	13 244	15 750	84.1%
	截面Ⅲ挠度(mm)	4.0	4.58	87.3%
5	截面Ⅳ弯矩(kN·m)	10 148	12 651	80.2%
	截面Ⅳ挠度(mm)	2.12	2.53	83.7%

注：①汽车-超 20 级标准荷载的最不利弯矩和挠度按六车道计算，并计入了六车道折减系数 0.55 和纵向折减系数 0.97 （150m<l<400m）。

②标准荷载的弯矩值计算中将偏载系数和冲击系数的乘积取为 1.20。

（二）动力试验荷载

采用两辆 200kN 试验汽车作为动力试验荷载。

1. 跑车试验

在桥面无障碍的情况下，试验汽车分别以 20km/h、30km/h、40km/h 和 50km/h 的速度往返匀速过桥激振。跑车方式分别为一辆汽车行驶和两辆汽车同向平行行驶。

2. 刹车制动试验

在桥面无障碍情况下，采用与跑车相同的两种方式，让试验汽车分别以 20km/h 和 40km/h 的速度行驶至中跨跨中时急刹车，对桥跨结构形成瞬时突变冲击荷载进行激振。

第二节　悬索桥

一、桥梁概况

第一，结构形式：单跨双铰悬索桥，主缆直径索夹外为 $\varphi 655mm$，索夹内为 $\varphi 647mm$；钢箱加劲梁，梁高 3.0m；第二，主缆矢跨比：1/10；第三，跨径组成：246.255m+960m+246.255m；第四，索塔高度：南塔 142.227m，北塔 112.415m；第五，桥面净空：0.3m+2.0m+1.7m+10.0m+2.0m+10.0m+1.7m+2.0m+0.3m＝30m；第六，行车道数：四车道双向行车；第七，荷载等级：汽车–超 20 级，挂车–120，人群 3.5kN/m²；第八，设计车速：80km/h。

二、试验项目

为了检验该桥施工质量及桥梁结构可靠性，为竣工验收提供技术依据，完善该类桥型设计技术，为发展悬索桥设计计算理论积累技术资料，拟定以下荷载试验项目：

（一）静载试验

第一，加劲梁控制截面在试验荷载下的挠度及应变；第二，主缆控制点处在试验荷载下的竖向变位及最大拉力；第三，主塔顶在试验荷载下纵桥向水平变位；第四，塔身控制截面在试验荷载下的应变；第五，吊索在试验荷载下的索力增量；第六，加劲梁在试验荷载下的纵向漂移。

（二）动载试验

第一，汽车荷载冲击系数；第二，加劲梁动应变与动挠度；第三，桥梁自振频率、振型与阻尼比。

三、测试截面的确定

（一）静载测试截面

采用桥梁结构分析专用程序，对该桥进行结构静力分析并绘制主缆、主梁和索塔在汽车-超 20 级荷载作用下的弯矩与挠度包络图，并结合桥梁结构的对称性，选择主跨跨中、$l/4$ 和 $l/8$ 截面为主梁应变测试截面；索塔塔脚截面作为索塔应变测试截面；主跨选择 8 等分的 9 个等分点（包括支点）截面作为主缆和加劲梁的竖向挠度测试截面；边跨中点作为主缆挠度测试截面。各控制截面测试项目列于表 9-3。

表 9-3　各控制截面测试项目表

截面编号	位置	测试项目
I	主跨跨中	加劲梁挠度与正应变及主缆变形、动挠度与动应变
II	主跨 1/8 处	加劲梁挠度与正应变和主缆变形及横隔板正应变、动应变
III	主跨支座处	加劲梁纵向漂移
IV	索塔塔脚	索塔塔脚正应变
V	索塔塔顶	索塔塔顶纵桥向水平变位

（二）动载测试截面

采用空间结构动力分析程序，对该桥进行空间结构动力分析，结合桥梁结构对称性，选择 1/8 和跨中两个截面作为动应变测试截面，跨中截面作为动挠度测试截面。

四、测点布置

（一）应变测点

1. 加劲钢箱梁控制截面应变测点

根据该桥加劲钢箱梁的构造特点，所有应变测点均在钢箱内布置，各控制截面的应变测点布置如图 9-9 所示。其中，正交异性钢桥面板下方的纵肋底缘和箱底板上表面布置应变片测点，钢箱桥面板下表面布置应变花。每个截面布置应变片测点 20 个，应变花测点 8 个。

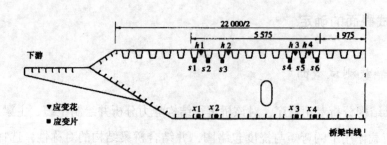

图9-9　加劲钢箱梁应变测点布置（尺寸单位：mm）

注：另半幅桥的测点编号为 s7~s12，x5~x8 及 h5~h8

2. 加劲钢箱梁横隔板应变测点

选择主跨1/8处钢横隔板为代表布置横隔板应变测点，如图9-10所示。共设10个应变测点，沿横桥向在上、下缘分别布置。

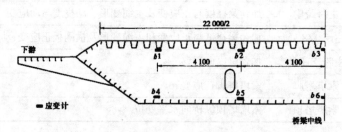

图9-10　1/8截面（Ⅲ）处钢横隔板应变测点布置（尺寸单位：mm）

注：另半幅桥的测点编号在本图所示的编号上加′

3. 索塔控制截面 V 应变测点

索塔塔脚（截面 V）应变测点布置如图9-11所示。塔脚共布12个应变测点。全桥应变测点共设78个，其中应变花测点16个。

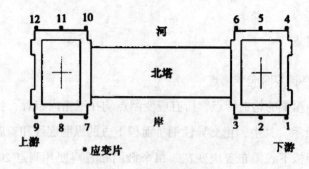

图9-11　索塔塔脚应变测点布置

（二）挠度（变形）测点

1. 加劲钢箱梁挠度测点

将主跨八等分点分别设为挠度测点，分别布置在中跨与加劲梁挠度测点相对应的吊索夹处主缆上布置主缆变形测点，并分别在两边跨跨中主缆上布置主缆变形测点，如图9-12所示。全桥共布变形测点24个。

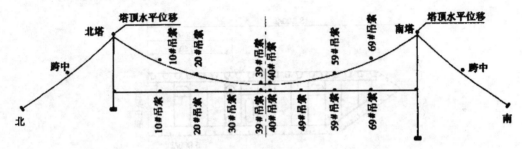

图9-12　位移（变形）测点布置

2. 主缆变形测点

在中跨与加劲梁挠度测点相对应的吊索夹处主缆上布置主缆变形测点，并分别在两边跨跨中主缆上布置主缆变形测点，如图9-12所示。全桥共布变形测点24个。

3. 索塔变位测点

在南北两岸索塔顶分别布置纵桥向水平变位测点，如图9-12所示，共2个。

（三）温度测点布置

温度对该桥变位影响较显著，为了消除因温度变化产生的量测偏差，特别在该桥各主要控制部位设置温度传感器测点，以便对量测结果进行温度影响修正，温度测点布置如图9-13所示。

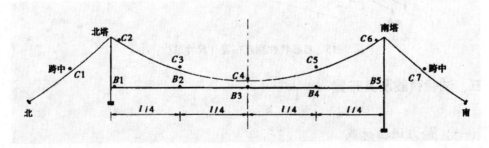

图9-13　温度测点布置

（四）动态测点布置

1. 动应变与动挠度测点

在 1/8 和跨中截面上，分别结合静载布置的应变片作为动态应变测点，如图 9-14 所示。全桥共设 12 个动应变测点。同时分别在 1/8 和跨中截面布置动挠度测点，共 2 个，如图 9-15 所示。

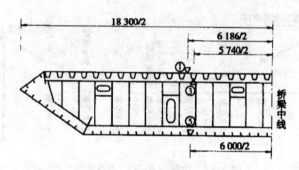

图 9-14　加劲梁动应变测点布置（尺寸单位：mm）

注：另半幅测点编号为②、④、⑥

2. 自振特性测点

测点布置的原则是参照理论计算得到的振型并考虑到现场实测的可操作性。加劲梁自振特性测点竖向 17 个，横桥向 17 个，竖向与横向测点均等间距布置在桥轴线上，扭转振型测点布置 4 个，位于跨中两等分段行车道外侧。索塔自振特性测点沿纵桥向和横桥向各等间距布置 5 个，具体振型测点布置如图 9-15 所示。

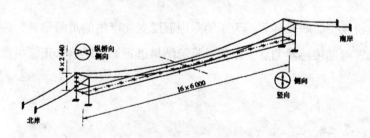

图 9-15　自振特性测点布置（尺寸单位：cm）

五、试验荷载及其布置

（一）静力试验荷载

1. 试验车辆的确定

由于该桥跨径大、行车道多的特点，如按汽车-超 20 级荷载标准布置车辆，试验组织起来相当困难。为了降低试验难度，便于试验车辆调度，根据桥梁结构分析专用程序 SB-CC 计算的各控制截面弯矩和挠度（变形）影响线分析成果，按各控制截面最不利位置布载，在保证试验荷载效率的前提下，经计算确定静载试验须用 600kN 载重汽车（红岩4260）4 辆，380kN 载重汽车（红岩4160）28 辆，340kN 载重汽车（STYLE）12 辆。本次试验共用载重汽车 44 辆。各种载重汽车型号、轴距及轴重力因数据太多，这里从略。

2. 试验荷载布置

按各测试截面的控制弯矩及控制挠度（变位）布载，共分为 6 种试验工况，分别列入表 9-4。各工况试验荷载纵桥向布置与横桥向布置如图 9-16~图 9-21 所示。

表 9-4　试验荷载效应与标准荷载效应对比

试验工况	主要试验项目	试验荷载下的计算值①	标准荷载下的计算值②	试验荷载效率①/②
工况 1	加劲梁跨中最大竖向挠度（m）	−18.5	−2.083	87%
	主缆跨中最大竖向变形（m）	−1.797	−2.107	87%
	主缆最大拉力（kN）	24 728	47 620	52%
	索塔控制截面 V 最不利弯矩（kN·m）	−149 808	−289 563	52%
	索塔顶纵桥向水平变位（m）	北塔 0.079	北塔 0.151	52%
		南塔 0.081	南塔 0.155	52%
工况 2	加劲梁跨中最大负弯矩（kN·m）	−182 111	−21 276	86%
工况 3	加劲梁中跨 1/8 最大正弯矩（kN·m）	52 475	52 034	101%
	1/8 处吊带拉力（kN）	531.618	627.518	85%
工况 4	加劲梁梁端最大纵向漂移（m）	0.447	0.629	71%
工况 5	横向偏载最大效应			
工况 6（结构扭转特性）	加劲梁跨中、Z/8 处受力与变形			
	加劲梁梁端纵向漂移			
	索塔塔脚截面 V 应力			

注：①汽车-超 20 级标准荷载下的最大弯矩和最大位移是按四车道计算的，因此计入了四车道折减系数 0.67 和纵向折减系数 0.94。

②未计入冲击系数与偏载效应的影响。

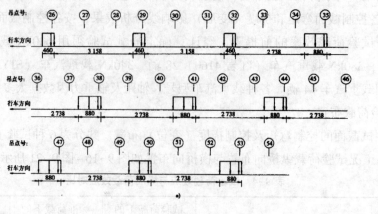

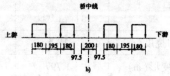

图 9-16 工况 1 试验荷载布置 (尺寸单位：cm)

a) 纵向布置；b) 横向布置

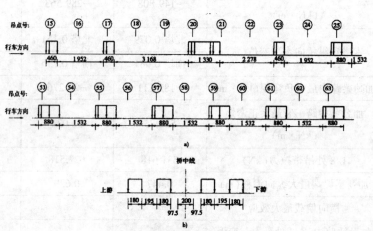

图 9-17 工况 2 试验荷载布置 (尺寸单位：cm)

a) 纵向布置；b) 横向布置

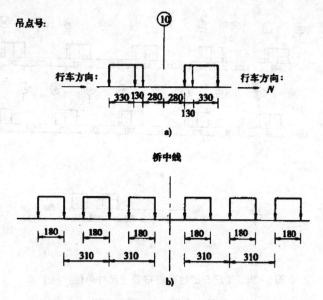

图9-18　工况3试验荷载布置（尺寸单位：cm）

a）纵向布置；b）横向布置

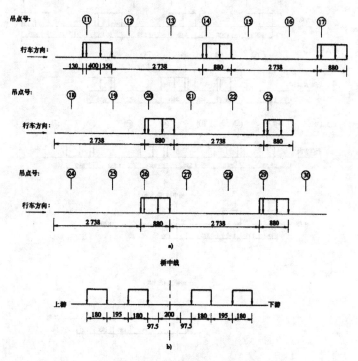

图9-19　工况4试验荷载布置（尺寸单位：cm）

a）纵向布置；b）横向布置

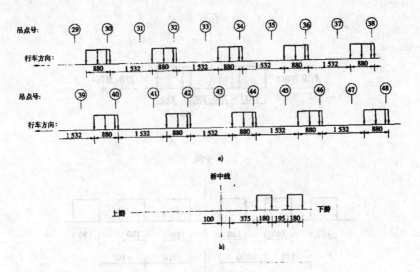

图 9-20　工况 5 试验荷载布置（尺寸单位：cm）

a）纵向布置；b）横向布置

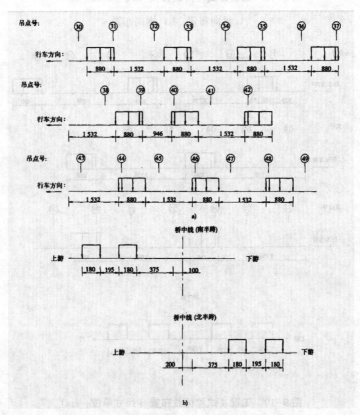

图 9-21　工况 6 试验荷载布置（尺寸单位：cm）

a）纵向布置；b）横向布置

试验加载过程中，各工况分别按两列车辆荷载递增，最多分三级实施，每级稳定时间不少于 10min。

3. 试验荷载效率

主要试验工况中试验荷载对测试截面产生的荷载效应和汽车-超 20 级标准荷载效应的对比值列于表 9-4。一般地，特大跨径桥梁在活载作用下主缆拉力与索塔控制截面应变及塔顶偏位等设计最不利状态发生的概率极小，因此表 9-4 中部分试验荷载效率适当进行了降低，而保证其他几项主要控制内力和挠度的试验荷载效率 η 大于 85%以上。

（二）动力试验荷载

采用两辆 380kN 红岩 4160 试验汽车作为动力试验荷载。

1. 无障碍跑车试验

在桥面无任何障碍的情况下，两辆试验汽车并行分别以 5km/h、10km/h、20km/h、30km/h、40km/h、50km/h 和 60km/h 的速度匀速过桥进行激振。

2. 有障碍跑车试验

在中跨的 1/8 和跨中截面处桥面上设置高度分别为 5cm 和 7.5cm 弓形障碍物，用以模拟桥面铺装局部损伤状态。两辆试验汽车并行分别以 5km/h、10km/h、20km/h 和 30km/h 的速度匀速过桥进行激振。

（三）脉动试验

脉动试验是在桥面无任何交通荷载以及桥梁附近无规则振源的情况下，测定桥跨结构由于桥址处风荷载、地脉动、水流等随机荷载激振而引起的桥跨结构及桥塔微幅振动响应。

脉动试验的主要内容包括加劲梁和索塔的振型、临界阻尼比和固有模态频率，其中加劲梁固有模态频率试验包括：侧向弯曲一阶对称和一阶反对称、竖弯一阶对称和一阶反对称、竖弯与纵漂反对称以及扭转一阶反对称等固有模态振型参数；索塔固有模态频率包括顺桥向和横桥向的前三阶固有模态振型参数。

第十章 既有公路桥梁综合检测与评定

第一节　检测评定技术路线

一、一般规定

在用桥梁有下列情况之一时，应进行承载能力检测评定：技术状况等级为四、五类的桥梁；拟提高荷载等级的桥梁；须通过特殊重型车辆荷载的桥梁；遭受重大自然灾害或意外事件的桥梁。

在用桥梁承载能力检测评定应包含以下工作内容，必要时还应进行荷载试验评定：桥梁缺损状况检查评定；桥梁材质状况与状态参数检测评定；桥梁承载能力检算评定。对于多跨或多孔桥梁，应根据桥梁技术状况检查评定情况，选择具有代表性的或最不利的桥跨进行承载能力检测评定。

按本规程进行检测评定时，有关作用（或荷载）及其组合在无特殊要求时宜采用设计荷载标准。桥梁承载能力检算评定所需技术参数，宜依据竣工资料或设计文件按相关标准规范取用。对缺失技术资料的桥梁，可根据桥梁检测资料，结合参考同年代类似桥梁设计文件或标准定型图取用。

二、检测评定程序

检测评定前，应通过实地调查和桥梁检查，掌握桥梁技术状况、病害成因、使用荷载和养护维修等情况，搜集相关技术资料，确定检算技术参数。

检测评定前要搜集有关桥梁勘察设计、施工、监理和运营、养护、试验检测以及维修加固等方面的技术资料。调查了解桥梁病害史、使用中的特殊事件、限重限速原因、交通状况、今后改扩建计划、水文、气候、环境等方面情况，有针对性地确定检测内容和工作重点。调查的资料主要包括：

（一）勘察设计资料

主要包括：桥位地质钻探资料及水文勘测资料、设计计算书及有关图纸、变更设计计算书及有关图纸等。

（二）施工、监理、监控与竣工技术资料

主要包括：材料试验资料、施工记录、监理资料、施工监控资料、地基与基础试验资料、竣工图纸及其说明、交工验收资料、交工验收荷载试验报告、竣工验收有关资料等。

（三）养护、试验检测及维修与加固资料

主要包括：桥梁检查与检测、荷载试验资料，历次桥梁维修、加固资料，历次特别事件记载资料等。

（四）调查收集桥梁运营荷载的资料

包括交通量、交通组成、车重、轴重等情况。

对选定的桥跨进行桥梁缺损状况检查评估、材质状况与状态参数检测评定和实际运营荷载状况调查，确定分项检算系数。按照相关标准和本规程的有关规定，计算桥梁结构或构件抗力效应和作用效应，采用引入分项检算系数修正承载能力极限状态和正常使用极限状态计算表达式的方法进行检算评定。作用效应与抗力效应的比值在 1.0~1.2 之间时，应根据本规程的有关规定通过荷载试验评定承载能力。

第二节　桥梁缺损状况检查评定

一、桥梁缺损状况检查

对需要检测评定的桥跨，应按照现行规范有关定期检查的规定，对结构构件缺损状况逐一进行详细检查。对检查中发现的缺损应进行现场标注，并做影像记录和病害状况说明。对桥梁结构构件的内部缺陷，宜采用仪器设备进行现场检测。检查时，应采用图表和文字描述等方式详细记录缺损的位置、范围和严重程度，对其成因和发展趋势做出评判。

二、桥梁缺损状况评定

对需要检测评定的桥跨，应按照现行行业标准的有关规定，评定桥面系、上部和下部结构的技术状况等级。桥面系、上部和下部结构技术状况等级1、2、3、4和5，对应的缺损状况评定标度值为1、2、3、4和5。

桥梁缺损状况检查评定，主要依据《公路桥涵养护规范》和《公路桥梁技术状况评定标准》，针对所选择的承载能力检测评定桥跨实施。重点检查记录结构或构件缺损的类别、范围、分布特征和严重程度，并推断其发展变化趋势及其可能造成的不利影响，进而评定其技术状况等级并最终确定缺损状况评定标度值。

第三节　桥梁材质状况与状态参数检测评定

一、桥梁几何形态参数检测评定

梁桥应测定桥跨结构纵向线形和墩（台）顶的竖向和水平变位；拱桥应测定拱轴线、桥面结构纵向线形和墩（台）顶的竖向和水平变位；索塔应测定塔顶水平变位、桥面结构纵向线形和主缆线形。

桥跨结构纵向线形，宜沿桥纵向分断面布设测点，分桥轴线和车行道上、下游边缘线3条线，按二等工程水准测量要求进行闭合水准测量。测点应布置在桥跨或桥面结构的跨径等分点截面上。对中小跨径桥梁，单跨测量截面不宜少于5个；对大跨径桥梁，单跨测量截面不宜少于9个。

墩（台）顶的水平变位或塔顶水平变位，可采用悬挂垂球方法、极坐标法或其他可靠方法进行测量。拱轴线和主缆线形，宜按桥跨的8等分点分别在拱背和拱腹、主缆顶面布设测点，采用极坐标法进行平面坐标和三角高程测量。

桥梁结构几何形态参数的实测数据，可用于确定桥梁结构持久荷载状态的变化，也可推求判定结构基础变位情况。对超静定结构，可依据实测的结构几何参数，采用模拟计算分析方法，对桥梁结构在持久荷载下的内力和变位状况做出评价。

桥梁几何形态的变化在一定程度上能反映结构内力的变化情况，如桥跨结构的下挠、墩台沉降等。对于超静定结构而言，结构几何形态的变化造成结构的次内力对结构的影响往往不可忽略，通过结构几何形态的观测，可反演出结构的内力变化情况，并为分析结构形态变化的原因提供可靠依据。

二、桥梁恒载变异状况调查评估

桥梁恒载变异状况调查宜包括以下几个方面内容：第一，桥梁总体尺寸的测量，主要包括桥梁长度、桥宽、净空、跨径等；第二，桥梁构件尺寸的测量，主要包括构件的长度与截面尺寸等；第三，桥面铺装厚度及拱上填料重度测定；第四，其他附加荷载调查。

引起桥梁结构恒载变异的主要原因包括：施工造成的结构或构件尺寸差异，如结构或构件长度变异、构件断面尺寸变异、铺装层厚度变异和材料重度差异等；运营期布设附加构造物导致的附加重量，如过桥管线等。这些恒载变异对结构承载能力的影响须在结构检算分析过程中加以考虑。另外，尚须考虑桥梁计算跨径变异对内力计算结果的影响。

桥梁长度、跨径可在桥面上按桥跨结构中心线和车行道上、下游边缘线3条线进行测量。桥梁宽度可沿桥纵向分断面采用钢尺进行量测，量测断面每跨不宜少于3个。

构件长度与截面尺寸可采用钢尺进行测量，对桥跨结构，跨径小于40m的桥梁量测断面单跨不得少于5个，跨径大于或等于40m的桥梁量测断面单跨不得少于9个。对桥梁墩台、主塔等主要承重构件，量测断面不得少于3个。截面突变处应布设测量断面。

桥面铺装层厚度可采用分断面布点钻芯量测，也可采用雷达结合钻芯修正的方法测定。采用分断面布点钻芯测量时，量测断面宜布置在跨径四等分点位置，每断面宜布设3个钻孔测点，分设在车行道桥跨结构中心线和上、下游边缘处。

三、桥梁材质强度检测评定

对桥梁主要构件，应采用无损、半破损或钻、截取试样等方法检测其材质强度。

桥梁主要构件和次要构件的划分按照《公路桥梁技术状况评定标准》的有关规定确定。在用桥梁材质强度检测主要包括混凝土和钢材两类材料的材质强度检测，为减少对结构构件的损坏，应尽量采用无损检测方法进行。确有必要时方可考虑对混凝土采用半破损检测方法，对钢材采用截取试样方法。

对桥梁混凝土强度，应在主要构件或主要受力部位布置测区，采用回弹法、超声回弹综合法、取芯法等进行检测。钢材强度可依据设计、施工有关资料确定。无资料时，宜通过调查桥梁修建年代和材料来源、查看结构外观等进行分析判定。确有必要时，可在结构有代表性的构件上截取试件通过试验确定。在桥梁上钻、截取试件时，应选择在主要承重构件的次要部位或次要承重构件上，并应采取措施保证结构安全；钻、截取试件后，应及时进行修复或加固处理。

取芯法检测混凝土强度时，应选择在主要构件的非主要受力部位（如 T 梁的横隔板）或主要受力部位的非应力控制区（如预应力连续箱梁的横隔板、翼板等）布置取芯测区，并应尽量避开受力钢筋且必须避开预应力钢筋（束）。为进行强度试验截取钢筋（或钢材）时，应选择在次要构件上，且应避开受力主筋（或主要受力部位）。

应依据混凝土桥梁结构或构件实测强度推定值或测区平均换算强度值，按下述公式计算其推定强度匀质系数 K_{bt} 或平均强度匀质系数 K_{bm}，按表 10-1 的规定确定混凝土强度评定标度。

推定强度匀质系数：

$$K_{bt} = \frac{R_{it}}{R}$$

公式中：R_{it}——混凝土实测强度推定值；

R——混凝土设计强度等级。

平均强度匀质系数：

$$K_{bm} = \frac{R_{im}}{R}$$

公式中：R_{im}——混凝土测区平均换算强度值。

表 10-1　桥梁混凝土强度评定标准

K_{bt}	K_{bm}	强度状况	评定标度
≥0.95	≥1.00	良好	1
(0.95,0.90]	(1.00,0.95]	较好	2
(0.90,0.80]	(0.95,0.90]	较差	3
(0.80,0.70]	(0.90,0.85]	差	4
<0.70	<0.85	危险	5

四、混凝土桥梁钢筋锈蚀电位检测评定

对混凝土桥梁主要构件或主要受力部位，应布设测区检测钢筋锈蚀电位，每一测区的测点数不宜少于 20 个。混凝土中钢筋锈蚀电位检测宜采用半电池电位法，参考电极可采用铜/硫酸铜半电池电极。

应根据表 10-2 评定混凝土桥梁钢筋发生锈蚀的概率或锈蚀活动性。并应按照测区锈蚀电位水平最低值，确定钢筋锈蚀电位评定标度。

表10-2 混凝土桥梁钢筋锈蚀电位评定标准

电位水平（mV）	钢筋状况	评定标度
≥-200	无锈蚀活动性或锈蚀活动性不确定	1
(-200，-300]	有锈蚀活动性，但锈蚀状态不确定，可能坑蚀	2
(-300，-400]	有锈蚀活动性，发生锈蚀概率大于90%	3
(-400，-500]	有锈蚀活动性，严重锈蚀可能性极大	4
<-500	构件存在锈蚀开裂区域	5

注：量测时，混凝土桥梁结构或构件应为自然状态。

混凝土中钢筋锈蚀不仅影响结构耐久性，而且影响结构的安全性。钢筋锈蚀电位直观反映了混凝土中钢筋锈蚀的活动性。通过测试钢筋/混凝土与参考电极之间的电位差，可判断钢筋发生锈蚀的概率。通常，电位差越大混凝土中钢筋发生锈蚀的可能性越大。

五、混凝土桥梁氯离子含量检测评定

对钢筋锈蚀电位评定标度值为3、4、5的主要构件或主要受力部位，应布置测区测定混凝土中氯离子含量及其分布，每一被测构件测区数量不宜少于3个。混凝土中的氯离子含量，可采用在结构构件上钻取不同深度的混凝土粉末样品的方法通过化学分析进行测定。

应根据混凝土中钢筋处氯离子含量，按表10-3评判其诱发钢筋锈蚀的可能性。并应按照测区最高氯离子含量值，确定混凝土氯离子含量评定标度。

表10-3 混凝土氯离子含量评定标准

氯离子含量（占水泥含量的百分比）	诱发钢筋锈蚀的可能性	评定标度
<0.15	很小	1
[0.15，0.40)	不确定	2
[0.40，0.70)	有可能诱发钢筋锈蚀	3
[0.70，1.00)	会诱发钢筋锈蚀	4
≥1.00	钢筋锈蚀活化	5

混凝土中的氯离子可诱发并加速钢筋锈蚀，测量混凝土中氯离子含量可间接评判钢筋锈蚀活化的可能性。混凝土中氯离子含量越高，钢筋发生锈蚀的可能性越大。

六、混凝土桥梁电阻率检测评定

对钢筋锈蚀电位评定标度值为3、4、5的主要构件或主要受力部位，应进行混凝土电阻率测量。被测构件或部位的测区数量不宜少于 30 个。混凝土电阻率宜采用四电极法检测。应根据表 10-4 评定钢筋锈蚀速率，按照测区电阻率最小值确定混凝土电阻率评定标度。

表 10-4   混凝土电阻率评定标准

电阻率（Ω·cm）	可能的锈蚀速率	评定标度
≥20 000	很慢	1
[15 000，20 000)	慢	2
[10 000，15 000)	一般	3
[5 000，10 000)	快	4
<5 000	很快	5

注：量测时混凝土桥梁结构或构件应为自然状态。

混凝土电阻率反映了混凝土的导电性能，可间接评判钢筋的可能锈蚀速率。通常混凝土电阻率越小，混凝土导电的能力越强，钢筋锈蚀发展速度越快。

七、混凝土桥梁碳化状况检测评定

对钢筋锈蚀电位评定标度值为 3、4、5 的主要构件或主要受力部位，应进行混凝土碳化状况检测。被测构件或部位的测区数量不应少于 3 个或混凝土强度测区数量的 30%。混凝土碳化状况可采用在混凝土新鲜断面观察酸碱指示剂反应厚度的方法测定。应根据测区混凝土碳化深度平均值与实测保护层厚度平均值的比值 Kc，按表 10-5 的规定确定混凝土碳化评定标度。

表 10-5   混凝土碳化评定标准

Kc	评定标度	Kc	评定标度
<0.5	1	[1.5，2.0)	4
[0.5，1.0)	2	≥2.0	5
[1.0，1.5)	3		

配筋混凝土构件中的钢筋通常由于碱性混凝土环境的保护而处于钝化状态，混凝土碳化将造成钢筋失去碱性混凝土环境的保护，钢筋就易发生锈蚀。通过测试混凝土的碳化深度，并结合钢筋保护层厚度状况，可评判混凝土碳化对钢筋锈蚀的影响。

第四节 桥梁结构检算要点

一、一般规定

在用桥梁结构检算宜遵循桥梁设计规范。在规范无明确规定的情况下，在用桥梁结构检算也可采用为科研所证实的其他可靠方法。

桥梁结构检算原则上按照桥梁设计规范进行。对设计规范未涵盖的特殊结构桥梁和由于结构损伤造成设计规范规定的计算方法难以适用的桥梁，可采用通过技术鉴定和经工程实际应用验证的可靠分析方法。

桥梁结构检算宜依据竣工资料或设计资料，并应与桥梁实际情况进行核对修正。对缺失资料的桥梁，可根据桥梁检测结果，参考同年代类似桥梁的设计资料或标准定型图进行检算。

结构检算时，应根据桥梁调查和检测情况确定检算所取用的技术参数与桥梁实际的符合性。必要时，应根据结构的预应力状况、恒载分布状况、几何线形、结构尺寸和开裂状况等方面的检测评定结果，对模型的边界条件、结构初始状态等进行调整。桥梁结构检算应针对结构主要控制截面、薄弱部位和出现严重缺损部位。对受力复杂的构件或部位，应进行空间结构检算。

二、检算荷载修正

结构重力、附加重力宜根据实际调查情况进行修正。当桥梁需要临时通过特殊重型车辆荷载时，应按实际车辆荷载进行检算。对预加应力作用，应根据预应力锚固、压浆、漏张、断丝或滑丝等的检测情况，以及桥梁结构表面开裂和几何参数变化情况，结合结构拟合计算分析综合推定实际有效预应力。

预应力损失会导致桥跨结构下挠和混凝土开裂，对桥梁承载能力有很大影响。桥梁检算分析时，应根据预应力体系检测结果以及结构开裂和变形情况，考虑混凝土收缩徐变等的影响，通过反演计算分析评估结构有效预应力状况。

对基础变位作用，应根据桥梁墩台与基础变位以及几何形态参数的检测结果，综合确定基础变位最终值，计算基础变位产生的结构附加内力。温度作用宜按《公路桥涵设计通用规范》规定取用。对大跨预应力混凝土箱形结构或复杂受力结构，也可采用结构温度场实测结果进行检算。

对大跨预应力混凝土箱形结构或复杂受力结构，温度作用将产生较大的结构附加内力。我国地域辽阔，结构温度作用地区差异较大，对设有结构温度场长期观测点且观测数据足以建立温度作用模型的桥梁，可按实际情况进行检算。

三、钢结构检算要点

钢板梁结构应检算以下主要内容：第一，弯矩：跨中点、腹板接头处、盖板叠接处（叠接盖板第一行铆钉或螺栓截面处）、翼板接头处以及连续梁支点；第二，剪力：支点中性轴及支点上下翼板铆距、栓距或焊缝强度；第三，稳定性：受压翼板、支点加劲立柱及腹板；第四，桥面系梁：除按上述各项检算外，还应进行纵梁与横梁、横梁与主梁的连接检算，以及纵梁与主梁间的横梁区段在最弱截面处的剪应力检算。

钢桁梁结构应检算以下主要内容：第一，杆件截面的强度与稳定性；第二，连接及接头的强度；第三，承受反复应力杆件的疲劳强度；第四，联结系的强度与稳定性。

在进行钢桁梁结构检算时，应考虑如下偏心连接及杆件损伤的影响：第一，在节点处如杆件重心线不交于一点而产生偏心，当偏心量不大于杆件高度的 5% 时，应检算因偏心而产生的附加应力，此时容许应力可提高 15%；第二，受压杆件的初始弯曲矢度超过 1/500 时，应计算弯曲影响；第三，在计算杆件的有效面积时，应考虑杆件的穿孔、缺口、裂缝及锈蚀对截面的削弱，并应计入偏心影响；第四，由两个或两个以上分肢组成的杆件，其中一肢弯曲矢度大于 1/2 毛截面的回转半径时，杆件的有效面积只计不弯曲的分肢面积；第五，杆件的边缘或翼板角钢伸出肢弯曲或压凹，其弯曲矢度超过杆件受伤部分的回转半径时，在计算中应予考虑，此时有效面积只计不弯曲部分。

钢箱梁应检算以下主要内容：第一，正交异性桥面板分别检算整体结构体系和桥面结构体系的强度、稳定性和疲劳强度；第二，翼缘板横向、纵向刚度；第三，腹板强度和稳定性；第四，横隔板强度和稳定性；第五，横向联系横向抗弯、纵向扭转刚度。

钢管结构应检算以下主要内容：第一，钢管杆件强度与稳定性；第二，结构焊缝强度；第三，节点强度及变形。

四、混凝土梁桥检算要点

混凝土梁桥应检算板（梁）跨中正弯矩、支点附近最不利剪力、跨径 1/4 截面附近最不利弯剪组合效应、连续梁墩顶负弯矩和桥面板局部强度。变截面连续梁桥和 T 形刚构桥，还应检算梁高较小的腹板厚度变化区截面弯剪组合效应和牛腿处的剪力效应。对少设或不设横隔板的宽箱薄壁梁，应检算畸变应力和横向弯曲应力对多梁结构，应根据桥梁横向联系实际情况计算荷载横向分布。混凝土桥面铺装与梁体结合较好，且缺损状况评定标度小于 3 时，在检算中可考虑混凝土桥面铺装扣除表面 2cm 磨耗层后参与梁体共同受力。

五、拱桥检算要点

拱桥应检算主拱圈最大轴力和弯矩、主拱的稳定性、立柱抗剪和桥面板局部强度。检算时应依据检测结果考虑拱轴线变化、基础变位、拱圈和立柱系梁开裂等结构状态变化的不利影响。

当缺乏技术资料时，混凝土收缩产生的内力计算可等效为温度额外降低引起拱圈内力，并按下列规定取值：整体浇筑的混凝土拱，收缩影响相当于降温 20~30℃。整体浇筑的钢筋混凝土拱，收缩影响相当于降温 15~20℃。分段浇筑的混凝土拱和钢筋混凝土拱，收缩影响相当于降温 10~15℃。

六、墩台与基础检算要点

墩台应检算截面强度和总体稳定性，对有环形裂缝的截面，还应检算抗倾覆和抗滑动稳定性。若墩台发生倾斜，检算墩（台）身截面和基底应力、偏心与抗倾覆稳定性时，尚应考虑斜度影响。冻土地基中墩台和基础，应检算抗冻拔稳定性和薄弱断面的抗拉强度。对冲刷严重的河段，检算时应考虑冲刷对墩台和基础的影响。摩擦桩群桩基础应按整体基础检算桩端平面处土层的承载力。当桩端平面以下有软弱土层时，还应检算该土层的承载力。

第五节 桥梁承载能力评定

一、一般规定

对在用桥梁，应从结构或构件的强度、刚度、抗裂性和稳定性四个方面进行承载能力检测评定。

在用桥梁承载能力评定包括持久状况下承载能力极限状态和正常使用极限状态。承载能力极限状态针对的是结构或构件的截面强度和稳定性，正常使用极限状态主要针对结构或构件的刚度和抗裂性。

　　圬工结构桥梁在计算桥梁结构承载能力极限状态的抗力效应时，应根据桥梁试验检测结果，采用引入检算系数 Z_1 或 Z_2、截面折减系数 ξ_c 的方法进行修正计算。

　　配筋混凝土桥梁在计算桥梁结构承载能力极限状态的抗力效应时，应根据桥梁试验检测结果，采用引入检算系数 Z_1 或 Z_2、承载能力恶化系数 ξ_e、截面折减系数 ξ_S 和 ξ_c 的方法进行修正计算。

　　钢结构桥梁在计算桥梁结构承载能力极限状态的抗力效应时，应根据桥梁试验检测结果，采用引入检算系数 Z_1 或 Z_2 的方法进行修正计算。

　　对交通繁忙和重载车辆较多的桥梁，汽车荷载效应可根据实际运营荷载状况，通过活载影响修正系数去进行修正计算。当桥梁结构或构件的承载能力检算系数评定标度 $D \geqslant 3$ 时，应进行正常使用极限状态评定计算。

　　对在用桥梁，当结构或构件的承载能力检算系数评定标度为 1 或 2 时，结构或构件的总体技术状况较好，可不进行正常使用极限状态评定计算；当结构或构件的承载能力检算系数评定标度为 3、4 或 5 时，应采用引入检算系数 Z_1 或 Z_2 的方式对限制应力、结构变形和裂缝宽度等，进行正常使用极限状态评定计算。

二、圬工桥梁承载能力评定

　　圬工桥梁承载能力极限状态，应根据桥梁检测结果按下述公式进行计算评定。

$$\gamma_0 S \leqslant R(f_d,\ \xi_c a_d)\, Z_1$$

公式中：γ_0——结构的重要性系数；

S——荷载效应函数；

$R(\cdot)$——抗力效应函数；

f_d——材料强度设计值；

a_d——结构的几何尺寸；

Z_1——承载能力检算系数；

ξ_c——截面折减系数。

抗力效应值应按现行设计规范进行计算，应按本规程有关规定取值。

　　圬工桥梁正常使用极限状态，宜按现行公路桥涵设计和养护规范进行计算评定。

　　圬工桥梁承载能力极限状态评定，主要考虑采取引入桥梁检算系数、截面折减系数和活载修正系数分别对极限状态方程中结构抗力效应和荷载效应进行修正，并通过比较判定结构或构件的承载能力状况。

三、配筋混凝土桥梁承载能力评定

配筋混凝土桥梁承载能力极限状态，应根据桥梁检测结果按公式进行计算评定。

$$\gamma_0 S \leq R(f_d,\ \xi_c a_{dc},\ \xi_S a_{ds})\, Z_1(1 - \xi_e)$$

公式中：γ_0——结构的重要性系数；

S——荷载效应函数；

R（·）——抗力效应函数；

f_d——材料强度设计值；

a_{dc}——构件混凝土几何参数值；

a_{ds}——构件钢筋几何参数值；

Z_1——承载能力检算系数；

ξ_e——承载能力恶化系数；

ξ_c——配筋混凝土结构的截面折减系数；

ξ_S——钢筋的截面折减系数。

配筋混凝土桥梁承载能力极限状态评定，采取引入桥梁检算系数、承载能力恶化系数、截面折减系数和活载修正系数分别对极限状态方程中结构抗力效应和荷载效应进行修正，并通过比较判定结构或构件的承载能力状况。

抗力效应值应按现行设计规范进行计算，Z_1、ξ_e、ξ_c、ξ_S 应按本规程有关规定取值。配筋混凝土桥梁正常使用极限状态，宜按现行公路桥涵设计和养护规范及检测结果分以下三方面进行计算评定：

限制应力：

$$\sigma_d < Z_1 \sigma_L$$

公式中：σ_d——计入活载影响修正系数的截面应力计算值；

σ_L——应力限值；

Z_1——承载能力检算系数。

荷载作用下的变形：

$$f_{d1} < Z_1 f_L$$

公式中：f_{d1}——计入活载影响修正系数的荷载变形计算值；

f_L——变形限值；

Z_1——承载能力检算系数。

各类荷载组合作用下裂缝宽度满足：

$$\delta_d < Z_1 \delta_L$$

公式中：δ_d——计入活载影响修正系数的短期荷载变形计算值；

δ_L——变位限值；

Z_1——承载能力检算系数。

对在用桥梁，采取引入检算系数修正限制应力、变形和裂缝限值的方法，进行桥梁正常使用极限状态计算评定。

四、钢结构承载能力评定

钢结构桥梁结构构件强度、总体稳定性和疲劳强度验算应按现行公路桥涵设计规范执行，其应力限值取值为 $Z_1[\sigma]$。钢结构荷载作用下的变形应按下述公式计算评定。

$$f_{dl} < Z_1[f]$$

公式中：f_{dl}——计入活载影响修正系数的荷载变形计算值；

$[f]$——容许变形值；

Z_1——承载能力检算系数。

对钢结构，采取引入检算系数修正容许应力和容许变形的方式给出相应的限值取值，按设计规范给出的计算公式进行承载能力计算评定。

五、拉吊索承载能力评定

拉吊索强度应按下述公式计算评定。

$$\frac{T_j}{A} \leq Z_1[\sigma]$$

公式中：T_j——计入活载影响修正系数的计算索力；

A——索的计算面积；

$[\sigma]$——容许应力限值；

Z_1——承载能力检算系数。

第六节　荷载试验评定

一、一般规定

按本规程有关规定检算的作用效应与抗力效应的比值符合相关的规定时，应进行荷载试验评定。

实施荷载试验的主要目的是：当通过检算分析尚无法明确评定桥梁承载能力时，通过对桥梁施加静力荷载作用，测定桥梁结构在试验荷载作用下的结构响应，并据此确定检算系数 Z_2 重新进行承载能力检算评定或直接判定桥梁承载能力是否满足要求。

静力试验荷载可按控制内力、应力或变位等效原则确定。静力荷载试验效率可按下述公式计算，宜介于 0.95~1.05 之间。

$$\eta_q = \frac{S_S}{S' \cdot (1 + \mu)}$$

公式中：S_s——静力试验荷载作用下，某一加载试验项目对应的加载控制截面内力、应力或变位的最大计算效应值；

S'——检算荷载产生的同一加载控制截面内力、应力或变位的最不利效应计算值；

μ——按规范取用的冲击系数值；

η_q——静力试验荷载效率。

静力荷载试验效率 S 是某一控制截面在试验荷载作用下的计算效应与该截面对应的设计控制效应的比值。对于在用桥梁，其使用荷载变化情况复杂且长期处于各种荷载作用之下，为使荷载试验能充分反映结构的受力特点，一般要求采用较高的荷载试验效率，其取值范围宜介于 0.95~1.05 之间。静力荷载试验应针对检算存在疑问的构件或断面及结构主要控制截面进行。

静力荷载试验结构主要控制截面的选择，可按表 10-6 提出的不同类型桥梁主要加载测试项目参考选择。在满足评定桥梁承载能力的前提下，加载试验项目应抓住重点，不宜过多。

表 10-6　不同类型桥梁主要加载测试项目

序号	桥型	内力或位移控制截面	
1	简支梁桥	主要	跨中截面最大正弯矩和挠度；支点截面最大剪力
		附加	1/4 截面正弯矩和挠度；墩台最大垂直力
2	连续梁桥、连续刚构	主要	跨中最大正弯矩和挠度；内支点截面最大负弯矩；1/4 截面弯矩和挠度
		附加	端支点截面的最大剪力；1/4 截面最大弯剪力；墩台最大垂直力；连续刚构固结墩墩身控制截面的最大弯矩

序号	桥型		内力或位移控制截面
3	悬臂梁桥、T形刚构	主要	锚固跨跨中最大正弯矩和挠度；支点最大负弯矩；挂梁跨中最大正弯矩和挠度
		附加	支点最大剪力；挂梁支点截面或悬臂端截面最大剪力
4	拱桥	主要	拱顶截面最大正弯矩和挠度、拱脚截面最大负弯矩；刚架拱上弦杆跨中正弯矩
		附加	拱脚最大水平推力；1/4 截面最大正、负弯矩及其最大正、负挠度绝对值之和；刚架拱斜腿根部截面最大负弯矩
5	刚架桥（包括框架、斜腿刚构和刚架-拱式组合体系）	主要	跨中截面最大正弯矩和挠度；结点截面的最大负弯矩
		附加	柱脚截面最大负弯矩、最大水平推力
6	钢桁桥	主要	跨中、支点截面的主桁杆件最大内力；跨中截面的挠度
		附加	1/4 截面的主桁杆件最大内力和挠度；桥面系结构构件控制截面的最大内力和变位；墩台最大垂直力
7	斜拉桥与悬索桥	主要	主梁最大挠度；主梁控制截面最大内力；索塔塔顶水平变位；主缆最大拉力，斜拉索最大拉力
		附加	主梁最大纵向漂移；主塔控制截面最大内力；吊索最大索力

静力试验荷载应分级加载。对结构变位或应变较大的测点，应实时绘制测点变位或应变与荷载的关系曲线，分析结构工作状态，保证结构安全。为了获取结构试验荷载与变位的相关曲线以及防止结构意外损伤，对主要控制截面试验荷载的施加应分级进行。加载级数应根据荷载量和加载最小荷载增量而定。试验荷载应按控制截面最大内力或位移分成 4~5 级施加。受条件所限时，至少也应分成 3 级施加。在前一荷载阶段内结构应变或变位相对稳定后，方可进入下一荷载阶段。

试验过程发生下列情况时，应立刻停止加载并查找原因，在确保结构及人员安全的情况下方可继续试验：控制测点实测应力、变位（或挠度）已达到或超过计算的控制应力值时；结构裂缝的长度或缝宽急剧增加，或新裂缝大量出现，或缝宽超过允许值的裂缝大量增多时；拱桥沿跨长方向的实测挠度曲线分布规律与计算结果相差过大时；发生其他影响桥梁承载能力或正常使用的损坏时。

试验加载过程中，应有专门人员统一指挥加载的实施，及时掌握各方面情况，根据试验数据的实时处理分析以及有无试验现象等情况，安全有序实施加载计划。

二、结构校验系数及相对残余变形计算

主要测点静力荷载试验结构校验系数 ζ，应按下述公式计算：

$$\zeta = \frac{S_e}{S_s}$$

公式中：S_e——试验荷载作用下主要测点的实测弹性变位或应变值；

S_s——试验荷载作用下主要测点的理论计算变位或应变值。

静力荷载试验结构校验系数 ζ，是试验荷载作用下测点的实测弹性变位或应变值与相应的理论计算值的比值 ζ，值小于 1 时，代表桥梁的实际状况要好于理论状况。

主要测点相对残余变位或相对残余应变 S'_P，应按下述公式计算：

$$S'_P = \frac{S_P}{S_t} \times 100\%$$

公式中：S_P——主要测点的实测残余变位或残余应变；

S_t——试验荷载作用下主要测点的实测总变位或总应变。

相对残余变位或相对残余应变 S'_P，是测点实测残余变位或残余应变与对应的实测总变位或总应变的比值。S'_P 越小，说明结构越接近弹性工作状况。

三、试验结果评定

当出现下列情况之一时，应判定桥梁承载能力不满足要求：第一，主要测点静力荷载试验校验系数大于 1；第二，主要测点相对残余变位或相对残余应变超过 20%；第三，试验荷载作用下裂缝扩展宽度超过的限值，且卸载后裂缝闭合宽度小于扩展宽度的 2/3；第四，在试验荷载作用下，桥梁基础发生不稳定沉降变位。

按本规程规定，桥梁荷载试验的条件为：通过检算分析确定桥梁结构或构件的作用效应大于抗力效应且超过幅度在 20% 以内，表明通过检算分析，已预判结构承载能力存在不满足要求的可能性。在此条件下，主要测点静力荷载试验结构校验系数 ζ 大于 1，表明桥梁实际工作状况要差于理论状况；主要测点发生较大的相对残余变位或相对残余应变，以及结构裂缝超限且闭合状况不良，表明结构在试验荷载作用下有较大的不可恢复变位荷载试验评定或应变。这都表明结构实际状况与理想状况相比偏于不安全，可直接依据试验结果判定承载能力不能满足要求。另外，对在用桥梁而言，由于地基在长期荷载作用下已趋于稳定，如在试验荷载作用下，发生基础不稳定沉降变位，可直接判定其承载能力不满足要求。

第十一章 公路桥梁限载取值的试验验证

针对理想抗力桥梁与按 85 规范设计的中、小跨径桥梁，分别建立了桥梁限载分析模型，并给出了与不同设计活恒载比值对应的荷载限值。然而，所提限载取值是否安全适用，尚须经过桥梁现场静载试验或模型试验的验证。为此，本章重点介绍在役空心板梁的现场荷载试验数据，并提取 3 根无明显损伤空心板梁的静载试验数据作为限载取值验证的主要依据。为使试验验证工作更为全面，也引用了作者早期完成的钢筋混凝土梁的模型试验数据。对于采集到的试验数据，依据现行规范的要求，进一步分析钢筋混凝土梁的截面应变、挠度、最大裂缝宽度等限值对应的加载值，并以此作为确定荷载限值试验值的依据。对于没有采集到截面应变、挠度、最大裂缝宽度限值的试验梁，近似采用试验梁的屈服强度作为试件的最大加载值。根据空心板与钢筋混凝土梁检测数据，可以确定不同配筋钢筋混凝土板（梁）的安全加载值和最大容许加载值。根据不同水平的加载值可以推算相应的跨中截面弯矩，以该弯矩值作为推算试验板（梁）限载试验值的依据。通过给定不同的活恒载比值，按抗力标准值与荷载效应关系式推算相应的恒载标准值效应与汽车荷载标准值效应，以该值模拟实际桥梁设计采用的恒载标准值效应与汽车荷载效应标准值。以汽车荷载效应模拟值可以推算与该试验板（梁）对应的限载理论值，以实测跨中弯矩值减去相应的恒载效应配重后，可得到试验梁的限载试验值。通过比较试验梁限载试验值与理论值的差异，可以检验所提限载取值的工程适用性。

第一节 试验验证的基本方法

根据 04 规范与 85 规范构件极限状态承载能力设计表达式，若仅考虑恒载与汽车荷载的作用，则受弯构件抗力标准值与作用效应设计值的关系可分别表达为：

$$R_k = \gamma_0 \gamma_R (\gamma_G S_{Ck} + \gamma_Q S_{Qk})$$

或：

$$R_k = \gamma_R(\gamma_1 S_{Ck} + \gamma_2 S_{Qk})$$

在上述公式中，γ_R 为与设计活恒载比值 ρ 对应的抗力分项系数（或综合抗力分项系数），因此，若已知构件的抗力标准值 R_k，对于任意给定的设计活恒载比值 ρ，均可确定与之对应的恒载效应 S_{Gk} 及汽车荷载效应 S_{Qk}，其计算表达式为

$$S_{Ck} = \frac{R_k}{\gamma_R(\gamma_G + \gamma_Q\rho)}, \quad S_{Qk} = \rho S_{Ck}$$

或：

$$S_{Qk} = \frac{\rho R_k}{\gamma_R(\gamma_G + \gamma_0\rho)}, \quad S_{Gk} = \frac{S_{Ck}}{\rho}$$

根据上述公式，可以确定与不同抗力标准值与活恒载比值 ρ 对应的恒载标准值效应 S_{Gk} 与汽车荷载标准值效应 S_{Qk}。进一步，若以计算得到的 S_{Gk} 与 S_{Qk} 模拟试验梁设计采用的恒载效应标准值或汽车荷载效应标准值。

计算限载理论值时，应按试验梁的实际尺寸与材料强度标准值计算抗力标准值，然后假定不同的设计活恒载比值 ρ，按公式计算相应的恒载效应与汽车荷载效应，最后按理想抗力桥梁或 85 规范设计桥梁的限载系数建议值计算相应的限载取值。其中，若按理想抗力桥梁验证限载取值，应采用与理想抗力桥梁设计活恒载比值 ρ 对应的抗力分项系数 γ_R。当对 85 规范设计桥梁进行限载试验验证时，应采用与 85 规范设计桥梁不同设计活恒载比值 ρ 对应的综合抗力分项系数 γ_R。

限载试验值宜根据试验梁正常使用极限状态相关指标限值对应的试验荷载确定。首先确定与试验梁钢筋屈服应变、跨中挠度限值以及裂缝宽度限值对应的加载值，其次计算与之对应的荷载效应，考虑恒载配重因素后得到的荷载效应限值即为试验梁的荷载限值试验值。为下面叙述方便，不妨将上述加载值称为条件加载值。显然，若将条件加载值与试验梁自重作为试验梁的条件承载能力，将该值减去相应的恒载效应 S_{Gk}，可以得到该试验梁容许承担的汽车荷载效应值，即试验梁限载试验值。

如上所述，限载取值的试验验证就是限载理论值与限载试验值的对比过程，通过比较试验梁限载理论值与试验值的大小，达到检验限载分析模型合理性的目的。下面以桥梁受弯构件为例，说明限载取值的试验验证方法，基本步骤如下：第一，根据试验梁钢筋屈服应变、跨中挠度限值以及裂缝宽度限值，确定试验梁容许的外加荷载效应。第二，给定不同的活恒载比值 ρ。第三，根据试验梁实际材料参数与几何参数，计算受弯抗力标准值并按公式推算相应的恒载标准值效应 S_{Gk} 与汽车荷载标准值效应 S_{Qk}。第四，以计算得到的

S_{Gk} 与 S_{Qk} 分别模拟桥梁设计采用的恒载标准值效应与汽车荷载标准值效应。第五，根据 S_{Gk} 的大小确定所需的恒载配重值，若试验梁的自重效应小于 S_{Gk}，则取部分外加荷载作为恒载配重，外加荷载效应与恒载配重效应之差即为试验梁的限载试验值；同理，若试验梁的自重效应大于 S_{Gk}，取部分试验梁自重效应与外加荷载效应之和作为试验梁的限载试验值 $S_{Q,exp}$。第六，比较 kS_{Qk} 与 $S_{Q,exp}$ 的大小，若 $S_{Q,exp}$ 与 kS_{Qk} 之比大于 1.0，则认为理论限载值是偏于安全的。

应该指出的是，由于限载系数 ζ_q 仅与设计采用的活恒载比值有关，而与汽车荷载标准值效应、恒载标准值效应等的具体取值无关，因此，本试验主要通过构造不同的活恒载比值，间接验证了按 85 规范设计桥梁限载取值的合理性。同时，考虑到恒载效应的变异性较小，分析过程中直接取部分外加荷载作为恒载配重，以达到模拟不同活恒载比值的目的。

第二节　空心板静载试验与限载取值验证

一、试件概况

高速公路通道桥始建于 1995 年，上部结构为 13m 装配式铰接空心板，分上、下行两幅桥，每幅桥梁由 11 块板组成。原设计荷载为汽-超 20，挂-120。每幅桥面净宽为 0.5m+10m+0.5m=11.0m。因施工过程中掺加含氯盐的防冻剂、施工拌和用水不合格及外界环境氯离子的侵蚀，通车仅 11 年后，大部分主板板底发生了较为严重的钢筋锈蚀、混凝土保护层脱落等病害，公路部门决定拆除重建。为研究钢筋锈蚀后构件受力性能退化规律，结合该通道桥拆除重建工程，选取其中的 6 根不同锈蚀程度的空心板梁（全为中板）进行现场加载试验，以检验锈蚀钢筋混凝土梁的抗力衰减规律。根据原设计图纸与现场检测数据，简支空心板梁试件全长 $L_0=12.96m$，空心板截面尺寸如图 11-1 所示。根据现有设计施工资料，主板采用 30 号混凝土（相当于混凝土强度等级 C28），主筋采用 II 级钢筋（04 规范的 HRB335），为 11 根 $\varphi 22$ 的螺纹钢筋，受拉主筋面积 A_s 为 41.811cm^2。经计算，空心板跨中受弯抗力标准值 R_k 为 1 043.9kN·m。

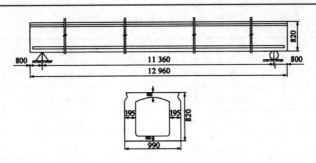

图 11-1   13m 钢筋混凝土空心板试件尺寸（尺寸单位：mm）

二、加载方案

试验采用重物对称两点加载，为尽量模拟在役空心板桥的受力状态，全部试件的支点均采用圆形板式橡胶支座。同时，因现场支撑条件的限制，计算跨径分别取 11.4m 与 12.3m，具体的加载方案如图 11-2。

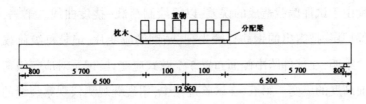

图 11-2   试件加载示意图（尺寸单位：mm）

加载过程中，重物荷载通过分配钢梁来实现两点加载，加载点位置在跨中截面两侧各 1m 处。加载采用分级加载制度，受加载重物的限值，每级荷载大小等于空心板抗力标准值的 10%~20%。试验时，先进行预载试验，由 0 载加载至破坏荷载的 20%，持荷 10min，然后卸载，开始正式加载，每级加载后稳定 10min 后开始读数记录，采用百分表和应变计读数测试挠度和支点沉降。在荷载达到钢筋屈服强度或极限荷载的 90% 时，按半级加载。

三、测试仪器、测试内容与安全控制

现场试验的主要目的是研究在役钢筋混凝土空心板的受弯性能，测试内容包括跨中截面受拉钢筋应变、混凝土应变、梁的挠度及裂缝宽度和裂缝发展情况。挠度、裂缝与应变等项目的主要测试仪器与数据采集系统的性能指标见表 11-1。

表 11-1 试验仪器表

仪器名称	型号	分辨率	测量项目
位移计	YHD-50	≤±5μm	挠度
电阻应变计	BE120-3AA	120.1±0.1	钢筋应变
静态应变仪	CM-1A-10	1μɛ	采集位移计数值
数据采集分析系统	DH3815N	1μɛ	钢筋应变采集系统
综合测试仪	JMZX-3001	1μɛ	混凝土应变采集系统
智能弦式应变计	JMZX-212AT	1μɛ	混凝土应变
裂缝观测仪	SW-LW-101	0.02 mm	裂缝宽度

　　试验中需要量测和记录的主要内容为:第一,观察梁的破坏情况及特点,区分不同的破坏形式,记录梁的破坏荷载。第二,对应每级荷载,记录梁在 L/4、跨中、3L/4 及两端的竖向位移值。在试件支座处各布置一个百分表,在 L/4、跨中及 3L/4 部位各布置两个位移计,以避免试件的挠度由于试件偏载造成的误差,以便绘制荷载-挠度曲线。第三,在跨中梁底两处凿开混凝土保护层,把露出的钢筋打磨光亮,贴钢筋应变片,记录每级荷载下梁受拉区跨中钢筋的应变。第四,在试件跨中侧面布置 5 个弦式应变计,记录对应每级荷载的梁跨中侧面混凝土沿截面高度的应变。第五,在试验过程中,用裂缝观测仪观察裂缝的出现及开展情况,重点记录裂缝的宽度及间距。

　　根据以上观测内容,挠度计的纵向布置见图 11-3,跨中截面混凝土应变测点与振弦式应变计布置见图 11-4。

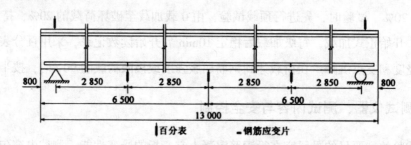

图 11-3　试件纵向位移计布置示意图(尺寸单位:mm)

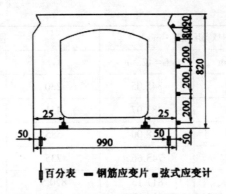

百分表 ━ **钢筋应变片** ▪**弦式应变计**

图 11-4 跨中截面仪器布置示意图(尺寸单位:mm)

加载过程中,应严格按规定的加载程序与加载等级进行,加载的大小与截面内力应是逐步增加的,应根据控制点的挠度、应变以及裂缝的扩展情况,判断试件是否达到极限承载能力,并随时做好停止加载与卸载的准备。

根据《混凝土结构实验方法标准》,受弯构件在加载或持荷过程中出现下列标志时,即认为该结构已经达到或超过承载力极限状态:一是对有明显物理流限的钢筋,其受力主钢筋应力达到屈服强度,受拉应变达到 0.01,对无明显流限的钢筋,其受拉主钢筋的受拉应变达到 0.01;二是受拉主钢筋拉断;三是受拉主钢筋处最大垂直裂缝宽度达到 1.5mm;四是挠度达到跨度的 1/50;五是受压区混凝土压坏。同时,当加载过程中试件破坏时,可取前一级荷载值作为破坏荷载实测值;当荷载持续时间内试件破坏时,取本级荷载与前一级荷载的平均值作为破坏荷载;当在规定的荷载持续时间内达到上述状态,取本级荷载为极限荷载。

四、试验结果

根据研究要求与试验梁锈蚀状况,选取无明显主筋锈蚀的 G1、G2、G3 共 3 片试验梁的试验数据作为限载取值试验验证的依据。由于现场支撑条件限制,试验梁 G1 与 G2 采用的计算跨径为 11.4m,G3 试验梁采用的计算跨径为 12.3m。不同分级荷载作用下,各试验梁的实测跨中截面受拉钢筋应变、裂缝宽度与跨中挠度值分别见表 11-2~表 11-4。

表 11-2 试件在各级荷载下跨中截面钢筋应变

分级荷载(kN)	跨中弯矩(kN·m)		钢筋应变(με)		
	L=11.4m	L=12.3m	G1	G2	G3
0.0	0.00	0.00	0	0	0
80.4	188.94	207.03	136	126	123

分级荷载(kN)	跨中弯矩(kN·m)		钢筋应变(με)		
	L=11.4m	L=12.3m	G1	G2	G3
134.0	314.90	345.05	280	209	275
187.6	440.86	483.07	431	363	430
240.0	564.00	618.00	585	527	617
288.8	678.68	743.66	735	734	893
315.0	740.25	811.13	820.5	850	1 044
343.0	806.05	883.23	917	985	1 274
371.0	871.85	955.33	1 040	1 157	1 482
385.0	904.75	991.38	1 093	1 269	1 888
399.0	937.65	1 027.43	1 152	2 111	4 590
413.0	970.55	1 063.48	1 255	5 522	—
427.0	1 003.45	1 099.53	2 019	—	—
441.0	1 036.35	1 135.58	5 294	—	—

注：表中"—"表示试件已破坏或应变片损坏。

试验过程中，因采用重物加载，相应的分级荷载是相同的，然而，因各试验梁采用的计算跨径稍有差异，表11-2同时列出了各试验梁与不同分级荷载对应的跨中弯矩。

表11-3　试件在各级荷载下的最大裂缝高度及宽度

分级荷载(kN)	G1		G2		G3	
	裂缝高度 (cm)	裂缝宽度 (mm)	裂缝高度 (cm)	裂缝宽度 (mm)	裂缝高度 (cm)	裂缝宽度 (mm)
0.0	10	0.02	8	0.02	11	0.03
80.4	26	0.04	25	0.04	32	0.06
134.0	32	0.08	36	0.06	43	0.12
187.6	42	0.10	44	0.10	50	0.16
240.0	48	0.14	53	0.14	52	0.22
288.8	54	0.2	58	0.18	55	0.28
315.0	55	0.24	61	0.24	59	0.30
343.0	57	0.30	63	0.26	62	0.34

试验过程中，考虑到检测人员的安全，仅实测了前7级分级荷载作用下跨中截面裂缝的扩展高度与宽度，第八级及以后分级荷载作用下的裂缝数据未做观测。

表 11-4　试件在各级荷载下的跨中挠度

荷载等级（kN）	跨中弯矩（kN·m）		跨中挠度（mm）		
	L＝12.3m	L＝11.4m	G1	G2	G3
0.0	0.00	0.00	0	0	0
80.4	207.03	188.94	2.07	1.8	3.18
134.0	345.05	314.90	4.39	4.19	5.6
187.6	483.07	440.86	7.12	7.08	8.94
240.0	618.00	564.00	9.69	10.13	11.61
288.0	741.60	676.80	12.31	14.13	16.14
314.0	808.55	737.90	13.87	16.3	19.42
343.0	883.23	806.05	16.2	19.2	24.03
371.0	955.33	871.85	18.85	22.22	43.97
385.0	991.38	904.75	20.34	23.7	74.93
399.0	1 027.43	937.65	22.71	30.88	—
413.0	1 063.48	970.55	28.9	42.56	—
427.0	1 099.53	1 003.45	40.67	67.61	—
441.0	1 135.58	1 036.35	60.91	97.45	—
455.0	1 171.63	1 069.25	95.7	108.95	—

注：表中"—"表示因试验梁挠度增长过大挠度计脱落。

根据以上各表，即可查取与正常使用极限状态各项指标限值对应的外加荷载效应，并以此作为限载取值的分析依据。

五、限载取值试验验证

根据现行桥梁设计规范，可分别按挠度、裂缝宽度以及受拉钢筋屈服应变限值确定试验梁不同安全水平下的最大容许加载值，其中，与挠度和裂缝限值对应的荷载值为试验梁可承受的安全荷载值，而与受拉钢筋屈服应变限值对应的荷载值为试验梁最大可承受的荷载值。经分析，受拉钢筋应变限值可按钢筋强度标准值推算，取 1 675με，裂缝限值按 Ⅱ 类环境取 0.2mm，跨中挠度限值按 L/600 确定，其中，L 为试验采用的计算跨径。与各控制指标限值对应的加载值见表 11-5。

表 11-5 试验梁荷载限值（kN）

控制指标	试验梁编号		
	G1	G2	G3
钢筋屈服应变	420.7	391.8	377.7
裂缝宽度限值	288.8	297.5	222.5
跨中挠度限值	372.4	341.1	311.4

由于 G3 试验梁与 G1、G2 试验梁采用的计算跨径不同，为便于对比，下面将不同控制指标下的加载限值统一换算为跨中截面荷载效应，如表 11-6 所示。

表 11-6 试验梁跨中截面弯矩限值（kN·m）

控制指标	试验梁编号		
	G1	G2	G3
钢筋屈服应变	988.6	920.7	972.6
裂缝宽度限值	678.6	699.1	572.9
跨中挠度限值	875.1	801.6	801.9

分析结果表明，试验梁的安全加载值均由裂缝限值控制。其中，G3 试验梁与裂缝限值对应的跨中截面弯矩限值最小，因此，取 572.9kN·m 作为该类空心板梁的最大弯矩限值。以该弯矩限值为基准，即可分析与不同设计活恒载比值空心板梁对应的理论限载值与安全试验限载值的差异，并检验所提限载分析模型的正确性。相应地，与钢筋屈服应变对应的最大容许加载值由 G2 试验梁控制，相应的跨中最大容许弯矩为 920.7kN·m，该值用于推算最大容许试验限载值，以检验按限载等级三级确定限载值的安全性。

对于按 85 规范设计的桥梁，若给定活恒载比值 ρ，即可根据上述公式以及空心板梁抗力标准值 R_k，即可按 85 规范设计表达式构造与不同活恒载比值对应的恒载标准值效应 S_{GK} 与汽车荷载标准值效应 S_{Qk}。并由此推算相应的荷载效应理论限值 $\zeta_q S_{Qk}$ 与试验限值 $S_{Q,\,exp}$。

值得注意的是，受现场支撑条件限制，其恒载自重弯矩稍有不同。若混凝土密度取为 25kN/m³，G1 和 G2 试验梁的跨中弯矩为 168.9kN·m，G3 试验梁跨中弯矩为 196.6kN·m。其中，安全试验限载值均按 G3 试验梁推算，相应的跨中恒载弯矩为 196.6kN·m。

计算过程中，恒载配重效应为计算恒载效应 S_{GK} 与试验梁自重弯矩之差，相应的限载试验值 $S_{Q,\,exp}$ 也就是该试验梁允许承受的汽车荷载效应模拟值，其值等于试验梁的安全外加荷载效应（572.9kN·m）与恒载配重效应之差。若计算得到的恒载配重效应为负值，说明应取部分自重效应模拟外加荷载效应。按各限载等级计算的限载比值见表11-7。

表 11-7　理论限载值与安全试验限载值对比（85 规范桥梁）

限载安全等级	ρ	γ_R	S_{Qk} (kN·m)	S_{GK} (kN·m)	恒载配重 (kN·m)	ζ_q	限载计算值 $\zeta_q S_{Qk}$ (kN·m)	限载试验值 $S_{Q,exp}$ (kN·m)	$S_{Q,exp} / \zeta_q S_{Qk}$
一级	0.10	1.312 5	59.4	593.5	396.9	0.601	35.7	176.1	4.94
	0.25	1.312 5	128.3	513.1	316.5	0.945	121.2	256.5	2.12
	0.50	1.287 5	213.4	426.7	230.1	0.997	212.7	342.9	1.61
	1.00	1.250 0	321.2	321.2	124.6	1.007	323.4	448.4	1.39
	1.50	1.250 0	379.6	253.1	56.5	1.039	394.4	516.5	1.31
	2.5	1.250 0	444.2	177.7	−18.9	1.063	472.2	591.9	1.25
二级	0.10	1.312 5	59.4	593.5	396.9	1.450	86.1	176.1	2.05
	0.25	1.312 5	128.3	513.1	316.5	1.333	171.0	256.5	1.50
	0.5	1.287 5	213.4	426.7	230.1	1.227	261.8	342.9	1.31
	1.00	1.250 0	321.2	321.2	124.6	1.158	371.9	448.4	1.21
	1.50	1.250 0	379.6	253.1	56.5	1.166	442.6	516.5	1.17
	2.5	1.250 0	444.2	177.7	−18.9	1.171	520.2	591.9	1.14
三级	0.10	1.312 5	59.4	593.5	396.9	2.353	139.7	176.1	1.26
	0.25	1.312 5	128.3	513.1	316.5	1.746	224.0	256.5	1.15
	0.5	1.287 5	213.4	426.7	230.1	1.473	314.3	342.9	1.09
	1.00	1.250 0	321.2	321.2	124.6	1.319	423.7	448.4	1.06
	1.50	1.250 0	379.6	253.1	56.5	1.302	494.2	516.5	1.05
	2.5	1.250 0	444.2	177.7	−18.9	1.287	571.7	591.9	1.04

　　计算结果表明，随着活恒载比值的增大，限载试验值与限载理论值的比值呈减小趋势，且限载安全等级一级对应的限载试验值与计算值之比大于 1.30，而结构安全等级二级对应的限载试验值与限载理论值之比大于 1.18。考虑到中、小跨径钢筋混凝土梁桥设计采用的活恒载比值一般在 1.0 左右，实际限载试验值与计算值之比还要略高一些。由此可见，对于按 85 规范设计的中小跨径钢筋混凝土桥梁，按结构安全等级三级确定限载取值是偏于安全的。

　　与限载等级一级和二级相比，限载等级三级下的限载比值接近 1.0，从耐久性角度，按限载等级三级确定限载取值势必影响结构的安全耐久性能。为安全计，不建议按三级限载等级确定桥梁的限载标准，该值仅供公路管理部门签发超重车通行证时参考，且仅适用于有限次的超限车辆通行情况。

按照前述步骤，同样可以验证理想抗力桥梁限载取值的合理性。计算时，应根据现行桥梁设计规范构造具有不同活恒载比值的抗力标准值表达式，并按式确定与不同活恒载比值对应的 S_{GK} 与 S_{Qk}，进而分析理想抗力桥梁限载理论值与试验值的比值大小，见表11-8。

表11-8　理论限载值与安全试验限载值对比（理想抗力桥梁）

设计荷载等级	ρ	γ_{R,β_0}	S_{Qk} (kN·m)	S_{GK} (kN·m)	恒载配重 (kN·m)	ζ_q	限载计算值 $\zeta_q S_{Qk}$ (kN·m)	限载试验值 $S_{Q,exp}$ (kN·m)	$S_{Q,exp}$ / $\zeta_q S_{Qk}$
公路-II级	0.10	1.229 7	63.4	633.5	436.91	0.689	43.65	135.99	3.12
	0.25	1.164 4	144.6	578.4	381.79	0.706	102.09	191.11	1.87
	0.50	1.102 0	249.3	498.6	301.96	0.747	186.21	270.94	1.45
	1.00	1.065 0	377.0	377.0	180.39	0.832	313.66	392.51	1.25
	1.50	1.060 6	447.4	298.3	101.66	0.884	395.49	471.24	1.19
	2.5	1.064 6	521.6	208.6	12.03	0.936	488.19	560.87	1.15
公路-I级	0.10	1.241 9	62.7	627.3	430.68	0.801	50.25	142.22	2.83
	0.25	1.187 5	141.8	567.1	370.54	0.804	113.99	202.36	1.78
	0.5	1.127 8	243.6	487.2	290.56	0.814	198.27	282.34	1.42
	1.00	1.067 5	376.1	376.1	179.51	0.837	314.80	393.39	1.25
	1.50	1.041 3	455.7	303.8	107.18	0.856	390.06	465.72	1.19
	2.5	1.021 2	543.7	217.5	20.89	0.881	479.03	552.01	1.15

理想抗力桥梁限载试验值与理论值之比与按85规范设计桥梁的分析结果非常相似，均随着活恒载比值的增大而减小，且限载试验值与理论值之比皆大于1.15，完全满足桥梁限载的安全要求。

对于设计安全等级为二级的04规范桥梁，若采用《统一标准》建议的抗力分项系数。04规范桥梁安全限载试验值与理论值对比结果见表11-9。

表11-9　04规范桥梁安全限载试验值与理论值对比

限载安全等级	ρ	γ_R	S_{Qk} (kN·m)	S_{GK} (kN·m)	恒载配重 (kN·m)	ζ_q	限载计算值 $\zeta_q S_{Qk}$ (kN·m)	限载试验值 $S_{Q,exp}$ (kN·m)	$S_{Q,exp}$ / $\zeta_q S_{Qk}$
二级	0.10	1.125 4	69.22	692.22	495.62	—	—	—	—
	0.25	1.125 4	149.61	598.43	401.83	0.541	80.9	171.07	2.11
	0.5	1.125 4	244.10	488.20	291.60	0.808	197.2	281.30	1.43
	1.00	1.125 4	356.76	356.76	160.16	0.939	335.0	412.74	1.23

| 二级 | 1.50 | 1.125 4 | 421.62 | 281.08 | 84.48 | 0.981 | 413.6 | 488.42 | 1.18 |
| | 2.5 | 1.125 4 | 493.39 | 197.36 | 0.76 | 1.014 | 500.3 | 572.14 | 1.14 |

表11-9表明，04规范桥梁的限载试验值与理论值之比均大于1.14，确定04规范桥梁限载取值满足工程要求，验证了所提限载分析模型的合理性。

然而，对于实际桥梁而言，仅确定其安全限载取值远远不能满足桥梁安全运营管理的需要。在某些特殊情况下，桥梁最大容许限载值一直是困扰公路养护管理部门的难题，这一问题的解决可为特种车辆通行审核等工作提供有力的技术支持。

由上述讨论可知，最大容许限载取值是桥梁的最大容许活载承载能力的体现，试验验证时应以空心板屈服荷载或屈服弯矩为基准进行分析。由表11-6可知，由G2试验梁控制，相应的屈服弯矩为920.7kN·m，以该值为基准减去相应的恒载配重即为最大容许试验限载值。其中，与G2试验梁对应的主梁恒载弯矩取168.9kN·m。

第三节　钢筋混凝土梁试验与限载取值验证

针对限载取值试验验证，作者也进一步整理早年开展的普通钢筋混凝土梁的模型试验数据，并分析了挠度与受拉钢筋应变等指标限值下的容许加载值，这些数据为本章限载试验验证提供了很好的依据。

一、试验设计

本次试验共制作钢筋混凝土小梁9根，截面尺寸为150mm×250mm，小梁全长为2 700mm。试验梁按配筋率分FA、FB、FC三组，受拉主筋均采用HRB335级钢筋，其中，FA组试验梁纵向主筋采用$3\varphi14$，相应的配筋率为1.386%；FB组试验梁纵向主筋采用$2\varphi12$，相应的配筋率为0.675%；FC组试验梁纵向主筋采用$2\varphi22$，相应的配筋率为2.324%。三组试验梁箍筋均采用直径为6.5mm的R235级钢筋，其中，支点附近箍筋间距为100mm，跨中部分箍筋间距为200mm。三组试验梁架立筋均采用2根直径为8mm的R235级钢筋，试验梁的混凝土强度等级按C30设计。各组试验梁详细尺寸与钢筋构造见图11-5。

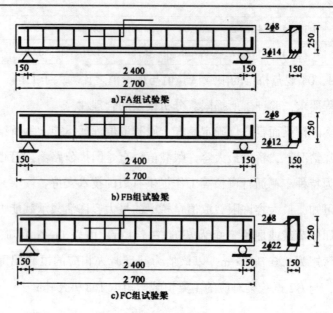

图11-5　试验梁钢筋构造图（尺寸单位：mm）

为模拟实际桥梁的截面损伤状态对挠度的影响程度，试验增加了完整梁与不同程度预裂梁的对比。FA0、FB0、FC0为参考梁，加载至破坏。其余各梁为预裂梁，加载至预裂荷载后卸载，再次加载至预裂荷载，并记录各分级荷载与相应的挠度值。挠度测试前，分别将预裂梁预先加载到基准梁极限荷载的50%或70%后卸载。试验梁预制时，因模板数量限制，分两组浇筑混凝土，各组实测混凝土立方体抗压强度稍有差异。各组试验梁编号、相应材料性能及预裂情况见表11-10。

表11-10　试验梁基本参数

试件编号	混凝土强度等级	配筋	预裂程度	备注
FB0	47.32	2 φ 12	—	参考梁
FA0	41.67	3 φ 14	—	
FC0	41.67	2 φ 22	—	参考梁
FA2	41.67	3 φ 14	预加载至50%不卸载	预裂梁
FA3	41.67	3 φ 14	预加载至70%卸载	预裂梁
FA4	41.67	3 φ 14	预加载至50%卸载	预裂梁
FA5	41.67	3 φ 14	预加载至50%卸载	预裂梁
FA6	41.67	3 φ 14	预加载至50%卸载	预裂梁
FC1	41.67	2 φ 22	预加载至50%卸载	预裂梁

试验梁用钢筋均进行了抽样试验，重点检测了各类钢筋的屈服强度 σ_s 、极限强度 σ_b 与极限延伸率 δ ，基本力学性能测试结果见表11-11。

表 11-11　钢筋基本力学性能

规格	屈服强度 σ_s (MPa)	极限强度 σ_b (MPa)	极限延伸率 δ (%)
6.5	290.0	415.0	29
8	295.0	465.0	25
12	381.7	579.1	22
14	366.0	536.0	22
22	366.6	542.0	22

试验加载设备为 500t 压力试验机，采用三分点对称分级加载方式，如图 11-6 所示。

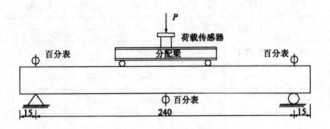

图 11-6　三分点对称加载装置示意图（尺寸单位：cm）

二、试验结果

在试验过程中，采集了各分级荷载作用下试验梁的跨中截面挠度值。根据限载分析需要，表 11-12 给出了前 7 级分级荷载下的跨中弯矩与挠度值。

表 11-12　各分级荷载对应的跨中截面挠度值（mm）

分级荷载 (kN)	跨中弯矩 (kN·m)	FA2	FA3	FA4	FA5	FA6	FB0	FC0	FC1
20	8	1.513	1.744	1.747	1.552	1.753	1.285	0.720	1.131
30	12	2.270	2.616	2.620	2.328	2.630	3.450	1.280	1.697
40	16	3.027	3.488	3.493	3.103	3.507	5.220	1.875	2.263
50	20	3.783	4.359	4.367	3.879	4.383	7.170	2.600	2.828
60	24	4.220	5.231	5.240	4.655	5.260	17.420	3.290	3.394
70	28	—	6.103	—	—	—-	—	3.895	3.959
80	32	—	6.975	—	—	—	—	4.720	4.525

试验梁受拉钢筋应变值也是确定试验梁限载取值的重要依据之一，因此，通过采集试验梁在各级荷载作用下的受拉主筋应变，不但可以分析不同配筋混凝土梁的受力性能，也为桥梁限载分析时拟定钢筋应变限值提供依据。试验梁在各分级荷载下的跨中弯矩、受拉

主筋应变等值见表11-13。

表 11-13　试验梁在分级荷载下受拉主筋应变值（10^{-6}）

分级荷载 （kN）	跨中弯矩 （kN·m）	FA2	FA3	FA4	FA5	FA6	FB0	FC0	FC1
20	8	103	143	205	273	208	788 *	114	138
30	12	374	407	535	511	469	788 *	269	223
40	16	696	657	804	774	779	919	432	372
50	20	1 015	936	1 076	1 084	1 077	1 036	597	532
60	24	1 256	1 216	1 324	1 386	1 385	1 370	740	691
70	28	—	1 480	—	—	—	—	864	860
80	32	—	1 765	—	—	—	—	999	990
90	36	—	—	—	—	—	—	1 115	—
100	40	—	—	—	—	—	—	1 240	—
110	44	—	—	—	—	—	—	1 367	—
120	48	—	—	—	—	—	—	1 494	—
130	52	—	—	—	—	—	—	1 626	—
140	56	—	—	—	—	—	—	1 755	—
150	60	—	—	—	—	—	—	1 916	—

注：表中 * 号为实测数据异常点。

因 FAO 试验梁没有采用三分点加载模式，分配梁支点间距为100cm，因此，各分级荷载作用下的跨中弯矩与表11-13不同。为增加挠度与应变测值的可比性，表11-14给出了FAO梁与各分级弯矩对应的挠度值与受拉钢筋应变值。

表 11-14　FAO 试验梁各分级荷载下的跨中挠度与受拉钢筋应变

跨中弯矩 （kN·m）	7.0	10.5	14.0	17.5	21.0	24.5	28.0	31.5	35	38.5
跨中挠度 （mm）	0.62	1.11	1.97	2.74	3.56	4.36	5.29	6.12	7.15	8.12
钢筋应变 （10^{-6}）	292	486	706	927	1 140	1293	1 495	1 670	1 880	2 091

三、安全限载取值验证

按现行桥梁设计规范，可计算各类试验梁的抗力标准值与恒载弯矩，其中，FA类、

FB 类与 FC 类试验梁对应的跨中受弯抗力标准值 R_k 分别为 26.4kN·m、15.4kN·m 与 44.8kN·m，三类试验梁由自重产生的恒载弯矩均为 0.675kN·m。下面进一步由试验检测数据分析各类试验梁与安全限载值对应的弯矩值，并由此计算相应的汽车荷载效应模拟值。

根据试验验证的要求，试验梁的安全承载能力由正常使用极限状态的挠度限值或裂缝限值确定。经分析，试验梁的最大加载值由挠度控制，按 A/600 确定的跨中挠度限值为 4mm。由表 11-12 与表 11-14 可知，与 FA 组试验梁对应的跨中最大容许弯矩为 18.3kN·m，与 FB 组试验梁对应的跨中最大容许弯矩为 13.2kN·m，与 FC 组试验梁对应的跨中最大弯矩为 28.3kN·m。

在各类试验梁限载分析过程中，恒载配重均采用模拟的设计恒载标准值效应与梁体自重弯矩值之差，其中，因试验梁尺寸相同，跨中截面的自重弯矩均为 0.675kN·m。确定了恒载配重效应之后，限载试验值即为容许试验荷载效应与恒载配重弯矩效应之差。

参照前述分析方法，即可验证按 85 规范设计桥梁与理想抗力桥梁限载取值的合理性。下面首先验证 85 规范桥梁安全限载取值的合理性，见表 11-15~表 11-17。

表 11-15　FA 类试验梁理论限载值与安全试验限载值对比（85 规范桥梁）

限载安全等级	ρ	γ_R	S_{Qk} (kN·m)	S_{Gk} (kN·m)	恒载配重 (kN·m)	ζ_q	限载计算值 $\zeta_q S_{Qk}$ (kN·m)	限载试验值 $S_{Q,exp}$ (kN·m)	$S_{Q,exp}$ / $\zeta_q S_{Qk}$
一级	0.10	1.312 5	1.50	15.01	14.34	0.601	0.9	3.96	4.39
	0.25	1.312 5	3.24	12.98	12.30	0.945	3.1	6.00	1.96
	0.50	1.287 5	5.40	10.79	10.12	0.997	5.4	8.18	1.52
	1.00	1.250 0	8.12	8.12	7.45	1.007	8.2	10.85	1.33
	1.50	1.250 0	9.60	6.40	5.73	1.039	10.0	12.58	1.26
	2.5	1.250 0	11.23	4.49	3.82	1.063	11.9	14.48	1.21
二级	0.10	1.312 5	1.50	15.01	14.34	1.450	2.2	3.96	1.82
	0.25	1.312 5	3.24	12.98	12.30	1.333	4.3	6.00	1.39
	0.5	1.287 5	5.40	10.79	10.12	1.227	6.6	8.18	1.24
	1.00	1.250 0	8.12	8.12	7.45	1.158	9.4	10.85	1.15
	1.50	1.250 0	9.60	6.40	5.73	1.166	11.2	12.58	1.12
	2.5	1.250 0	11.23	4.49	3.82	1.171	13.2	14.48	1.10

表 11-16　FB 类试验梁理论限载值与安全试验限载值对比(85 规范桥梁)

限载安全等级	ρ	γ_R	S_{Qk} (kN·m)	S_{Gk} (kN·m)	恒载配重 (kN·m)	ζ_q	限载计算值 $\zeta_q S_{Qk}$ (kN·m)	限载试验值 $S_{Q,exp}$ (kN·m)	$S_{Q,exp}$ / $\zeta_q S_{Qk}$
一级	0.10	1.312 5	0.88	8.76	8.08	0.601	0.5	5.12	9.73
	0.25	1.312 5	1.89	7.57	6.89	0.945	1.8	6.31	3.53
	0.50	1.287 5	3.15	6.30	5.62	0.997	3.1	7.58	2.42
	1.00	1.250 0	4.74	4.74	4.06	1.007	4.8	9.14	1.91
	1.50	1.250 0	5.60	3.73	3.06	1.039	5.8	10.14	1.74
	2.5	1.250 0	6.55	2.62	1.95	1.063	7.0	11.25	1.62
二级	0.10	1.312 5	0.88	8.76	8.08	1.450	1.3	5.12	4.03
	0.25	1.312 5	1.89	7.57	6.89	1.333	2.5	6.31	2.50
	0.5	1.287 5	3.15	6.30	5.62	1.227	3.9	7.58	1.96
	1.00	1.250 0	4.74	4.74	4.06	1.158	5.5	9.14	1.67
	1.50	1.250 0	5.60	3.73	3.06	1.166	6.5	10.14	1.55
	2.5	1.250 0	6.55	2.62	1.95	1.171	7.7	11.25	1.47

表 11-17　FC 类试验梁理论限载值与安全试验限载值对比(85 规范桥梁)

限载安全等级	ρ	γ_R	S_{Qk} (kN·m)	S_{Gk} (kN·m)	恒载配重 (kN·m)	ζ_q	限载计算值 $\zeta_q S_{Qk}$ (kN·m)	限载试验值 $S_{Q,exp}$ (kN·m)	$S_{Q,exp}$ / $\zeta_q S_{Qk}$
一级	0.10	1.312 5	2.54	25.44	24.77	0.601	1.5	3.53	2.31
	0.25	1.312 5	5.50	22.00	21.32	0.945	5.2	6.98	1.34
	0.50	1.287 5	9.15	18.29	17.62	0.997	9.1	10.68	1.17
	1.00	1.250 0	13.77	13.77	13.09	1.007	13.9	15.21	1.10
	1.50	1.250 0	16.27	10.85	10.17	1.039	16.9	18.13	1.07
	2.5	1.250 0	19.04	7.62	6.94	1.063	20.2	21.36	1.06
二级	0.10	1.312 5	2.54	25.44	24.77	1.450	3.7	3.53	0.96
	0.25	1.312 5	5.50	22.00	21.32	1.333	7.3	6.98	0.95
	0.5	1.287 5	9.15	18.29	17.62	1.227	11.2	10.68	0.95
	1.00	1.250 0	13.77	13.77	13.09	1.158	15.9	15.21	0.95
	1.50	1.250 0	16.27	10.85	10.17	1.166	19.0	18.13	0.96
	2.5	1.250 0	19.04	7.62	6.94	1.171	22.3	21.36	0.96

计算结果表明，除 FC 类试验梁外，FA 类与 FB 类试验梁限载试验值与理论值之比均大于 1.0。尽管 FC 类试验梁按安全等级二级确定的弯矩限值试验值与理论值之比略小于 1.0，但推算限载试验值采用的最大弯矩值为 28.3kN·m，其与屈服弯矩 53.5kN·m 之比为 53%，有较大的安全储备，因此，仍认为验证结果是安全的。

与上述分析方法类似，亦可采用上述试验梁模拟安全等级二级理想抗力桥梁与 04 规范桥梁的活载承载能力，并验证其限载取值的合理性，计算结果见表 11-18~表 11-23。

表 11-18　FA 类试验梁理论限载值与安全试验限载值对比（理想抗力桥梁）

设计荷载等级	ρ	γ_R	S_{Qk} (kN·m)	S_{Gk} (kN·m)	恒载配重 (kN·m)	ζ_q	限载计算值 $\zeta_q S_{Qk}$ (kN·m)	限载试验值 $S_{Q,exp}$ (kN·m)	$S_{Q,exp} / \zeta_q S_{Qk}$
公路-Ⅱ级	0.10	1.229 7	1.60	16.02	15.35	0.689	1.10	2.95	2.68
	0.25	1.164 4	3.66	14.63	13.95	0.706	2.58	4.35	1.68
	0.50	1.102 0	6.30	12.61	11.93	0.747	4.71	6.37	1.35
	1.00	1.065 0	9.53	9.53	8.86	0.832	7.93	9.44	1.19
	1.50	1.060 6	11.31	7.54	6.87	0.884	10.00	11.43	1.14
	2.5	1.064 6	13.19	5.28	4.60	0.936	12.35	13.70	1.11
公路-Ⅰ级	0.10	1.241 9	1.59	15.86	15.19	0.801	1.27	3.11	2.45
	0.25	1.187 5	3.59	14.34	13.67	0.804	2.88	4.63	1.61
	0.5	1.127 8	6.16	12.32	11.65	0.814	5.01	6.65	1.33
	1.00	1.067 5	9.51	9.51	8.84	0.837	7.96	9.46	1.19
	1.50	1.041 3	11.52	7.68	7.01	0.856	9.86	11.29	1.14
	2.5	1.021 2	13.75	5.50	4.83	0.881	12.11	13.47	1.11

表 11-19　FB 类试验梁理论限载值与安全试验限载值对比（理想抗力桥梁）

设计荷载等级	ρ	γ_R	S_{Qk} (kN·m)	S_{Gk} (kN·m)	恒载配重 (kN·m)	ζ_q	限载计算值 $\zeta_q S_{Qk}$ (kN·m)	限载试验值 $S_{Q,exp}$ (kN·m)	$S_{Q,exp} / \zeta_q S_{Qk}$
公路-Ⅱ级	0.10	1.229 7	0.93	9.35	8.67	0.689	0.64	4.53	7.03
	0.25	1.164 4	2.13	8.53	7.86	0.706	1.51	5.34	3.55
	0.50	1.102 0	3.68	7.36	6.68	0.747	2.75	6.52	2.37
	1.00	1.065 0	5.56	5.56	4.89	0.832	4.63	8.31	1.80
	0.10	1.229 7	2.72	27.19	26.51	0.689	1.87	1.79	0.95

设计荷载等级	ρ	γ_R	S_{Qk} (kN·m)	S_{Gk} (kN·m)	恒载配重 (kN·m)	ζ_q	限载计算值 $\zeta_q S_{Qk}$ (kN·m)	限载试验值 $S_{Q,exp}$ (kN·m)	$S_{Q,exp}/\zeta_q S_{Qk}$
公路-Ⅱ级	0.25	1.164 4	6.21	24.82	24.15	0.706	4.38	4.15	0.95
	0.50	1.102 0	10.70	21.40	20.72	0.747	7.99	7.58	0.95
	1.00	1.065 0	16.18	16.18	15.50	0.832	13.46	12.80	0.95
	1.50	1.060 6	19.20	12.80	12.13	0.884	16.97	16.17	0.95
	2.5	1.064 6	22.38	8.95	8.28	0.936	20.95	20.02	0.96
公路-Ⅰ级	0.10	1.241 9	2.69	26.92	26.25	0.801	2.16	2.05	0.95
	0.25	1.187 5	6.08	24.34	23.66	0.804	4.89	4.64	0.95
	0.5	1.127 8	10.45	20.91	20.23	0.814	8.51	8.07	0.95
	1.00	1.067 5	16.14	16.14	15.47	0.837	13.51	12.83	0.95
	1.50	1.041 3	19.56	13.04	12.36	0.856	16.74	15.94	0.95
	2.5	1.021 2	23.34	9.33	8.66	0.881	20.56	19.64	0.96

表11-20　FC类试验梁安全限载理论值与试验值对比(理想抗力桥梁)

设计荷载等级	ρ	γ_R	S_{Qk} (kN·m)	S_{Gk} (kN·m)	恒载配重 (kN·m)	ζ_q	限载计算值 $\zeta_q S_{Qk}$ (kN·m)	限载试验值 $S_{Q,exp}$ (kN·m)	$S_{Q,exp}/\zeta_q S_{Qk}$
公路-Ⅱ级	0.10	1.229 7	2.72	27.19	26.51	0.689	1.87	1.79	0.95
	0.25	1.164 4	6.21	24.82	24.15	0.706	4.38	4.15	0.95
	0.50	1.102 0	10.70	21.40	20.72	0.747	7.99	7.58	0.95
	1.00	1.065 0	16.18	16.18	15.50	0.832	13.46	12.80	0.95
	1.50	1.060 6	19.20	12.80	12.13	0.884	16.97	16.17	0.95
	2.5	1.064 6	22.38	8.95	8.28	0.936	20.95	20.02	0.96
公路-Ⅰ级	0.10	1.241 9	2.69	26.92	26.25	0.801	2.16	2.05	0.95
	0.25	1.187 5	6.08	24.34	23.66	0.804	4.89	4.64	0.95
	0.5	1.127 8	10.45	20.91	20.23	0.814	8.51	8.07	0.95
	1.00	1.067 5	16.14	16.14	15.47	0.837	13.51	12.83	0.95
	1.50	1.041 3	19.56	13.04	12.36	0.856	16.74	15.94	0.95
	2.5	1.021 2	23.34	9.33	8.66	0.881	20.56	19.64	0.96

表 11-21 FA 类试验梁理论限载值与安全试验限载值对比(04 规范桥梁)

限载安全等级	ρ	γ_R	S_{Qk} (kN·m)	S_{Gk} (kN·m)	恒载配重 (kN·m)	ζ_q	限载计算值 $\zeta_q S_{Qk}$ (kN·m)	限载试验值 $S_{Q,exp}$ (kN·m)	$S_{Q,exp}/\zeta_q S_{Qk}$
二级	0.10	1.125 4	1.75	17.51	16.83	—	—	—	—
	0.25	1.125 4	3.78	15.13	14.46	0.541	2.05	3.84	1.88
	0.50	1.125 4	6.17	12.35	11.67	0.808	4.99	6.63	1.33
	1.00	1.125 4	9.02	9.02	8.35	0.939	8.47	9.95	1.17
	1.50	1.125 4	10.66	7.11	6.43	0.981	10.46	11.87	1.13
	2.5	1.125 4	12.48	4.99	4.32	1.014	12.65	13.98	1.11

表 11-22 FB 类试验梁理论限载值与安全试验限载值对比(04 规范桥梁)

限载安全等级	ρ	γ_R	S_{Qk} (kN·m)	S_{Gk} (kN·m)	恒载配重 (kN·m)	ζ_q	限载计算值 $\zeta_q S_{Qk}$ (kN·m)	限载试验值 $S_{Q,exp}$ (kN·m)	$S_{Q,exp}/\zeta_q S_{Qk}$
二级	0.10	1.125 4	1.02	10.21	9.54	—	—	—	—
	0.25	1.125 4	2.21	8.83	8.15	0.541	1.19	5.05	4.23
	0.50	1.125 4	3.60	7.20	6.53	0.808	2.91	6.67	2.29
	1.00	1.125 4	5.26	5.26	4.59	0.939	4.94	8.61	1.74
	1.50	1.125 4	6.22	4.15	3.47	0.981	6.10	9.73	1.59
	2.5	1.125 4	7.28	2.91	2.24	1.014	7.38	10.96	1.49

表 11-23 FC 类试验梁理论限载值与安全试验限载值对比(04 规范桥梁)

限载安全等级	ρ	γ_R	S_{Qk} (kN·m)	S_{Gk} (kN·m)	恒载配重 (kN·m)	ζ_q	限载计算值 $\zeta_q S_{Qk}$ (kN·m)	限载试验值 $S_{Q,exp}$ (kN·m)	$S_{Q,exp}/\zeta_q S_{Qk}$
二级	0.10	1.125 4	2.97	29.71	29.03	—	—	—	—
	0.25	1.125 4	6.42	25.68	25.01	0.541	3.47	3.29	0.95
	0.50	1.1254	10.48	20.95	20.28	0.808	8.46	8.02	0.95
	1.00	1.125 4	15.31	15.31	14.64	0.939	14.38	13.66	0.95
	1.50	1.125 4	18.09	12.06	11.39	0.981	17.75	16.91	0.95
	2.5	1.125 4	21.17	8.47	7.79	1.014	21.47	20.51	0.96

计算结果表明,FA 类与 FB 类试验梁限载试验值与理论值之比均大于 1.0,而 FC 类试验梁均大于 0.95,略显不足,这同样与实际采用的试验荷载限值有关,考虑到该荷载限值

与屈服荷载的比值较小，试验梁具有较大的安全储备，可认为所提限载系数是满足工程需要的。

四、小结

根据实际空心板梁现场破坏性试验与室内钢筋混凝土梁模型试验数据，通过给定不同的设计活恒载比值，构造理想抗力桥梁、85 规范桥梁以及 04 规范桥梁抗力标准值与荷载效应关系表达式，并推算桥梁设计采用的恒载标准值效应与活载标准值效应。进而，以活恒载标准值效应模拟实际桥梁的抗力组成，按所提限载系数与不同水平的抗力实测值计算车辆荷载效应限值理论值与试验值，经对比分析，以验证所提限载分析模型的合理性，主要结论如下：

一是以实际空心板梁模拟理想抗力桥梁、85 规范桥梁以及 04 规范桥梁安全限载取值，分析结果表明，所提安全限载试验值与理论值的比值均大于 1.0，证实了所提安全限载分析模型与限载系数取值是安全的，完全可以用于指导实际桥梁的限载取值。

二是以实际空心板梁模拟理想抗力桥梁、85 规范桥梁以及 04 规范桥梁最大容许限载值，分析结果表明，最大容许限载试验值与理论值的比值均大于 1.68，因此，按目标可靠指标 3.7 确定的桥梁最大容许限载取值，限载桥梁仍具有较大的安全储备，验证了所提最大容许限载取值的合理性。

三是以 2.4m 钢筋混凝土梁模拟理想抗力桥梁、85 规范桥梁以及 04 规范桥梁安全限载值，分析结果表明，限载试验值与理论值的比值均大于或接近 1.0，其中，尽管 FC 类梁的分析结果在 0.95 左右，但经分析仍具有相当的安全储备，证实了所提安全限载分析模型与限载系数取值是合理的。

四是以 2.4m 钢筋混凝土梁模拟理想抗力桥梁、85 规范桥梁以及 04 规范桥梁最大容许限载值，分析结果表明，限载试验值与理论值的比值均大于 1.93，有较大的安全储备，由此验证了所提最大容许限载取值是安全的。

五是以上分析结果，安全限载系数可以作为推算桥梁限载取值的依据，而最大限载取值仅供公路管理部门超重车辆通行审核时参考。

参考文献

[1] 丁雪英，陈强，白炳发. 公路桥梁建设与工程项目管理 [M]. 长春：吉林科学技术出版社，2019.

[2] 李国栋，赵卫平. 桥梁结构试验与检测技术 [M]. 北京：人民交通出版社股份有限公司，2019.

[3] 房贞政，陈宝春，上官萍. 桥梁工程 [M]. 北京：中国建筑工业出版社，2019.

[4] 魏洋，端茂军，李国芬. 桥梁检测评定与加固技术 [M]. 北京：人民交通出版社股份有限公司，2019.

[5] 刘颖维，盛希，向海清. 桥梁下部结构施工工艺标准 [M]. 长沙：中南大学出版社，2019.

[6] 朱芳芳，于忠涛，杨晓林. 桥梁工程试验与检测 [M]. 北京：人民交通出版社，2019.

[7] 李长凤，赵晓花，薛志成，等. 荷载与结构设计方法 [M]. 北京：机械工业出版社，2019.

[8] 王依群. 桥梁加固设计计算算例 [M]. 北京：中国建筑工业出版社，2019.

[9] 周建庭，郑丹，李亚东. 我国桥梁安全保障战略和技术 [M]. 北京：人民交通出版社股份有限公司，2019.

[10] 张耀辉，陈士通. 桥梁抢修工程结构与应用 [M]. 北京：中国铁道出版社，2018.

[11] 史建峰，陆总兵，李诚. 公路工程与项目管理 [M]. 北京：九州出版社，2018.

[12] 张师定. 桥梁总体设计构思 [M]. 成都：西南交通大学出版社，2017.

[13] 黄关平. 常规公路桥梁典型病害分析与养护对策 [M]. 杭州：浙江大学出版社，2017.

[14] 王慧东，朱英磊，廖元震. 桥梁墩台与基础工程 [M]. 北京：中国铁道出版社，2017.

[15] 李清富，郑连群，靳九贵，等. 混凝土桥梁耐久性与标准化施工 [M]. 郑州：黄河水利出版社，2017.

[16] 林志鹏. 桥梁建设与标准化应用概论 [M]. 北京：光明日报出版社，2017.

[17] 鲁乃唯，刘扬. 桥梁可靠度分析方法与应用 [M]. 南京：东南大学出版社，2017.

[18] 赵之仲，王琨，王宇驰，等. 公路工程养护及改扩建施工技术 [M]. 徐州：中国矿业大学出版社，2017.

[19] 白晓红，李云龙，郭磊. 荷载与结构设计方法 [M]. 北京：中国建材工业出版社，2017.

[20] 韩作新，陈发明. 公路桥梁涵洞工程施工作业指导书 [M]. 成都：电子科技大学出版社，2017.

[21] 张宏祥，李丹，张彬副. 公路桥梁无损检测技术 [M]. 哈尔滨：东北林业大学出版社，2016.

[22] 赵井旺，周奎，于泾泓. 公路桥涵工程施工安全技术与风险控制 [M]. 北京：中国铁道出版社，2016.

[23] 谷岩. 桥梁抗震与抗风 [M]. 天津：天津大学出版社，2015.

[24] 李远富，王恩茂. 道路桥梁工程概预算 [M]. 武汉：武汉大学出版社，2015.

[25] 孟丛丛，柳海龙，刘华，等. 公路养护技术与管理 [M]. 北京：北京理工大学出版社，2015.

[26] 王琨，赵鹍鹏，李超，等. 公路工程施工技术 [M]. 徐州：中国矿业大学出版社，2015.

[27] 钱让清，钱芳，钱王苹. 公路工程地质 [M]. 合肥：中国科学技术大学出版社，2015.

[28] 寇凤岐. 公路桥涵施工安全交底 [M]. 北京：中国铁道出版社，2015.

[29] 韦世全. 公路工程竣工档案编制实用范本 [M]. 银川：宁夏人民教育出版社，2015.

[30] 邓苗毅，夏富友，俞顺. 公路空心板桥加宽改造新技术研究与应用 [M]. 郑州：黄河水利出版社，2015.